융합형
인재의 조건

글로벌 인재포럼 리포트 2013

융합형
인재의 조건

교육부 Ministry of Education　**KRIVET** 한국직업능력개발원

한국경제신문 특별취재팀 지음

한국경제신문

벽을 넘어서

팍팍하게 돌아가는 일상을 살아가면서, 사람들은 어떤 생각을 할까요? "믿을 건 내 자신뿐"이라며 스스로 분발을 다짐할 수도 있고, 몸담고 있는 조직의 상하 동료들이 좀 더 역량을 발휘해주기를 바랄 수도 있겠죠.

업무처리와 관련한 스스로의 역량이 미흡함을 절감하게 되는 때에는 "내가 학창시절이나 직장에 들어온 뒤보다 체계적이고 내실 있는 교육을 받았다면…"이라는 생각에 아쉬워하는 경우도 없지 않을 겁니다. 자신은 역량이 크게 부족하지 않다고 자부하고, 나름대로 최선을 다해 살아가고 있는데도 흔히들 말하는 지연(地緣), 혈연(血緣), 학연(學緣)이나 성(性) 등의 '보이지 않는 장벽'에 막혀 포부를 제대로 펴지 못하고 있다는 생각에 좌절을 호소하는 사람도 적지 않습니다.

조직에서 크고 작은 관리자로서 책임을 맡고 있는 사람은 "도대체 쓸 만한 사람이 없다"거나, "어떻게 인재를 채용하고 적재적소(適材適

所)에서 일하게끔 최적화할 것인가"를 놓고 고민하는 경우가 많을 겁니다.

올해로 8회째를 맞은 글로벌 인재포럼은 세계 59개국의 HR(human resources, 인적자원) 전문가들이 연사와 토론자로 참가해 이런 문제들을 두루 다뤘습니다. 글로벌 인재포럼은 인적자원 개발(human resources development, HRD)과 인적자원 관리(human resources management, HRM) 분야에서 매년 그 해의 최대 관심주제를 선정해 다양한 시각과 관점을 담아 논의하는 세계 최대의 '지식 경험 나눔 축제' 입니다.

'벽을 넘어서(Beyond Walls)'를 주제로 한 〈글로벌 인재포럼 2013〉에서는 주요국의 전직 정부 수반을 비롯해 대표적 글로벌 기업 최고경영자와 대학 총장, 국제기구 및 각국 정부 관계자들이 모여 그들의 경륜과 경험을 참석자들과 공유했습니다. 재임 시절 뛰어난 국가발전 전략을 제시해 '21세기의 나폴레옹' 이라는 별명을 얻은 에후드 바라크 전 이스라엘 총리가 기조연설을 맡았고, 새뮤얼 헌팅턴 이후 가장 영향력 있는 정치사상가로 꼽히는 프랜시스 후쿠야마 미국 스탠퍼드대 석좌교수가 '인재와 미래' 에 관한 혜안과 통찰을 들려줬습니다.

한국과 영국 수교 130주년을 맞아 폴 톰슨 영국 왕립예술대 총장 등 영국을 대표하는 7개 대학 총장이 방한단을 꾸려 인재포럼에 참석, 라운드테이블 토론을 통해 산학 협력을 주도하고 예술과 과학의 융합으로 창조산업을 이끌어간 영국 대학의 생생한 사례를 소개했습니다.

한스 파울 뷔르크너 보스턴컨설팅그룹 회장과 에릭 알렉산더 플립보드 사장, 라즐로 보크 구글 수석부사장, 마단 나갈딘 페이스북 부사장 등은 창의적 인재가 기업의 운명을 바꾼 사례를 전했습니다.

UC버클리와 UC샌프란시스코, UC샌터크루즈 등 미국 캘리포니아대(UC) 3개 캠퍼스가 합작 설립한 대학기술지주회사 QB3의 레지스 켈리 회장과 프라딥 코슬라 UC샌디에이고 총장 등은 신기술 개발과 이를 사업화하는 청년 창업 사례를 들려줬습니다. 미국의 군사 지도자들은 물론 각 분야 리더를 배출한 웨스트포인트(육군사관학교)의 티머시 트레이노어 학장(미국 육군 준장)은 '세상을 리드하는 방법'을 주제로 특강에 나섰습니다. 크리스티안 레트메이 유럽직업훈련연구센터(CEDEFOP) 원장과 알레산드로 콜롬보 이탈리아 고등통계훈련원 원장 등은 대졸자의 취업 역량과 직업능력을 끌어올리는 방안을 제시했습니다.

이밖에도 각계의 내로라하는 전문가 150여 명이 올해 포럼에 연사와 토론자로 참여했는데, 포럼의 주요 세션을 직접 듣지 못한 독자 여러분을 위해 그 내용을 책으로 엮었습니다.

글로벌 인재포럼의 눈부신 성장은, 한국이 세계가 주목하는 인재 강국이라는 사실에 힘입은 바가 큽니다. 축적된 자본과 변변히 내세울만한 자연자원조차 없었던 대한민국이 유례를 찾기 힘든 속도로 고도성장을 지속하고, 세계 10대 교역국가로 발돋움한 것은 인재의 광범위한 육성과 활용 때문이었습니다.

한국을 대표하는 종합경제미디어인 한국경제신문이 교육부, 직업능력개발원과 함께 지난 2006년 글로벌 인재포럼을 함께 개최하기로 뜻을 모은 것은 이런 한국의 경험을 세계와 공유하고, 더 나아가 글로벌 사회가 당면한 양극화와 저개발, 빈곤문제 등 각종 현안의 해법을 '인재'에서 찾는 지혜를 모으기 위해서였습니다.

대한민국 정부와 연구기관, 언론이 뜻을 모아온 이런 노력은 곳곳에서 결실을 내고 있습니다. 글로벌 인재포럼의 제1회 행사 때부터 콘텐츠 파트너로 참여하고 있는 세계은행은 한국의 송도에 사무소를 설치해, 대한민국이 수십 년 간 쌓아 온 경제개발 지식과 노하우를 세계 각국에 전파하는 전초기지로 삼기로 했습니다. 최근 열린 '아세안+3' 정상회의에 참석한 동남아시아 국가 지도자들은 한국의 개발 경험을 보다 체계적으로 전수해줄 것을 요청했고, 박근혜 대통령은 구체적인 방안을 마련하기로 약속해 박수를 받았습니다. 이밖에도 한국의 정부기관과 지방자치단체, 기업, 대학 등이 새마을운동, 농업 기술, 공무원 교육, 도시 개발, 직업능력 개발 등 다양한 개발경험을 해외 국가들에 전수하는 사업에 나서고 있습니다.

무엇보다도 반가운 것은 동아시아 정상회의, 즉 EAS에 참여하고 있는 아세안 10개국과 미국, 러시아, 중국, 일본, 인도, 호주, 뉴질랜드 등 18개국의 교육담당 고위 공무원들이 올해 인재포럼에 때를 맞춰 'EAS 직업교육훈련기관 네트워크' 창립총회를 서울에서 열고, 이번 포럼에 참가했다는 사실입니다. 아시아 각국 교육부처의 국장급 공무원과 주요 직업능력 훈련기관 핵심간부 40여 명이 이번 포럼 참가를 통해 한국의 우수한 직업능력 개발사례와 선진국들의 인재개발전략을 전수받은 것은, 글로벌 인재포럼이 국제기구 및 선진국의 정부 및 대학과 글로벌 기업, 한국의 인재개발 우수사례를 개발도상국들에 전파하는 가교역할을 하고 있음을 단적으로 보여주는 것이라고 자부합니다.

올해 글로벌 인재포럼의 주제를 '벽을 넘어서'로 정한 것은 참된 인재를 발굴하고, 키우고, 활용해 보다 나은 세상, 보다 살기 좋은 공동체를 가꿔나가기 위해서는 인재육성과 성장을 가로막는 각종 '벽'을 찾아내 제거하는 일이 무엇보다도 중요하다는 판단에서였습니다. 인재포럼은 우리 사회 창조적 인재육성을 가로막는 각종 장벽 가운데 대표적인 것 10가지를 선정하고 이들을 극복할 수 있는 방안이 논의되도록 주요 세션을 배치하였습니다. 10가지 장벽은 다음과 같습니다.

1. 남성과 여성의 장벽
2. 인종과 문화의 장벽
3. 세대 간 장벽
4. 지역 간 장벽
5. 대기업과 중소기업의 장벽
6. 학계와 산업계의 장벽
7. 수월성 교육과 평준화 교육의 장벽
8. 문·이과 칸막이 교육의 장벽
9. 학문 간 장벽
10. 인재육성과 활용을 가로막는 기관 이기주의의 장벽

제1부에서는 이들 10대 장벽을 넘어서는 방안을 집중적으로 다루

고 있으며, 제2부에서는 글로벌 기업들의 인재경영에 대해 집중적으로 다루고 있습니다. 가장 혁신적인 IT(정보기술) 업체인 구글과 페이스북, SNS업계에서 새로 떠오르고 있는 플립보드 등 기업들의 인재육성 방안이 소개됩니다. 세계적 컨설팅업체인 보스턴컨설팅그룹과 여론조사와 경영컨설팅 부문에서 세계적 명성을 쌓은 갤럽, 인재개발에 특화한 글로벌 컨설팅기업 타워스왓슨과 콘페리인터내셔널 등은 우리 기업들이 반드시 참고해야 할 인재관리 비법을 전해줍니다. 보잉과 GE, 지멘스 등 글로벌 기업과 한국의 대표 기업인 삼성 등의 인재육성 방안도 엿볼 수 있습니다. 제2부 자체로도 별도의 책을 만들 수 있을 정도로 풍부한 내용을 담고 있어 기업 인사담당자들에게 유용하리라 생각됩니다.

제3부에서는 에후드 바라크 전 이스라엘 총리의 기조연설 등 창조적 인재를 육성하기 위한 다양한 논의가 펼쳐집니다. 벤처강국 이스라엘의 사례가 우선 소개되고 프랜시스 후쿠야마 교수가 들려주는 미래 전망도 담겨 있습니다. 학벌의 벽을 넘어 능력중심 사회로 만들자는 박근혜 정부의 대표적인 교육정책과 관련해 국가직무능력표준(NCS)과 국가자격체계(NQF)가 논의되고 학생들의 꿈과 끼를 펴기 위한 자유학기제의 운영방안도 다뤄집니다. 세상을 리드하는 법을 가르치는 미국 웨스트포인트의 교육철학도 소개됩니다.

교육부와 한국직업능력개발연구원, 한국경제신문사의 전문가들이 세계은행과 유네스코 등 세계 최고권위의 국제기구 도움을 받아 마련한 글로벌 인재포럼의 각 세션을 이 책을 통해 다시 한 번 마음껏 즐겨주시고, 유익한 지식과 정보, 통찰력을 얻는 기회로 삼으시기를 진심으로 바랍니다. 독자 여러분에게 건강과 행복이 항상 함께 하시기를 기원합니다. 감사합니다.

2013년 12월
이학영 글로벌 인재포럼 사무국장
(한국경제신문 편집국 국장대우)

융합형
인재의 조건

| 차례 |

| 제1부 |

인재육성의
벽을 넘어서

01 성차별의 장벽

한국은 주요 20개국(G20) 회원국으로 세계무대에서 위상을 높여가고 있지만 지난 9월 세계경제포럼(WEF)이 발표한 국가경쟁력 순위에 따르면 한국의 여성 경제활동 참가율은 148개국 중 하위권인 97위에 머물렀다. 2006년 92위를 기록한 이후 지속적으로 순위가 하락하다 지난해 108위를 기록한 뒤 올해 6년 만에 간신히(?) 100위권 안에 진입했다.

통계청에 따르면 2012년 기준 한국 여성의 경제활동 참가율은 49.9%에 불과하다. 남성(73.3%)에 비해 23.4% 낮은 수치다. 영국 경제전문지 이코노미스트 등은 "한국에선 최초로 여성 대통령이 탄생했지만 여성의 사회 진출을 가로막는 보이지 않는 유리 천장이 여전히 존재한다"고 꼬집기도 했다.

고위직 여성 비율도 한국이 아시아에서 가장 낮다. 컨설팅업체 맥킨지가 2012년 10대 아시아 증권시장에 상장된 744개 기업을 대상으로 이사회와 최고경영진 내 여성 비율을 조사한 결과 한국 기업의 이사회 내 여성 비율은 1%, 최고경영진 내 여성 비율은 2%였다. 각각 2%와 1%를 나타낸 일본과 함께 아시아 국가 중 최하위권이다. 10대 아시아 증시 상장기업의 이사회 구성원 중 여성 비율은 평균 6%, 최고경영진 중 여성 비율은 8%였다.

〈글로벌 인재포럼 2013〉이 우리 사회 인재육성을 가로막는 각종 장애 가운데 성(性) 차별의 장벽을 가장 우선적으로 꼽는 것은 그만큼 극복하기 어려운 과제이기 때문이다. 누구나 남성과 여성을 차별적으로 대하지 않는다고 하지만 여전히 눈에 보이지 않는 장벽이 존재하고 있음을 부인하기는 어렵다.

글로벌 인재포럼은 인재육성을 가로막는 우리 사회의 10대 장벽을 꼽은 뒤 각 장벽에 대해 해결방안을 모색하는 세션을 여럿 구성했다. 그러나 성 차별의 장벽은 별도로 세션을 만들지 않았다. 많은 세션에서 이 문제가 다뤄지기를 기대해서이고, 실제로 많은 연사들이 성 차별을 없애기 위한 다양한 논의를 쏟아냈다.

OECD(경제협력개발기구)가 권고하는 한국의 차세대 인재전략을 다룬 특별세션에서도 성 차별 문제는 한국의 경쟁력을 갉아먹으리라는 경고가 나왔다. 다구마 미호 OECD 선임 애널리스트는 "다른 국가들은 여성 인력의 숙련도가 높을수록 노동시장 참여율이 높지만 한국은 그 반대"라며 "OECD 국가 중 한국은 여성 인력의 숙련도가 높을수록 노동시장 참여율이 낮아지는 유일한 국가"라고 지적했다. 그만큼 고숙련 여성 인재들이 노동시장에서 활용되지 못하고 있다는 설명이

남성 대비 여성 고용 및 임금 격차

	한국	OECD 평균
2012년 여성 노동시장 참여율	55.2% (남자: 77.7%)	62.3% (남자: 79.7%)
여성 관리직 비율	8~10%	29%
남성 대비 여성 임금 부족률	37.5~38.9%	15.8%
남성 대비 자녀 보유 여성의 임금 부족률	46%	

※자료 : OECD

다. 이는 남녀 간 소득 격차가 다른 국가에 비해 큰 점, 여성 인재의 승진 기회도 상대적으로 제한돼 있는 점 등이 이유로 분석된다.

OECD가 분석한 한국 여성의 노동시장 참여율은 55.2%로 남성 (77.7%)보다 크게 떨어진다. OECD 회원국 평균은 여성이 62.3%, 남성이 79.7%로 한국보다 차이가 적다. 더 큰 문제는 기업이나 조직 내에서 지위가 올라갈수록 여성의 비율이 현저히 떨어진다는 점이다. 관리직에서 여성이 차지하는 비중은 한국이 8~10%로 OECD 평균 (29%)의 3분의 1에도 못 미친다. 정규직 남성 노동자에 비해 여성 노동자의 임금은 37.5~38.9% 적은 것으로 나타나 역시 OECD 평균 (15.8%)보다 크게 벌어져 있다. 자녀를 둔 여성 노동자는 대부분 단순 업무 및 서비스직에 종사하면서 임금 차이가 46%까지 벌어지기도 한다. 다구마 애널리스트는 "여성 인력에 대한 차별을 없애고, 이들이 노동시장에서 생산성을 발휘할 수 있도록 해야 한국의 성장 동력이 유지될 것"이라고 경고했다.

여성이 '유리천장'의 장벽으로 어려움을 겪고 있음은 다른 세션에서도 확인됐다. 국내 최고 기업인 삼성과 인재육성 사관학교로 불리운 미국 GE의 인재전략을 들어본 '기업의 별, 임원 어떻게 키우나' 세션에서 정권택 삼성경제연구소 인사조직실장은 "삼성도 임원 전체에서 3~4% 정도만이 여성"이라고 밝혔다. 삼성은 그러나 1993년 '신경영'을 주장할 때부터 여성에 30% 쿼터를 할당하는 등 성 차별을 없애기 위한 노력을 앞장서 펼쳐온 기업이다. 과장급까지는 30%가 여성으로 채워져 있고 부장급 수준에서는 5%로 낮아지지만 외부 인사 영입 등을 통해 2020년까지 여성 임원을 10%까지 높이겠다는 목표를 제시하고 있다. 삼성의 인재전략인 '지행 33훈Ⅱ'에는 이공계의 우수한 여학생은 장학금을 줘서 선점하고 졸업하면 곧장 채용하라는 원칙까지 세워져 있다. 정권택 실장은 "한국 기업에게는 도전적인 목표이며 현재 삼성에는 여성 사장이 1명 있는데 앞으로 여성 임원의 등용을 더 많이 볼 수 있을 것"이라고 강조했다.

가장 성차별의 장벽이 높으리라 생각되는 군대에서조차도 차별을 없애려 노력하는 모습은 '세상을 리드하는 법을 배운다' 세션에서 확인할 수 있다. 티머시 트레이노어 웨스트포인트 학장은 "웨스트포인트는 좋은 '남성 리더'를 만드는 곳이 아니라 좋은 '군 리더'를 양성하는 곳이라는 것을 학생들에게 항상 강조하고 있다"고 말했다. 모든 교육 및 훈련 프로그램에서 남녀를 구분짓지 않고 통합해 운영하고 있다는 설명이다. 여성학이나 양성학 등을 수업으로 따로 운영하는 것 자체가 불평등을 인정한다고 보기 때문이다.

현재 웨스트포인트의 4,800명 생도 중 여성 비율은 16%다. 올해 신입생은 20%까지 증가했고, 내년엔 25%까지 높아질 것으로 전망되는 등 여성들의 진입이 활발해지고 있다.

특별히 여성의 권익향상 프로그램을 마련하지 않았다고 트레이노어 학장은 소개했다. 여성도 격투기나 격렬한 스포츠를 하고 신체 및 체력 검사도 남자와 동일한 기준으로 받는다. 다만 체력 훈련 과정에서 여생도들은 복싱은 안 하고 격투기를 더 배우는 정도다. 신체 테스트도 동일하게 받는다. 학업과 관련해서도 남녀 구분이 없다. 같은 교실에서 공부하고 같이 기숙한다.

트레이노어 학장은 "3~4학년 상급 리더 중 42%가 여성 리더"라며 "전체 프로그램에서 여성도 리더를 맡을 수 있는 동일한 기회를 갖고 실제로 여성 생도들은 생도단의 핵심 리더로서 두각을 드러내고 있다"고 강조했다. 해외 현장학습도 여성들이 주도하는 경우가 많아졌다는 설명이다. 그는 "여성이기 때문에 약하다는 인식은 군대 안에서 전혀 없다"며 "강인한 여성이 아니라 강인한 리더를 만들겠다는 웨스트포인트 철학이 만든 결과"라고 덧붙였다.

02 인종과 문화의 장벽

다문화 인재가 미래를 이끈다

〈글로벌 인재포럼 2013〉의 '다문화 인재가 미래를 이끈다' 세션에 참여한 랜달 한센 캐나다 토론토대 정치학과 교수와 양계민 한국청소년정책연구원 연구위원은 이민자가 늘어나고 있는 사회에서 다문화가정 아이들을 위한 적절한 교육 지원이 필요하다고 입을 모았다. 두 발표자는 다양한 나라에서 온 이민자와 다문화가정아동들을 하나의 집단으로 놓고 동일한 방법으로 지원해서는 안 된다는 데도 공감했다. 이민자라는 동질성보다는 부모의 교육 수준, 가정의 소득 수준, 인종 등 다양성을 고려해야 한다고 발표자들은 강조했다.

"어떤 나라에서는 이민자들이 능력을 충분히 발휘하면서 살지만 어떤 나라는 그렇지 않습니다. 당연하게 들리겠지만 이 차이는 교육에서 발생합니다."

한센 교수는 "모든 데이터에서 더 좋은 교육을 받을수록 소득이 높아지고 실업이 낮았다"면서 "캐나다 연구에 따르면 학사학위가 있으면 실업률이 3분의 1로 낮아진다"고 덧붙였다.

그는 "캐나다, 뉴질랜드, 호주 등의 이민자가 좋은 성과를 내는 이유는 이민자를 선정하는 방법 때문"이라며 "한국도 고숙련 이민자들과 그의 가족들을 적극 받아들여 다양성을 추구한다면 장기적인 경제발전에 긍정적 효과를 얻을 것"이라고 전망했다.

양계민 연구원은 "한국사회가 오랫동안 가진 단일민족에 대한 믿음이 더 이상 유효하지 않다"며 다문화청소년을 대상으로 하는 정책의 필요성을 강조했다. 양 연구원은 기존의 다문화어린이들에 대한 정책이 미취학아동 중심으로 짜여 있고 수요자의 요구보다는 정책입안자의 생각이 반영됐다고 지적했다. 또 다문화가정아이들을 단일한 집단으로 생각하고 시혜적인 도움이 필요한 그룹이라는 고정관념을 반영한 정책이라는 점에서 문제가 있다고 말했다.

양 연구원은 "앞으로의 정책은 다문화청소년들을 일반청소년들과 구별하지 말고 통합적으로 수행해야 한다"며 "정책 결정자들이 정하는 것이 아니라 이들의 필요, 역량에 따른 정책을 만들어야 한다"고 강조했다. 아울러 그는 "다문화청소년들 사이의 개별성, 다양성을 고려해서 정책을 결정해야 한다"고 덧붙였다.

고숙련 이민자를 유치해야 한다

랜달 한센(캐나다 토론토대 정치학과 교수)

교육과 이민 사이의 관계를 보고 교육정책을 활용해 이민자의 삶의 질을 개선할 수 있는지에 대해 살펴보겠다. 여러 비교연구에 따르면 일반적으로 이민자들은 내국인에 비해 수학, 과학, 읽기 등의 시험 점수가 나쁘다고 한다. 하지만 모든 경우에 이런 것은 아니다. 국가 별로 캐나다, 호주, 뉴질랜드, 마카오, 중국 등에선 이주민의 성과가 좋은 반면 프랑스, 독일, 핀란드, 벨기에 등에서는 이민자의 성과가 나쁘게 나타난다.

왜 어떤 이민자는 다른 이민자보다 결과가 좋은 걸까? 해답은 교육 방법에 있다. 당연하게 들리겠지만 교육은 매우 중요하다. 모든 데이터에서 더 좋은 교육을 받을수록 소득이 높아지고 실업이 낮은 것으로 나타났다. 캐나다 연구에 따르면 학사학위가 있으면 실업률이 3배 정도 낮아진다. 모든 국가에서 교육이 높을수록 소득 프리미엄이 높다. OECD 17개국에서 3차 학위나 학사학위가 있으면 소득 프리미엄이 17% 정도 높은 것으로 나타났다. 한국도 마찬가지다.

캐나다에서 최근 인문학에 대한 논란이 많았다. 공학, 수학 등은 75% 정도의 소득 프리미엄이 있는데 인문학은 23%라서 의미가 없다는 것이었다. 하지만 나는 23% 소득이 보장되는 투자라면 기꺼이 하겠다.

랜달 한센 "한국은 더 좋은 시스템이 있기 때문에 훨씬 좋은 이민자를 유치할 수 있을 것이다."

본인의 교육뿐 아니라 부모도 교육이 중요하다. 부모의 교육 수준이 높으면 자녀의 학교 성취도 역시 높을 수밖에 없다. 미국의 라틴계나 캐나다 포르투갈계, 터키계 사람들의 교육 성취가 낮다고 생각하는데 부모들의 지위라는 변수를 제거하면 이런 격차는 사라진다. 캐나다, 뉴질랜드, 호주 등 이민자들이 선전하는 나라는 이민자 선정 과정에서 교육이 높고 전문적 자격을 갖춘 사람을 선별적으로 수용한다. 자녀들이 좋은 성적을 낼 수밖에 없다. 반대로 독일, 벨기에, 오스트리아 등은 저숙련 노동자들이 대거 유입되고 있다.

이것이 다가 아니다. 독일과 오스트리아는 집에서 독일어를 안 쓰고 모국어를 사용할 때 손해가 더 크다. 학교에서 보내는 시간이 짧아 독일어를 배우고 성취도를 높이는 데 어려움을 겪어서다.

아시아 출신 학생들은 또 하나의 특징을 갖는다. 캐나다에서 한국, 중국 등 아시아권 학생들의 학업 성취도가 높다. 교육, 재산 등의 변인을 통제해도 마찬가지다. 이는 아시아 학생과 부모가 교육에 대한 열정이 많기 때문이다. 때문에 교사들과 학생들의 기대치도 높아지는 등 선순환이 이뤄지고 있다.

모든 계량경제학적 증거에 따르면 숙련 이민자는 평생에 걸쳐 경제적인 이익을 내는 것을 알 수 있다. 그러므로 숙련 이민자를 많이 받아들이는 것이 중요하다. 교육 정책의 측면에서 보면 아이들을 어릴 때부터 교육제도에 포함시키는 게 중요하다. 유아교육은 모든 집단에서 성취도에 영향 미쳤다. 독일, 오스트리아는 학교에서 보내는 시간이 짧은데 방과 후 수업 등을 통해 교육제도 안에 있는 시간을 길게 만드는 것이 필요하다.

독일 데이터에서 흥미로운 것 중 하나는 이민자들이 학교에서는 성취도가 나쁜데 노동시장에서는 성취도가 나쁘지 않다는 것이다. 독일에서 시민권이 없는 학생들의 실업률은 내국인의 2배다. 높아 보이지만 프랑스에서 3배, 스웨덴에서 5배인 것에 비하면 괜찮은 편이다. 이것은 독일의 도제 시스템 덕이다. 현장 교육을 제공해 저숙련 노동자도 궁극적으로는 좋은 직업을 얻을 수 있게 된다.

한국에 아시아의 고숙련 이민자를 유치하라고 제안하고 싶다. 이미 중국은 많은 고숙련 이민자를 유치하고 있다. 한국은 더 좋은 시스템이 있기 때문에 훨씬 좋은 이민자를 유치할 수 있을 것이다. 또 독일, 캐나다, 폴란드 등과 같이 다양한 이민자를 받아들여 다양성 속의 다양성을 추구해야 한다.

랜달 한센

캐나다 벤쿠버에 있는 브리티시 컬럼비아 대학교를 졸업했다. 옥스퍼드 대학에서 정치
학으로 석·박사학위를 취득한 후 런던 대학, 옥스퍼드 대학, 뉴캐슬어폰타인 대학 등
에서 정치학을 가르쳤다. 현재는 캐나다 토론토대 몽크스쿨 안에 있는 러시아 유라시
아 지역연구 센터장을 겸임하고 있다.

 | 강연 | ❷
다문화청소년들의 필요와 역량에 따른 정책 수립
양계민(한국청소년정책연구원 연구위원)

대한민국은 우리가 한민족이라는 것에 자부심을 가졌고 그것을 학생
들에게 교육시켰다. 하지만 더 이상 '단군의 자손'만을 강조할 수 없
는 상황이다. 점점 이주배경을 지닌 사람들이 증가하고 있다. 2013
년 안전행정부 기준으로 외국인 출신 주민은 144만 2,000명에 달한
다. 주민등록인구의 2.8%를 차지한다.

연구원에서 관심을 가진 것은 결혼이주여성과 그 자녀들이다.
2011년 미취학 어린이들이 많았지만 2013년에는 취학 아동들이 늘
고 있다. 아이들이 자라면서 점점 청소년층이 늘고 있다는 것이다.
과거에는 언어습득 등의 문제가 주된 관심사였지만 이제는 청소년의
학업발달, 정체성 등의 문제로 옮겨가고 있다.

다문화청소년에 대한 이미지가 좋지만은 않다. 다문화에 대한 고

양계민 "앞으로의 정책은 다문화청소년들을 일반청소년들과 구별하지 말고 통합적으로 수행되어야 한다."

정관념은 국제결혼이 아니라 대부분 중개업을 통해 결혼했고, 이민자 역시 주로 동남아시아에서 왔다는 것이다. 그래서 피부색이 검고, 말도 못하고, 사회·경제적 수준이 낮으며, 어머니 교육수준이 낮고, 아버지 나이가 많다고 생각한다. 아이들에 대해선 발달이 느리고, 학교에 적응하지 못하며, 삶의 만족도가 낮을 것이라고 생각한다. '과연 정말 그런가?' 하는 의문에서 연구를 시작했다.

다문화청소년에 대해 2010년부터 2017년까지 발달과정이 어떤지 보고, 성공적으로 발달한 아이들과 그렇지 않은 아이들의 차이점을 밝히려는 연구를 진행 중이다.

2010년부터 2012년까지 첫 단계 연구를 마쳤다. 초등학교 4학년이던 연구대상 아동들이 이제는 6학년이 됐다. 학부모, 선생님, 아이

국내 다문화 학생 현황

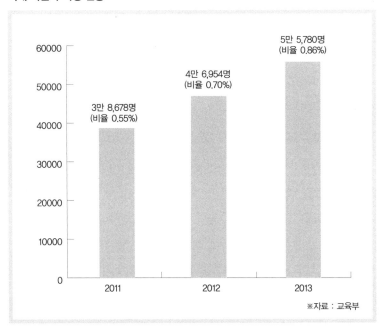

※자료 : 교육부

들을 상대로 한 설문조사를 통해 일반 아이들 집단과 비교를 한 결과, 학교적응 수준에서 학습활동과 교사관계가 비교적 낮은 것으로 나타났지만 교우관계에서는 별 차이가 없었다.

사회·경제적 계층의 영향을 분석하기 위해 소득수준을 상·중·하로 나누고 수준이 같은 아이들끼리도 비교했다. 저소득층에서는 학습활동 및 교사관계에서 다문화 쪽이 낮은 수치를 보였다. 하지만 교우관계는 오히려 좋은 것으로 나타났다. 소득수준 중 이상에서는 이런 차이조차 없었다.

다문화청소년 내부의 차이도 살펴봤다. 발달에 영향을 미치는 요인을 분석했을 때 학업성취에 영향을 미치는 것은 부모의 교육수준, 가정의 소득수준 등이었다. 학교적응을 나타내는 또래관계, 교사관계에 있어서는 아버지의 교육수준이 영향을 미쳤다. 키, 생활만족도 등에서도 가정의 소득수준이 중요한 것으로 나타났다. 소득수준이 심리뿐 아니라 신체에도 영향을 준다는 것이다. 또 다문화가정이라고 해서 동질적으로 파악될 수 없다는 것을 알 수 있었다.

2011~2013년 학교적응을 바탕으로 유형을 나눴을 때 계속해서 학교에 적응을 못하는 그룹은 부모의 무관심, 문화적응스트레스, 학교 집단따돌림, 우울감 등이 높게 나타났다. 반면 어머니의 한국어 수준, 부모의 교육수준, 신체에 대한 이미지, 생활만족도, 학업성취 등은 낮게 나타났다. 계속 적응을 잘하는 그룹은 정 반대였다. 즉 같은 다문화가정이라고 해도 적응을 잘하는 집단과 그렇지 못한 그룹이 있는 것이다.

이렇게 아이들은 다양하고 이들이 원하는 욕구도 다양한데 이들에 대한 한국의 정책은 어떤가? 한국어 교육 측면에서 보자. 어머니가 한국어를 못하기 때문에 입학 전의 한국어 교육은 중요하다. 하지만 초등학교 고학년 정도로 올라갈수록 말하는 수준은 비슷하다. 다문화가정 아이라고 해서 한국어를 배우라고 하는 것은 억지스러운 상황이다.

두 번째는 이중 언어교육 문제다. 이 역시 수요자의 요구를 조사하지 않은 것 같다. 목적은 어머니 나라 말을 배워 그 나라 문화를 느끼고 어머니와도 의사소통을 쉽게 하는 데 있다. 하지만 어머니 나라만큼 강사가 조달이 되지 않아 어머니는 중국인인데 몽골어를 배우는 식으로 진행되고 있다. 아이들에게 이중 언어를 배우고 싶은지 묻고 결정하는 것이 아니라 정책입안자들의 생각대로 하는 것이다.

멘토링, 문화체험, 직업교육 등 겉으로 봐서는 좋아 보이고 도움이 되는 것도 있지만 여러 가지 한계가 있다. 가장 큰 것은 다문화청소년에 대한 지원을 일반청소년과 분리해서 진행하는 것이다. 본인이 드러내고 싶지 않아도 프로그램 때문에 드러나는 경우가 많다. 다문화 청소년을 위해 지원은 필요하지만 일반청소년과 다르다는 것이 드러나지 않게 지원해야 한다.

지원정책이 학교에 들어가기 전 어린이들이나 초등학생 위주인 것도 문제다. 이들이 점점 자라면서 중학생, 고등학생이 되는데 이들을 대상으로 한 프로그램은 거의 없다. 다문화 가족의 요구를 반영하기보다는 고정관념에 의한 정책이 진행되고 있다. 다문화청소년은 동질적이지 않고 다양하기 때문에 일률적으로 지원해서는 안 된다. 아울러 시혜적, 일회성 프로그램도 필요하지만 장기적인 역량강화 프로그램도 필요하다. 끝으로 이들이 스스로 공부하고 역량 키우는 것도 중요하지만 한국사회가 이들을 차별 없이 받아들이는 다문화 수용성을 키우는 것이 동반돼야 할 것이다.

이런 점을 고려할 때 앞으로의 정책은 다문화청소년들을 일반청소년들과 구별하지 말고 통합적으로 수행되어야 한다. 또 위에서 정하는 것이 아니라 이들의 필요와 역량에 따른 정책을 만들어야 한다. 다문화청소년들의 부족함을 채우는 교육이 아니라 역량에 집중하는 교육이 필요하다. 마지막으로 다문화청소년들 사이의 개별성, 다양성을 고려해서 정책을 펼쳐야 할 것이다.

인식 속의 그늘이 있으면 절대 개선될 수 없다

권오현(서울대 다문화교육연구센터 소장)

한센 교수가 제안한 여러 내용 중에서 한국과 연관되는 부분을 중심으로 토론하겠다. 우선 서구의 다문화 교육에서 얻은 성과를 한국에 대입하려면 서구와 우리의 이주 행태가 다르다는 점을 인정해야 한다. 유럽이나 호주, 캐나다 같은 서구는 가족 전체의 노동 이주가 대표적인 이주 행태다. 한국은 다양한 이민자 집단이 있지만 학교의 다문화 교육으로 한정하면 대부분 결혼이민자 가정의 자녀들이다. 엄밀하게 말하면 한국은 아직 이주국가가 아니고 인력이 개인적으로 필요해서 받아들이는 단계에 머물러 있다. 학교에서 다문화가정 비율을 보면 결혼이민자가 90% 이상이다.

한센 교수 발표 내용을 보면서 나도 한국이 이제 이민국가로 갈 시기가 왔는지 정밀한 검토가 필요하다고 생각했다. 한센 교수가 제안한 서구식 가족단위 이주 허용이나, 고급 기술력을 갖춘 전문가 그룹에 대해 가족단위 이민을 허용하는 국가 시책을 도입하기 위해서는 국민적인 공감대가 필요하기 때문이다. 이는 한국의 취업문제와 밀접한 관련을 맺고 있기 때문에 노동시장의 원리를 고려해서 신중하게 결정해야 한다.

양계민 연구원의 발표에서 놀란 점은 다문화 학생의 교우관계나 선생님과의 관계가 우려와는 달리 오히려 좋다는 것이다. 널리 알릴 필요가 있고 그 원인에 대한 조사가 진행돼야 한다고 본다.

다문화 인식 개선 교육을 하다보면 우리가 다문화를 이해해야 한다고 주장할수록 다문화에 대한 부정적인 생각을 하는 경우가 많아졌다. 이런 점에서 다문화는 필요한 사람에게 지원은 하지만 다문화 인식 개선 부분에 대해서는 절대 문제점을 출발점으로 삼으면 안 되는 것 같다. 황당한 제안인지는 모르겠지만, 다문화라는 용어를 다문화사회, 다문화교육 등 현상을 지칭할 때만 쓰고 다문화청소년 다문화인 등 사람을 지칭할 때는 쓰지 말자고 제안하고 싶다. 왜냐하면 사람을 구분 짓는 것 같아서다. 한국에서 태어난 자녀가 학교를 다니는데 그 자녀에게 다문화인이라고 하면 애들한테 전혀 도움이 안 된다. 인식 속의 그늘이 있으면 절대 개선될 수 없다. 학교에서는 가치교육, 인성교육 등 사람을 존중하는 소외계층에 대한 가치교육 차원으로 가야 한다. 다문화 아이들만 따로 끄집어내서 다문화 교육으로 틀 짓는 방식은 문제가 많다.

| 토론 | ❷

이중 언어 교육을 통한 글로벌 인재양성

이남철(한국직업능력개발원 교육훈련노동연계연구실장)

2006~2012년까지 매년 다문화 초·중·고 학생들이 늘어나 거의 5배가 증가했다. 연도별 다문화 가정의 학생비율도 2008년 0.26명에

서 올해 0.88명으로 늘어날 전망이다. 그런데 전체 학생들의 취학률에 있어서 초등학교와 중학교에서는 다문화아동과 일반 아동의 취학률 차이가 없지만 고등학교에서는 7.5%, 대학교에서는 19.1%의 차이가 발생한다.

2012년 정부는 귀화자들의 어려운 점을 조사해 발표했다. 가장 어려운 것은 언어 문제(21.1%) 였고 경제적 어려움이 19.8%로 두 번째로 높게 나타났다. 다양한 정책을 말하는 것보다 결혼이주자와 귀화자의 가장 큰 어려움인 언어와 경제문제에 대한 제안을 하고 싶다.

재작년 전국 초·중·고등학생 학부모 및 교사 2,000명을 조사한 결과 다문화 아동 및 청소년의 41.2%는 자기 어머니 나라로 공부하러 가고 싶다고 답했다. 이들 중 58.7%는 어머니 나라의 언어, 문화 등을 배우고 싶어서라고 이유를 설명했다. 한국의 교육비가 비싸다는 이유도 16.4%였다.

다문화아동들에게 이중 언어를 배우게 하는 것은 좋다고 본다. 대학에 들어와서 새로운 언어를 배우기 시작하면 이미 그 나라 사람들처럼 유창한 수준까지 올라가기가 쉽지 않다. 다문화아동들은 한국인 아버지보다는 외국 출신의 어머니와 대화를 많이 하기 때문에 이중 언어 사용비율이 높을 것이다. 학생들에게 이중 언어를 구사할 수 있도록 교육해 글로벌 인재로 양성하면 좋겠다.

또 다문화학생들이 경제적 문제를 많이 겪고 있다. 한센 교수가 말했듯이 OECD통계에서도 다문화학생이 해당국 학생보다 학업성취가 높진 않다. 장학제도 같은 것을 확대해서 경제적 혜택을 주면, 국제적 인물로 나라에 기여할 것이라고 생각한다. 선진국에서는 소득이 낮아도 공부할 의사와 능력이 있으면 지원을 한다. 이때 대학교육뿐 아니라 직업기술교육 등도 시작하길 제안한다. 분명한 것은 다문화가정 학생들의 성적이 낮기 때문에 성적만으로 장학금을 받기엔 한계가 있다. 이것을 감안해 정부에서 장학재정지원을 했으면 좋겠다.

　장기적으로는 다문화가정 자녀가 장학금으로 어머니 나라에 가서 공부하고 다시 한국에 와서 기여할 수 있도록 하는 정책을 추진하면 좋을 것이다.

| 토론 | ❸
해당 국가의 문화에 동화되는 것도 중요하다
장 피에르 가르송(전 OECD이민국 국장)

프랑스인으로서 나는 다문화 문제에 대해서 그렇게 친숙하지는 않다. 프랑스에서는 사람들의 종교에 대해 질문하거나 인종적인 배경에 대해 물어보는 것이 법 안에서 용납되지 않는다. 문화의 복합과 통합이 매우 중요하다고 생각한다. 이런 점에서 어떤 국가로 이민을 한 다음에 그 문화의 언어를 하고 동화되는 게 중요할 것이다.

　나의 한 이탈리아인 친구는 처음 프랑스 학교에 왔을 때 이탈리아인 친구들과 이탈리아어를 썼지만 곧 고쳤다. 프랑스 학교에선 프랑스어를 써야 한다고 아버지가 조언했기 때문이다. 학교에서 좋은 성적을 내야 그 사회에서 역할을 할 수 있어서다. 여러 문화가 공존하는 것도 좋지만 한편으로는 이민을 간 국가의 문화에 잘 동화돼 이민자가 동등한 기회를 제공받는 것도 중요하다.

프랑스도 예전에는 이민을 보내는 국가와 받는 국가 간의 상호 협약이 있었다. 이민자들은 본국의 문화를 보존하기 위해 애썼다. 프랑스 교육을 받지만 포르투갈어를 배운다든지 하는 식이었다. 하지만 돌이켜보면 너무 과도한 것이었다. 모국과의 관계를 유지하는 것도 중요하지만 새로운 국가에 동화되고 적응하는 것이 그보다 더 중요할 수 있다.

03 세대 간 장벽

100세 시대 평생학습, 인생 3모작을 위한 행복교육

"고령화 국가에선 자연히 고령 근로자들도 늘어나게 됩니다. 이들이 얼마나 역량을 발휘하느냐에 따라 그 사회의 경쟁력이 결정될 것입니다. 평생학습이 더 중요해질 수밖에 없다는 뜻이죠."

―마이클 오스본(영국 글래스고대 성인평생교육센터 소장)

국가평생교육진흥원 주관으로 열린 '100세 시대 평생학습, 행복한 인생 3모작의 시작' 세션에선 평생학습 제도를 구축하기 위한 논의들이 오갔다. 세션에서 좌장을 맡은 최운실 국가평생교육진흥원 원장은 "요람에서 무덤까지 학습과 교육이 진행돼야 한다"며 "100세 시대를 맞은 지금 고령자들의 교육이 중요해졌다"고 세션의 의의를 설명했다.

먼저 오스본 소장은 '학습도시(Learning City)' 개념을 소개했다. 오스본 소장은 "학습도시는 평생교육을 현장에서 실질적으로 제공하기 위해 만들어진 개념"이라며 "사람들이 평생교육을 받기 위해 가장 중요한 요소"라고 강조했다. 학습 도시는 '법적인 의무'를 넘어서 교육과 훈련을 제공하는 도시다. 정부, 기업, 시민단체 등 도시 내 주체들을 연계해 다양한 교육 기회를 제공함으로써 주민들에게 활력과 기회를 불어넣는 프로젝트인 것이다.

이어 이안 밥티스트 그라나다 세인트조지스대학 인문사회과학부 교수는 미국의 저소득 노인층(Low Income Seniors, LIS) 연구 결과를 발표했다. 밥티스트 교수는 "미국에선 지방 정부 등이 저소득 노인층을 위한 여러 질 좋은 프로그램을 운영하고 있지만 불안정한 자금 지원이 가장 큰 위협"이라고 말했다.

| 강연 | ❶

국가의 평생교육을 책임지는 학습도시
마이클 오스본(영국 글래스고대 성인평생교육센터 소장)

미래를 위한 평생학습도시에 대해 말씀드리고자 한다. 학습도시는 평생교육에 가장 중요한 요소다. 여러분 대부분은 평생교육과 학습에 대해 알고 있을 것이다. 정책 입안자들이 지난 40~50년 동안 중요하게 여겨왔던 문제다. 산업혁명 이후 이에 대한 관심은 계속해서

마이클 오스본 "학습을 기반으로 하는 원리원칙들이 모든 활동의 근간이 돼야 한다."

증가했다. 청소년기 학습뿐만 아니라 평생 동안 교육을 지속해야 한다는 것이다. '요람에서 무덤까지'란 말도 많이 한다. 개인은 물론 기업과 국가의 역량 강화 위해서도 평생교육이 많이 강조된다.

학습도시는 평생교육을 현장에서 실질적으로 제공하기 위해 만들어진 개념이다. 많은 연구가 진행됐고 전 세계적으로 프로그램도 다양하다. 사실 새로운 개념은 아니다. 2500년 전에도 학습도시 개념이 있었다. 플라톤 시절에는 '아고라'가 있었다. 시장에서 학습을 하는 것이다.

학습도시를 만드는 이유 중 하나는 경제적 요인이다. 교육 기회를 늘려서 이를 바탕으로 도시와 지역에 투자를 유치해 각종 인프라를 만드는 것이다. 다국적 기업들이 한국으로 사업하러 오는 것을 생각해보자. 한국은 교육 수준이 높아 훌륭한 인재들이 많기 때문이다. 또 다른 측면도 있다. 교육도시는 다양한 사람들을 효과적, 효율적으로 한 자리에 모을 수 있다. 교육자, 피교육자 간 네트워크를 형성하면 이를 바탕으로 사회적 응집력, 포용력이 생겨난다.

학습도시들의 기본 원칙은 무엇일까? 일단 도시들의 다양한 전략에 학습을 핵심 요소로 넣는 것이다. 도시의 다양한 서비스들이 학습을 기반으로 만들어지거나 이를 중심으로 운영돼야 한다는 개념이다. 학습을 기반으로 하는 원리원칙들이 모든 활동의 근간이 돼야 한다.

오늘날 유럽에는 학습도시를 표방하는 곳이 많지 않다. 학습도시란 개념이 하락세라고 할 수도 있지만 이 개념 자체가 도시의 정책 전략에 내재화 되어서 더 이상 학습도시를 표방할 필요가 없어졌다는 뜻이기도 하다.

아시아에서도 학습도시의 부흥이 일어났다. 특히 지난 10여 년 동안 한국, 일본, 중국, 베트남 등이 학습도시에 관심을 가졌다. 한국은 학습도시가 자치 제도를 촉진하는 데 중요한 역할을 한 것 같다. 중국은 산업화 이후 국민들의 불만 해소와 환경 개선, 문화적 자긍심 유지 등을 위해 학습도시가 만들어졌다. 일본은 소규모 도시, 지역들이 지역기반 문화 부흥을 도모하는 데 큰 역할을 했다. 다른 개념과의 융합도 이뤄지고 있다. 지역, 공동체, 건강, 녹색, 문화 등과 함께 말이다.

학습도시에 또 하나 중요한 이슈가 있다. 이는 미래 작업을 위해 필요한 것이다. 바로 '빅데이터'의 역할이다. 빅데이터는 각기 다른 수많은 데이터들을 보다 잘 연계하는 기술이다. 이를 통해 특정한 장소에서 일어나는 일들에 대해 더 잘 알 수 있게 되고, 도시 안에서 벌어지는 행동들의 숨겨진 뉘앙스나 의미도 이해할 수 있을 것이다. 사람들의 행태, 행동은 물론 학습 습관이나 성취도 등도 원하는 방향으로 유도할 수 있게 된다.

끝으로 학습도시가 왜 중요한가를 말하겠다. 평생 교육에 투자를 하지 않는 국가의 경우 국민들의 기술력이 떨어지게 된다. 고령화 국가에선 고령 근로자들도 필요로 하고 있다. 고령 인구가 점점 늘어나기 때문이다. 성인의 역량평가 방법 가운데 하나인 OECD 국제 성인 역량 조사(PIAAC)에 따르면 한국의 40대 이상 사람들은 젊은 사람들보다 낮은 점수를 기록했다. 하지만 고령인구 비중이 높아지면서 한국사회에도 점점 더 고령 근로자들이 필요하게 될 것이다. 이 때문에 평생교육이 필요하다. 나이가 들면 인지력 저하는 피할 수 없지만 교육을 통해 이를 줄일 수 있다. 스코틀랜드의 경우 50~55세의 PIAAC 점수는 대졸자 못지않다. 나이가 들었지만 평생학습을 통해 기술을 유지하고 있는 것이다.

공식적인 학교나 교육기관 외에서도 많은 학습이 이뤄진다. 공식적이든 비공식적이든 학습의 장은 다양하게 존재할 수 있다. 다양한 맥락에서 이뤄지는 교육들이 응집력 있게 정의될 필요가 있다. 도시는 이런 교육을 진행할 수 있는 좋은 장이다. 그렇기 때문에 공공부문, 재계, 산업계 등 모든 사람들이 협력해야 한다.

마이클 오스본

글래스고대 교수이자 성인평생교육센터 소장이다. 그는 성인 교육과 고등교육 연구, 개발 및 평가 영역의 전문가다. 고등교육 참여 확대와 학습도시 확대 등에 관심이 많다. 유럽위원회 평생 학습 프로그램에서 여러 프로젝트를 진행하고 있다. 영국에서도 정부 부처와 고등교육 아카데미 등과 함께 일했다.

 | 강연 | ❷

부족한 재정지원이 가장 큰 위협이다

이안 밥티스트(그레나다 세인트조지스대 인문사회과학부 교수)

나는 카리브 해의 그레나다 출신이다. 현재는 세인트조지스 대학에서 학생들을 가르치고 있다. 평생교육이라는 것이 모두를 위한 보편적 인권인지, 아니면 소수를 위한 특권인지 생각해보고자 한다. 이를 위해 공공지원을 받는 보건교육 프로그램을 미국 저소득층 노인에게 제공하는 것에 대해 다뤄볼 것이다.

행복한 인생 삼모작을 위해서 미국의 저소득 노인층에게 어느 정도의 보건교육이 이뤄지고 있을까? 일단 60세 이상 미국 공식 빈곤선 아래 있는 노인을 저소득 노인층(Low Income Senior, LIS)로 분류했다. 그리고 우리 삶의 세 번째 단계란 은퇴 이후 시기를 의미한다. 이런 정의 하에 미국 인구통계자료와 오하이오주 내의 도시 해밀턴과 농촌 노블을 대상으로 조사했다. 저소득 노인층에 집중한 이유는 이

이안 밥티스트 "대부분 정치인이나 관료들은 단기적 결과를 선호한다."

들이 재정적, 보건적 어려움을 가장 많이 겪고 있기 때문이다.

미국의 저소득 노인층이 공공보건 프로그램에 참여하는 데는 어떤 제약이 있을까? 우선 전형적인 저소득 노인층의 환경에 대해 알아보자. 이들은 배우자와 같이 살고 최소한 한 명의 손자나 손녀를 데리고 살며 이들의 양육자 역할을 한다. 대부분 은퇴 후 소득이 없어서 일을 하거나 지원을 받아야 한다. 컴퓨터를 갖고 있지 않을 가능성이 높고 사용할 줄도 모른다. 상당수가 심장질환, 암, 관절염, 당뇨, 알츠하이머 등 5개의 만성질환 가운데 하나를 앓고 있다. 고용주가 지원하는 건강보험에도 가입돼 있지 않다. 소득의 50% 이상을 주택 임대료와 관리비로 쓰고 있다. 충분한 음식도 먹지 못하고 있다.

이들에게는 다양한 프로그램이 제공되고 있다. 영양, 부상예방,

당뇨 관련 프로그램도 있다. 이런 프로그램은 충분히 잘 진행되고 있지만 실제 이런 프로그램의 혜택을 볼 수 있는 저소득 노인층은 약 10%에 불과하다. 문제는 공간과 재정의 부족이다. 이런 프로그램은 상당히 잘 훈련되고 열정적인 직원들에 의해 제공된다. 적은 예산 지원에도 이들은 최선을 다하고 있다. 사실 좀 놀랐다. 저소득 노인층의 상황이 프로그램 성공 여부에 위협을 가하는 것이 아니라 부족하고 신뢰할 수 없는 재정지원이 가장 큰 위협이라는 사실에 말이다. 사실상 국가가 가장 큰 문제인 것이다. 프로그램의 성과는 장기적으로 나타난다. 하지만 대부분 정치인이나 관료들은 단기적 결과를 선호한다. 이 때문에 예산 확보가 쉽지 않다.

 이안 밥티스트

그레나다 세인트조지스대와 미국 펜실베이니아주립대에서 교수로 재직 중이다. 트리니다드에서 태어나 카리브 해의 섬나라 그레나다에서 자란 그는 두 곳의 지역에서 지역 사회와 시민 참여 등에 대해 연구하고 있다. 특히 빈곤층 사회 문제에 대해 관심이 많다.

| 토론자 |
최운실(국가평생교육진흥원 원장), 이희수(중앙대 글로벌인적자원개발대학원 원장),
마이클 오스본(영국 그래스고 대 성인평생교육센터 소장), 한준상(연세대 교육학과 명예교수),
이안 밥티스트(그레나다 세인트조지스대 교수)

▶ **최운실(좌장):** 학습도시의 역사는 길다. 부흥이 있었고 쇠락도 있었지만 최근 다시 부흥기를 맞고 있는 것 같다. 오스본 교수는 과거를 바탕으로 학습도시의 미래를 제안해줬다. 밥티스트 교수는 저소득 노인층의 보건, 교육에 대해 영감을 주는 말을 해줬다. 이것은 의학적 이슈가 아니라 사회적 계약의 문제, 조직 합리화의 문제다. 재정 지원이 부족하다는 문제는 한국에서도 유사하게 볼 수 있다.

▶ **이희수 원장:** 오스본 교수에게 질문하려고 한다. 학습도시의 정체성은 무엇인가. 학습, 녹색, 건강, 안전, 문화 도시 등 다양한 종류의 도시들이 갖고 있는 가장 중요한 아이디어는 무엇인가?

▶ **오스본 교수:** 가장 큰 아이디어는 이 시대의 미래와 관련된 도전과제와 연결돼 있는 것 같다. 바로 환경과 기후 변화가 가장 중요한 이슈 중 하나다. 여기에 적절히 대처하지 않으면 세상이 끝날 수 있기 때문이다. 근본적으로 볼 때 모든 도시들은 기후 변화에 대한 저항과 지속 가능한 환경 등을 고려해야 한다. 학습을 통해서 바른 방향으로 갈 수 있도록 해야 한다.

▶ **한준상 교수:** 밥티스트 교수는 미국의 저소득 노인층이 생존을 위협받고 있는 것은 재정지원이 충분히 이뤄지지 않기 때문이라고 말했다. 한국도 마찬가지 상황이다. 한국 노인층도 은퇴 이후 삶에 대해 충분한 준비를 못하고 있다. 재정적 지원도,

세션을 마친 뒤 인사를 하는 참석자들(왼쪽부터 이희수 원장, 한준상 교수, 최운실 원장, 이안 밥티스트 교수, 마이클 오스본 교수).

일자리 유지도 어렵다. 노인층이 생존을 위해 적절한 일자리를 찾기 위한 제안을 부탁한다.

▶ 밥티스트 교수: 적절한 일자리를 얻을 수 있는 답은 당장 없다고 생각한다. 대신 사회적 계약이란 개념이 필요하다. 노인들은 은퇴할 때까지 평생 동안 국가, 사회, 마을을 위해 많은 기여를 했다. 이들이 은퇴 후에 일을 하는 게 아니라 사회에서 책임을 져야 한다. 단순히 돈을 주는 것이 아니라 재원을 마련해 이들이 살아갈 수 있는 환경을 만들어야 한다.

▶ 청중: 예산 지원, 생존 문제도 좋은 주제지만 '삶의 질'에 초점을 맞췄으면 한다. 교육은 자기가 자신을 업그레이드할 수 있는 수단이다. 삶의 질을 올릴 수 있는 방법은 무엇인가?

▶ 밥티스트 교수: 많은 지원들이 필요하고 그 가운데 하나로 재정 지원을 이야기한 것이다. 연구 결과를 말하기 위한 것이며, 무조건 돈을 갖고 해결하자는 의도는 아니었다.

▶ 오스본 교수: 평생교육의 목표는 단순히 경제발전을 위한 것이 아니다. 평생교육은 웰빙과 연결된다. 사람들은 행복해지기를 원하고 웰빙을 원한다. 교육은 여기에 어떤 도움이 될까? 교육은 사람들이 덜 고립돼 있다는 것을 느끼게 해야 한다. 서구에서도 독거에 대해 우려하고 있다. 교육을 통해 이 틀을 깰 수 있다고 생각한다. 평생교육에서 대학의 역할이 적어지고 있다는 것이 안타깝다. 정부가 지원을 줄이고 있기 때문에 재정적 가치에 초점을 맞춘 것이다. 노인들에게 교육을 시키면 요양원에서 지내는 시간이 줄어든다는 연구가 있다. 교육은 그들의 사회적 입지를 개선시킬 수 있고 결국 경제적 혜택으로 돌아갈 것이다.

OECD 제안-한국의 차세대 인재전략

"한국은 저숙련 고령층에 대한 재교육과 고숙련 여성의 노동시장 참여
확대로 성장동력을 유지해야 한다."

－데보라 루즈베어(OECD 평생교육국 과장)

〈글로벌 인재포럼 2013〉에는 프로그램 파트너인 OECD가 특별
세션을 통해 한국의 인재전략에 대해 새로운 권고를 했다. OECD 데
보라 루즈베어 과장과 다구마 미호 선임 애널리스트는 한국의 인력
구조에 대한 분석과 함께 미래 인재양성 전략에 대해 다양한 제안을
들려줬다.

루즈베어 과장은 최근 OECD가 세계 24개국 약 16만 명(16~65세)
을 대상으로 설문 조사한 결과를 바탕으로 한국의 인력 구조에 대한
갖가지 문제점을 지적했다. 그는 "한국은 다른 국가보다 세대 간 숙
련도 차이가 크다"고 꼬집었다. 조사 결과 독해력, 수리력, 문제해결
력 등 3개 부문 평가에서 16~24세는 OECD 평균보다 점수가 훨씬
높은 반면 55~65세는 평균 이하라는 것이다.

따라서 한국의 고령화 속도가 매우 빠른 점을 고려하면 저숙련 고
령층에 대한 재교육이 필요하다는 게 루즈베어 과장의 제안이다. 그
는 "한국에서는 정작 재교육이 필요한 저숙련 고령층의 교육 접근 기
회가 매우 제한돼 있다"며 "평균수명이 늘어나고, 생산가능 인구가
줄어드는 만큼 고령층이 다시 노동시장에서 활동할 수 있게 도와줘
야 한다"고 지적했다.

OECD는 한국 고숙련 여성들의 노동시장 참여도 늘릴 것을 주문했다. 다구마 애널리스트는 "다른 국가들은 여성 인력의 숙련도가 높을수록 노동시장 참여율이 높지만 한국은 그 반대"라고 말했다. 그만큼 고숙련 인재를 노동시장에서 활용하지 못하고 있다는 설명이다. 그는 "한국은 남녀 간 소득 격차가 비교적 크고, 여성 인재의 승진 기회가 상대적으로 제한돼 있다"며 "고숙련 여성 인재에 대한 차별을 없애고, 이들이 노동시장에서 활동할 수 있도록 정책을 제공해야 한다"고 조언했다.

OECD는 또 한국에 세대 간 디지털 격차를 해소할 것을 주문했다. 젊은 층에 비해 고령층의 정보기술(IT) 접근성이 현저히 떨어지기 때문이다. 이와 함께 한국 학교들이 진학 교육에만 치중하지 말고, 직업 교육에 더 관심을 가질 것도 조언했다.

토론에 나선 최영섭 한국직업능력개발원 연구위원은 "고령 인력이 증가하는 점을 감안하면 이들을 활용하기 위해 평생교육을 더 활성화해야 한다"고 강조했다. 배상훈 성균관대 교육학과 교수는 "한국은 정보통신기술(ICT)이 발달해 정보 접근성이 높지만 직무 능력 향상에 제대로 이용하지 못하고 있다"며 "학교와 기업은 ICT를 숙련도 향상과 연결하는 방안을 고민해야 한다"고 조언했다.

| 강연 | ❶

교육 자체가 아니라 교육 이후를 고민해야

데보라 루즈베어(OECD 평생교육국 과장)

한국의 스킬 시스템에 관해 객관적으로 조망했다. 한국은 그동안 단기간에 경제성장을 했고, 또한 이것이 한국의 현재 인적자원 개발 제도를 낳긴 했지만 안타깝게도 여전히 해결해야 할 과제도 산적해 있다.

우선 OECD가 한국의 스킬시스템에 대해 검토한 내용을 보면 한국 정부, 교육부가 OECD 간의 합의를 바탕으로 해서 실시한 조사다. 한국의 스킬시스템에 대해 살펴보고 우리가 극복할 과제를 파악하기 위해서 해당 연구를 실시했다. 시의적절한 연구라 생각한다. 올해가 새 정부 출범 1년째다. 박근혜 정부가 1년째를 맞이하고 있는데 각 부처별로 새 계획을 갖고 있다. 해당 계획들이 개별 부처에서는 검증됐다고 볼 수 있지만 전체적인 일관성에 대한 검토는 제대로 안 됐다.

하지만 OECD의 연구를 바탕으로 기존 계획들과 각 부처들의 새로운 계획을 포괄해 종합적으로 살펴볼 수 있으리라 생각하며, 이를 바탕으로 훨씬 더 일관성 있는 정부정책을 수립할 수 있을 것으로 생각한다.

저는 두 가지를 말씀드리고 싶다. 우선 연령대별로 스킬의 불평등, 형평성 문제가 발생하는 것 같다. 고령인력은 스킬 수준이 낮다.

데보라 루즈베어 "경제구조와 산업구조가 재편되면서 스킬의 불평등, 불균형 문제가 발생하고 있다."

젊은층을 보면 스킬 보유 정도가 높다. 스킬의 불균형이 나타나는 현상이야말로 양극화 현상이 심해지는 것이다. 고령층 중 저숙련 인력은 특히 월급이 적고, 임금이 낮은 일을 할 수밖에 없다. 사회 체제나 제도가 부족한 상황에서 더욱 그렇게 된다. 그래서 우리가 소득이나 노동시장의 불균형에 대응할 때 이 측면을 꼭 고려해야 한다.

이 불균형 현상이 단지 과거에 일회적으로 발생한 건 아니라고 생각한다. 혹은 지금 잠시 생긴 문제라고 생각하지도 않는다. 아마 미래에도 동일한 문제가 일어날 것이다. 경제구조와 산업구조가 재편되면서 스킬의 불평등, 불균형 문제가 발생하고 있다. 산업체에서 요구하는 스킬이 빠르게 바뀌고 있다.

필요한 스킬이 신속하게 바뀌기 때문에 고령층이 가진 능력이 더 이상 유효하지 않게 된다. 따라서 적절한 평생교육 체제가 없다면, 모든 사람들이 접근할 수 있는 평생학습 체계가 없다면, 동일한 문제가 미래 젊은층을 대상으로 재발할 수 있다. 만일 젊은층이 스킬을 업그레이드하지 않을 경우엔 오늘날 고령인구들이 당면한 동일한 문제에 직면하게 될 것이다.

한국은 교육달성도가 높다. ICT만 봐도 높은 수준이다. 고등교육이 많이 제공되고 정보기술 접근성도 뛰어나다. 하지만 이 스킬을 일자리에서 효율적으로 활용하지 못하고 있다. 한국은 고령화 사회로 들어서고 있다. 스킬 갭, 사회 통합, 도전 과제가 제기될 수 있다고 생각한다.

한국의 통계청에 따르면 학생들 중에서 고등학교를 졸업하고 일자리에 진출하는 학생 수가 부족하다는 걸 볼 수 있다. 고등학교까지 졸업하는 학생 수가 줄어들면서 대학입학 학생 수도 줄어든다.

고학력 시대가 됐는데 고학력이면서도 능력이 오히려 더 떨어지는 인력을 많이 배출했다는 것을 볼 수 있다. 중등교육에서 직업 교육의 황폐화가 나타난다. 실질적으로 중등 단계 직업교육에서부터 고민해야 한다.

조사한 목적 자체가 경제·사회적으로 더 나은 결과를 달성하기 위한 것이다. 고등교육의 역할, 평생교육의 활성화에 대해 말하면 OECD 국가들은 광범위한 서비스를 보다 다양한 연령층에 제공하고 있다. 그와 같은 평생교육 서비스를 제공하려면 양성 조건이 맞아 떨어져야 한다. 그와 같은 교육을 받을 수 있는, 평생교육을 받은 개개인이 확보돼야 한다.

　다음으로 조기교육의 중요성에 대해 말하고 싶다. 한국에서는 어려서부터 학업 부담이 크다고 알려져 있다. 신경과학 이론에 따르면 비인지적 개발이 4세 미만에 이뤄진다고 한다. 동료들과 어떻게 어울리는지 4세 미만에 형성된다니 애들은 어린이처럼 자라게 두는 것도 중요하다. 중국에도 학원이 많은데 정서에 안 좋은 영향이 있다. 각 대학 입시도 교육체계에 많은 영향을 준다. 학교 교과과정뿐 아니라 전체적으로 살펴볼 필요가 있다.

　중등단계 직업교육 활성화 자체가 목적은 아니다. 다시 말해 청년들에게 다양한 삶의 경로에 대한 다양한 가능성을 제공하는 차원에서 중등 직업교육 활성화가 고려돼야 한다.

　교육의 문제를 교육 자체만이 아니라 교육 이후에 그들이 어떻게 일하는지도 포괄해야 한다. 확장된 관점에서 교육시스템에 접근했으면 한다. 그것이 우리 아이들에게 보다 좋은 고용 기회를 늘리는 데 기여할 것이다. 한국에서 청년실업 문제는 외국보다 더 심각해질 수 있다. 한국은 한 번 동년배들 사이에서 일자리 잡을 기회를 잃어버리면 영원히 잃어버린다.

 데보라 루즈베어

OECD 평생교육국 과장이다. 뉴질랜드 웰링턴 빅토리아대에서 경제학을 공부했다. 1998년부터 1990년까지 뉴질랜드 재무부 예산과에서 매니저로 일했다. 1993년까지는 OECD의 뉴질랜드 대표단에서 경제 자문역을 맡았다.

대학에 집착하는 한국, 창조적 스킬 양성 어렵게 해
다구마 미호(OECD 선임 애널리스트)

평생 교육과 학습의 중요성에 대해 강조하고 싶다. 여성과 저숙련 인력에 대해 필요한 여러 가지 전략이 있을 것이다. 한국은 부모들이 교육에 대대적으로 투자한다. 부유한 가정은 더 많이 투자한다.

양질의 일자리가 거의 없는 것이 문제다. 인력이 넘쳐나도 양질의 일자리가 담보돼야 한다. 실직자나 구직을 하고 있지 않은 사람 수를 살펴보면 한국은 OECD 평균보다 높다. OECD의 수치를 살펴보면 고용, 실업, 무직 상태의 순서로 낮아지는데, 한국은 무직, 실업 상태가 고용보다 높다. 청년 실업률이 높기 때문일 것으로 생각한다. 무직이나 실직 상태면 수리력이나 문제해결력은 뛰어나도 직무와 관련된 숙련도, 구직능력이 떨어질 수 있다. 적극적으로 활용되지 않는 인력, 예컨대 여성도 문제다. 육아 때문에 일을 못하는 경우도 있다.

청년이 첫 직장을 바꾸는 이유를 살펴보면 근무 환경이 만족스럽지 않은 것이 큰 이유로 나타났다. 한국에서 4개 중 한 개의 일자리는 월급이 낮고, 4개 중 한 개의 일자리는 임시직인데, 이 비율이 OECD 중 가장 높다. 한국에서는 비정규직에서 정규직 전환도 어렵다. 3년 후에 전환할 가능성을 보면 해당 비율이 다른 국가와 비교해 매우 낮다.

다구마 미호 "국가 차원과 지역 차원 정책을 적절히 조율해야 체계적인 정책을 수립할 수 있다."

사회보장이 얼마나 잘 돼 있는지, 복지가 얼마나 많은 것을 돕는지와도 관계가 깊다. 연금이나 고용보험, 건강보험을 보면 비정규직이나 임시직이 정규직 대비 효과가 높다. 또 자격 미달인 경우도 비정규직인 경우가 많고, 보다 많은 여성이 비정규직을 수행한다. 성별의 차이가 나타나고 있는 것이다. 기업의 규모도 관련이 있다. 특히 중소기업에서 비정규직이 더 많다.

서비스 부문에 있는 임금을 살펴보면 하락세다. 최근 몇 년간은 급감했다. 하지만 전체적으로 보면 이 서비스 산업은 한국 경제에 매우 중요한 산업 중 하나다. 한국의 서비스 산업은 상대적으로 적은 규모고, 생산성도 OECD 평균에 비해 떨어진다. 아직 서비스 산업의 개선 여지가 있고 노동 생산성도 높일 수 있는 것이다. 서비스 산업 임금이 하락세라는 건 한국이 해결해야 할 과제다.

이 같은 과제에 대응하려면 무엇이 필요할까? 전체적으로 보자면 우선 체계적 도전 과제에 대응해야 한다. 세 개 축 사이의 상호연결성에 대응해야 한다는 것이다. 부처별로 정책의 조율이 필요할 것이고, 모든 과제들은 훈련 관련 정책, 노동·사회 관련 정책, 세제와도 연관이 있다. 이민 정책 수행과도 관련이 있다. 이민 정책에 따라 고숙련 노동력이 더 유입될 수도 있다.

둘째로 정부와 사회의 이해당사자들이 스킬에 적극적인 의지를 보여야 한다. 가장 잘 설계된 정책도 제대로 이행되지 않으면 실패로 돌아갈 것이다. 실패로 돌아가지 않으려면 공감대를 형성해야 하고, 이해당사자들이 공감해야 한다. 함께 사회적 합의를 하는 것이 필요할 것이다.

세 번째는 이 같은 국가적인 지역별 우려사항들이 무엇인지 파악하고 조율하고 책임져야 할 필요가 있다는 점이다. 국가 차원과 지역 차원 정책을 적절히 조율해야 체계적인 정책을 수립할 수 있다.

핵심 이해 당사자들과 토론회를 개최할 예정이다. 그 자리에서 생산적인 논의를 할 예정이다. 효과적으로 어떻게 행동에 옮길 수 있고 현장의 문제에 대해 논의할 계획이다. 주요 당사자들과 기관, 다양한 분들이 모일 예정이며 통찰력과 분석자료를 공유하는 자리가 될 것이다. OECD에서는 여러 세계의 비교 데이터를 공유하고, 중립적이고 객관적인 근거를 기반으로 한 분석자료를 공유하고자 한다. 여기서 형성된 담론에 살을 붙여서 최종 보고서를 내년 2월

말에 발간할 예정이다. 이 보고서는 한국의 스킬 시스템에 대한 분석 보고서가 될 것이며, 여러분이 초기 자료를 바탕으로 피드백을 주기를 바란다.

🌐 다구마 미호

OECD 시니어 정책 애널리스트다. 일본 도쿄 소피아대에서 공부하고, 미국 메사추세츠 보스턴대에서 교육학 석사 학위를 받았다. 2001~2003년 유네스코 교육 부문 컨설턴트를 역임했다. 1996~2001년 도쿄 카나가와대 기술연구소에서 커리큘럼 개발자로 일했다.

04 지역 간 장벽

지역대학, 창조경제를 견인하다

영국 스코틀랜드 동쪽에 있는 인구 14만 명의 작은 도시 던디(Dundee). 이 도시 최대 고용주는 기업이 아닌 대학교다. 교직원 3,000명, 학생 1만 7,000명의 던디대가 주인공이다.

던디대는 제약분야 논문인용률 세계 1위를 자랑하는 등 생명과학 분야에 강하다. 던디대는 지역사회와 손잡고 이런 강점을 십분 발휘, 선박업과 섬유업 위주였던 던디시를 '헬스케어 메카'로 바꿔놨다. 이 학교가 기업과의 공동연구에 적극 나서면서 최근 15년간 제약업체들이 던디시에 투자한 돈만 5,000만 파운드(약 850억 원)에 이른다. 던디시가 디지털 기반의 의료체계를 마련하는 'e헬스 연구센터'와 안전한 물을 공급하기 위한 '해상 재생에너지 연구소'를 유치한 것도 이 대학이 닦아놓은 기반 덕에 가능했다는 평가다.

〈글로벌 인재포럼 2013〉에서 대학교육협의회 주관으로 열린 두번째 기조세션 '창조경제, 지역발전을 견인하다'에서는 던디대처럼 '지역경제를 먹여살리는' 해외 지방대의 성공모델이 소개돼 눈길을 끌었다. 피트 다운즈 영국 던디대 총장은 "지방대는 그 지역에 인재를 공급할 뿐 아니라 지역개발과 경제성장에 촉진제 역할을 해야 한다"며 "정치적, 산업적 측면에서 각 지역의 핵심 파트너가 돼야 한다"고 강조했다.

일본 미야자키대의 스가누마 다쓰오 총장은 신재생에너지 분야에서 미야자키현 발전에 기여해 온 이 학교의 성과를 소개했다. 미야자키대는 지역에 6,000명의 고용유발 효과와 4억 7,500만 달러(약 5,000억 원)의 경제효과를 냈다고 그는 전했다. 스가누마 총장은 "일조량이 많은 지역 특성을 활용, 태양광에너지 기술을 개발하는 과정을 미야자키대가 주도했다"고 밝혔다. 이 대학이 연구를 주도한 저비용 고효율 태양광 패널은 내년 말 상용화를 앞두고 있다.

의학과 수의학의 명문인 미야자키대는 지역 의료 서비스에도 참여하고 있다. 스가누마 총장은 "지난해 '헬리콥터 엠뷸런스'를 도입해 이젠 미야자키현 어디서든 25~30분 내에 의료 서비스를 받을 수 있다"고 전했다. 또 "과거 광부들의 비소중독증을 진료하며 쌓은 노하우를 비정부단체(NGO)와 손잡고 해외에 전파하고 있다"고 말했다.

중국 선전대의 리칭촨 총장은 "선전은 1980년 중국 최초의 경제특구로 지정돼 고속성장을 거듭했지만 최근 한계에 직면하고 있다"며

"최근 교육의 질을 높이기 위한 10개년 계획을 세웠고 이를 통해 선전시의 '지속 가능한 성장'에 힘을 보탤 것"이라고 말했다. 그는 "선전대는 도시의 고성장에 많은 혜택을 본 학교"라며 "유능한 인적 자원과 전통산업의 혁신이 부족한 점이 문제인 만큼 뛰어난 인재와 연구 성과를 시에 공급하겠다"고 설명했다.

좌장을 맡은 서거석 대교협 회장(전북대 총장)은 "한국의 지방대는 학생들이 서울로 몰리고 기금 마련도 어려운 환경에서 다양한 문제에 직면해 있다"며 "이는 지방산업의 발전에도 한계를 만드는 원인"이라고 지적했다.

토론에 참여한 김용민 포스텍 총장은 "포항에선 '포스텍 졸업생의 3분의 1만 지역에 남아도 시가 완전히 달라질 것'이라고들 말한다"며 "지방대가 발전하려면 정부 정책도 중요하지만 대학 내·외부의 '벽'을 허물려는 자구 노력이 우선돼야 한다"고 말했다.

| 강연 | ❶

지역사회와 함께 창의산업을 선도하다
피트 다운즈(영국 던디대 총장)

저에게 주어진 시간 동안 세 가지 핵심 메시지를 전달하고자 한다. 첫 번째는 그 지역에 맞는 교육을 제공하는 것을 핵심으로 한 지방대학의 정의에 대해서다. 두 번째는 지방대학이 지역경제에 졸업생을

피트 다운즈 "대학이라는 곳은 지역 개발에서 할 수 있는 역할이 있다."

제공하는 역할을 할 뿐 아니라, 그 지역의 개발과 성장에 촉진제 역할을 해야 한다는 점이다. 세 번째로 효과적인 지역대학이 되기 위해서는 그 지역의 핵심 파트너로서 정치적, 산업적으로 지역사회 일원으로서 적극적인 참여가 있어야 한다는 점이다.

던디대는 고용주로서, 연구를 통한 지식 구축을 통해 혁신을 촉진하여 지역에 상당한 경제적 영향을 미치고 있다. 학생 수는 1만 7,000명으로 35%는 이 지역 출신이고, 이 중 25%는 해외에서 온 학생들이다. 3,000명 이상의 핵심 교직원이 있고, 말씀드린 위상 덕에 전 세계에서 많은 학생과 교직원이 던디대에 와서 공부하거나 일하고 있다. 저희는 던디시에 5,000만 파운드 가량의 부가가치를 올리고 있다.

저희는 던디지역 최대 고용주이자 최대 매출을 올리는 기관이다. 던디시 인구는 14만 명 정도이고 인접지역을 합치면 20만 명 정도가 살고 있다. 인구밀도가 높은 지역이 아니다. 따라서 저희 대학 매출은 이 지역 경제에 큰 영향을 미치는 것으로 볼 수 있다.

던디시는 과거에는 선박업, 과일, 제조업, 섬유업 등에 집중했다. 그러나 과거의 이런 산업은 다 사라진 상태다. 던디대는 20세기와 21세기 초반 새로운 산업을 창출해 내는 데 많은 기여를 했다고 볼 수 있다. 그 중 가장 큰 기여를 한 분야가 바로 생명과학 분야를 발전시켰다는 점이다. 스코틀랜드 북동부 지역에 생명과학 클러스터가 위치해 있는데, 현재 이 지역 경제의 16% 정도를 차지하고 있다. 이는 던디대의 생명과학 연구로 가능했던 것이다. 최근 논문인용률을 보면 던디대는 제약 분야에서 가장 많은 인용률을 보여주고 있다. 그 결과 주요 제약회사들이 던디대와의 협업을 통해 던디시에 투자를 해 주고 있다. 지난 15~20년 사이 5,000만 파운드라는 규모의 투자가 제약업계로부터 이 지역에 들어왔다. 또 최근에는 'e헬스 프로젝트'를 던디 지역에서 진행하게 되었다. 던디대 의과대학이 의료기록 분야에 상당히 선구적인 결과를 보여주고 있기 때문에 전자건강연구센터를 유치할 수 있게 되었다.

또 다른 분야는 지속 가능한 자원 활용 분야다. 던디시 바로 동쪽에 있는 북해에서 해상 풍력단지가 이뤄지고 있다. 저희 대학 내에서 해상 재생 에너지 연구소를 설립함으로써 연구를 통해 이 업계를 지원하려 노력하고 있다. 인간의 안녕과 안전한 물의 공급, 영양 공급을 위한 프로그램을 함께 진행하고 있다.

던디대가 이 지역 성장을 촉진하는 또 다른 이유는 창의적 산업 때문이다. 기존에 이 지역은 '디피 톰슨'이라는 언론사로 많이 알려져 있었다. 언론사가 던디시에서 확실한 위치를 차지하고 있었다. 저희 자매대학인 에버테이대 역시 컴퓨터 게이밍 산업에서 명성을 쌓아가고 있다. 저희 지역에는 〈GTA5〉라는 유명한 게임을 만든 사람도 살고 있다. 던디대 내에는 예술 디자인 대학교가 상당히 잘 자리잡고 있다. 스코틀랜드 내에서 연구 쪽으로 유명한 '던킨잔스틴컬리지 오브 아트'라는 예술대학이 저희 던디대에 있다. 그렇게 되면서 'V&A 박물관'이라는 세계에서 잘 알려진 디자인박물관이 런던 밖에 최초의 V&A 디자인박물관을 던디대에 설립하기로 했다. 앞으로 1년 이내에 V&A박물관이 던디에 착공해 2017년 완공 예정이다.

창의산업 사례의 하나로 던디대가 어떻게 지역사회와 잘 통합이 되어 있는지 말씀드리겠다. 던디가 최근에 2017년 영국의 문화도시로서 선정됐다. 던디대는 2017년 영국 문화도시가 되기 위한 이 경쟁에 어떻게 참여했을까? 크라우드 소싱 기법을 통해서 사람들에게 '던디는 시민들에게 어떤 것을 제공해주고 있는가', '시민이 봤을 때 던디의 어떤 면이 중요한가'를 질문했다. 2차 크라우드 소싱을 진행할 때는 '만약에 우리가 영국 문화도시로 선정된다면 어떤 이벤트를 개최하는 것을 기대하는지'를 질문했다. 2,500개의 아이디어가 웹사이트를 통해 수집됐고, 이것이 2차 경쟁 시 사용된 자료가 됐다. 크라우드 소싱을 통해 빛, 물, 사람, 위치 등 던디에서 무척 아름다운 네 가지 주제를 선정했고 이를 통해 도시의 특별한 점들을 강조했다. 이와 같은 크라우드 소싱 방법을 통해 문화도시 경쟁에 참여했다.

여기에는 정치인, 시의회, 언론, 국가기업, 지역사회 단체와 더불어 2개의 지역대학이 함께 참여했다. 문화라는 것이 바로 사람들을 엮어서 중요한 목표를 향해 함께 나아가는 영향력이라는 걸 볼 수 있다. 던디시는 2017년 문화도시로 선정되면서 1,000개의 일자리가 생겨나고, 8,000만 파운드의 경제효과를 얻게 될 것으로 기대하고 있다. 또한 1,000개의 새 일자리는 그해뿐 아니라 앞으로 지속될 일자리로 기대된다.

저희가 문화도시 경쟁에 참여할 때 '우리, 던디(We, Dundee)' 라는 슬로건을 사용했다. '우리' 라는 단어는 던디대와 던디시의 관계를 잘 설명해준다고 생각한다. 대학이라는 곳은 지역 개발에서 할 수 있는 역할이 있다. 이 역할을 하기 위해서는 사회에 통합이 되어야 한다.

 피트 다운즈

영국 최고의 생화학자 중 한 명으로, 뛰어난 리더십을 통해 제약산업 및 학술연구 분야에서 눈부신 업적을 이뤘다. 1989년 던디대에 부임한 이래 이 학교를 생명과학 분야의 글로벌 리더로 자리매김하도록 만들었고, 스코틀랜드 경제 발전과 당뇨병, 암 등의 주요 질환에 대한 이해 증진 및 치료법 개발에 있어서도 중요한 영향을 끼쳤다. 그는 총장으로서 던디대가 여러 분야에서 얻은 남다른 명성이 학생 교육 및 연구 성과 전반에 걸쳐 계속 이어질 수 있도록 노력해왔다. 총장 임기 중 'Times Higher Education'에 의해 세계 200대 대학으로 선정되었으며 학생 만족도 조사에서는 1위를 차지하기도 했다. 그는 산학연 협력을 통한 지식 교류에 깊은 관심을 갖고 있으며 응용연구 및 공적 참여에 주안점을 두고 있다. 이는 대학의 연구성과 및 졸업생들의 취업률 모두에 중요한 부분이기도 하다. 2012년 8월 스코트랜드대학협회 회장으로 임명됐다.

대학은 사회적 니즈를 충족시켜야 한다

스가누마 다쓰오(일본 미야자키대 총장)

미야자키대는 일본 남부 미야자키현에 위치하고 있다. 태평양 연안에 있고 아름다운 자연 경관을 자랑한다. 주민들도 날씨 못잖게 따뜻하다.

미야자키대는 2004년 미야자키대학과 미야자키의대의 통합으로 국립대학 법인으로 재탄생했다. 두 메인 캠퍼스에 5,500여 명의 학생이 공부 중이고, 교직원은 1,800여 명이다. 학부에서 주 전공은 교육, 의학, 공학, 농업이고 석사와 박사 과정이 있다. 통합 후 이런 시도는 일본에서 저희가 처음이었다. 2010년부터 의학, 수의학 부문에 대한 노력이 쏟아지고 있다. 미야자키현은 현재 저희가 진행하는 가축 관련 연구에 있어서 상당히 많은 지원을 하고 있다. 또 수의학과 의과 과정에 대해 대학원 이상 과정을 제공하는 대학은 미야자키현에서 저희가 유일하다.

미야자키대가 지역에 미치는 경제적 영향을 분석해봤더니 약 6,000명에 달하는 고용효과를 유발하며, 경제효과는 4억 7,500만 달러에 달하는 것으로 나왔다. 일본에서 동경대 예산이 연 10억 달러 이상으로 제일 높고, 저희 대학 예산은 38위를 차지하고 있다. 일본에 80여 개 대학이 있으니 저희는 중간 수준이다. 미야자키대의 예산은 사실 동경대의 10분의 1 정도 수준이다.

스가누마 다쓰오 "고등교육을 발전시키기 위한 노력은 꾸준히 계속 진전되어야 한다."

미야자키대는 동물질환 통제를 위한 센터(CADIC)를 설립했고, 초국가적인 가축 감염 대응 프로그램을 개발하고 있다. 학부와 대학원 과정에서 함께 진행되고 있으며 미야자키현의 담당 공무원과 수의전문가를 대상으로도 해당 프로그램을 제공하고 있다. 아시아 국가를 대상으로 하는 국제적 공조 프로그램도 진행하고 있다. 가축 질환에 대한 방제 작업의 교육 활동과 구제역 질환에 대한 고급 교육과정을 진행하고 있다. 일본의 국제협력 전문 자이카(JICA)를 비롯해 여러 해외 기관과 협력을 도모하고 있다. 농대에서는 농산물우수관리제도인 GAP가 이뤄지고 있다. GAP의 내용을 보면 식량안보, 식량안전, 식량품질 향상 등이 목표다.

미야자키는 일조량이 좋은 지역이어서 소위 '선 벨트'를 구축할 수 있는 여건을 갖추고 있다. 신재생 태양광 에너지를 연구하거나 관련 업무를 추진하는 데 도움이 되는 지역이다. 태양광패널을 보다 집중된 PV 시스템으로 연동하고, 태양을 쫓아 이동하게 되는 솔라 트래커 시스템을 개발하고자 한다. 또 저비용 고효율 PV 패널을 만들어 이것을 2014년 말까지 적용하고자 한다.

의대와 수의대의 연구자들은 함께 협력함으로써 다양한 부문의 연구를 진행하고 있다. 또 최첨단 의료 서비스를 제공함으로써 지역사회에 기여하고 있다. 연구 외에 지역사회에 대한 기여도 저희의 주요 사명 중 하나다. 저희는 미야자키현에서 지난해 헬리콥터를 이용한 응급의료 서비스(HEMS)를 제공하기 시작했다. 미야자키현 어느 지역이든 25~30분 내에 도착해 환자 이송을 담당할 수 있게 됐다. 이 항공 앰뷸런스 시스템은 보다 많은 환자의 목숨을 살리는 데 기여하고 있고 발 빠른 처치에 도움을 주고 있다. 트라우마 및 응급의료 센터도 함께 설립했다.

또 저희는 국제 비소 관리 프로그램을 꾸준히 진행하고 있다. 미야자키현 내 토로쿠 지역에서 광부들이 겪었던 비소중독증에 대해 진료를 시작한 노하우가 있다. 관련 NGO나 JICA와 협력함으로써 비소중독을 관리하기 위한 노력을 진행했다. 인도에서 비소 관리 프로그램을 운영하는 등 직원 교육 프로그램을 제공하고, 의심 환자에 대한 진료를 독려하며 안전한 수자원 확보 프로그램도 전개한다. 저희 프로그램의 주요 목표는 해당 지역 지자체에서 관련 노력을 하도록 하는 데도 목표를 두고 있다.

다른 나라와 마찬가지로 일본 역시 급격한 사회적 변화에 대처하기 위한 노력을 하고 있다. 세계화로 인한 영향과 신흥 개도국과의 경쟁 등 여러 가지에 대응하는 데 있어 대학의 기여도가 높아질 수 있을 것으로 본다. 저희 지역이 국가의 지식센터로 거듭나도록 하는 데 대학이 큰 역할을 할 수 있다고 생각한다.

대학들은 사회적 니즈를 충족시키는 것이 필요하다. 그리고 해당 지역사회에서 중심지 역할을 해낼 수 있어야 한다. 일본 교육부에선 대학들이 해당 지역의 구심축이 되도록 만들기 위해 '센터 오브 커뮤니티' 프로젝트를 진행하고 있다. 대학들이 지역사회와 협력하도록 유도하고 필요에 따라 재정적 지원도 함으로써 이 프로젝트를 추진한다. 저희는 과거 언제보다도 지역사회에 대한 대학 기여도를 높이기 위해 노력하고 있다. 고등교육을 발전시키기 위한 노력은 후지산을 오르듯이 꾸준히 계속 진전되어야 한다고 생각한다. 지역 대학들은 수도권 주요 대학과 지역 사회를 연계하는 역할을 해야 한다. 각 지역의 독특함과 특장점이 해당 지역 경제에 많이 기여할 수 있도록 하고자 한다.

 스가누마 다쓰오

일본 신슈대에서 약학 박사학위를 취득했다. 미국 펜실베니아대 연구원에 이어 일본 가고시마대 약학과 조교수, 미야지카대 교수를 지냈다. 2007년 미야자키대 부총장에 이어 2009년부터 총장을 맡고 있다.

지역경제를 견인하는 지역대학의 역할

리칭촨(중국 선전대 총장)

제가 오늘 할 발표는 지역대학과 지역경제 개발과의 관계이다. 저희가 대학의 입장에서 시를 위해서 무엇을 하고 있는지도 설명 드리겠다. 30년간 고속 성장을 거듭한 선전시는 도전 과제에 직면하고 있으며, 지속 가능한 경제 개발을 꾀하고 있다. 선전경제특구는 1980년에 지정된 중국 최초의 경제특구다. 32년 전 선전시는 어업 마을이었다. 발전을 거듭한 결과 선전 인구는 1,400만 명 이상으로 베이징, 상하이, 광저우 다음으로 중국에서 많은 인구를 자랑하고 있다. 이런 급성장은 개방, 개혁 정책의 덕을 많이 봤다. 30년 동안 빠르게 발전하면서 '선전 속도', '선전의 기적'이라는 말이 탄생할 정도였다.

선전시는 개발이 그다지 성공적이지 않았던 나머지 3개 경제특구와 달리 유일하게 성공한 경제특구다. 32년 동안 선전시는 GDP가 상당히 급격하게 늘어나면서 중국 전체 GDP의 중요한 부분을 차지하고 있다. 중국 경제에서 선전시 비중은 1980년 0.06%였지만 2012년에는 2.49%까지 상승했다. 선전의 기적이라는 말이 여기에서 나온다. 중국 35개 주요 도시 중 주요 기업 본사를 세 번째로 많이 뒀다. 종합경쟁력지수가 홍콩 다음으로 2위이고, 2012년 가장 중국다운 매력을 가진 도시로 선정됐으며, 도시 경쟁력 보고서에서 5위를 기록한 바 있다.

리칭촨 "대학이야말로 혁신과 창의력의 근간이 될 수 있으며, 대학은 인재와 연구 성과를 도시에 공급할 수 있는 역할을 하게 된다."

　하지만 32년의 고속성장 이후 선전시는 지속가능성 부분에서 어려움을 겪고 있다. 예를 들어 선전시에는 토지가 부족하다. 2,000㎢ 밖에 되지 않는 지역인데 거의 다 찼다. 주택 가격이 높고 생활비가 상당히 많이 드는 지역이 됐다. 기업 운영비용도 높다. 또 북경에 비해서는 조금 나은 편이지만 수질이나 대기오염 등 환경적 어려움도 겪고 있다. 선전시의 지속 가능한 성장을 어떻게 만들 수 있을지에 대해 지역사회 모두가 고심하고 있다. 선전시에는 하이테크 기업이 많이 있지만 전통적 산업도 많다.

　어려운 것 중 첫 번째는 인적자원이다. 선전시에는 이주노동자가 많이 유입되어 있는데 이들의 교육 수준이 그리 높지 않다. 선전시에는 또 대학이 부족하다. 베이징엔 50개 이상의 대학이 있는데 선전시에는 저희가 유일한 종합대학이다. 저희는 충분한 과학기술을 지원받지 못하고 있는 실정이다.

혁신도 충분하지 않다. 선전시의 경우 대학에서 원천기술에 대한 연구가 충분하지 못해 산업계 혁신을 지원하기가 어려운 상황이다. 이러한 어려움들은 전통적인 산업을 현대적 산업으로 업그레이드하는 데 장애가 되고 있다. 이런 과정에서 어떻게 하면 지역개발에 대한 역할을 저희 대학이 다할 수 있을까를 고심할 수밖에 없는 상황이다.

저희 대학은 지속적인 교육을 제공함으로써 기존의 인적자원의 질을 높이는 데 기여하고, 양질의 인재를 제공함으로써 도시의 혁신을 지원해 나갈 수 있기를 기대한다. 또한 연구 노력을 배가해서 도시에 있는 여러 기업들을 위한 연구 결과를 제공할 수 있기를 바란다. 연구 지원을 통해서 업계 혁신이 기업 내에서 일어나고, 이를 통해 선전시 전반의 경제 개발을 촉진시킬 수 있길 기대한다.

대학이야말로 혁신과 창의력의 근간이 될 수 있으며, 대학은 인재와 연구 성과를 도시에 공급할 수 있는 역할을 하게 된다. 뿐만 아니라 대학은 사회 발전을 위한 싱크탱크로서 역할을 할 수 있다. 이 부분은 새로운 도시를 만들어가는 데 있어서 굉장히 중요하다고 생각한다.

저희 선전대는 30년 된 대학이고, 3만 4,000명의 학생이 있다. 그중 5,500명이 석사생이고, 800명이 외국 학생이다. 지금까지 10만 명 이상 동문을 배출했고 50% 이상이 지역 출신이다. 대부분의 졸업생은 선전시에서 살고 일하고 싶어 한다. 유명 IT회사 QQ 설립자 등을 배출했다. 선전대는 10개년 계획을 세워 개발을 촉진하고자 노력하고 있다. 궁극적인 목표는 저희 대학을 선전경제특구에 통합시키고, 선전시에 기여하는 것이다. 저희 대학을 높은 수준의 현대적 특성화 대학으로 발전시켜 선전시를 선도하는 대학으로 키우는 것을 미션으로 정했다. 지속적으로 혁신과 창조를 이룩하고 개방과 협력을 통해 세계화를 이룩하는 것이 저희 목표다.

이를 위해 올해부터 학부생들을 위한 교과과정을 조금 바꿔 MOOC(온라인을 통한 무료 개방 수업)을 시작했다. 몇 년 뒤에는 학부 수업의 약 10% 가량이 MOOC 방식으로 이뤄질 것이다. 뿐만 아니라 학생들에게 수백 만 위안을 줘서 하고 싶은 프로젝트를 하도록 지원하고 있다. 교환학생 프로그램을 늘려 2년은 선전대에서, 2년은 다른 대학에서 공부하는 '2+2 프로그램'을 진행하고자 한다. EMBA 수준의 MBA와 의과대학, 종합병원 설립도 기대한다. 선전대는 교육과 의학 분야의 전문성을 갖고 있는 대학이다. 이 두 분야는 사람들의 삶의 만족도를 높여줄 수 있는 분야라고 생각한다.

뿐만 아니라 선전시 교직원의 수준을 높이고자 한다. 작년부터 채용 프로그램을 통해서 전 세계적으로 높은 수준의 교직원들을 유치하기 위한 노력을 하고 있다. 기존 교직원도 발전을 장려하고 있다. 혁신과 창의력은 팀워크를 통해 나오기 때문에 교직원들이 연구를 팀으로 진행할 수 있길 원한다. 교직원 평가제도를 통해서 교직원들에게 다양한 옵션을 열어주기 위해 노력하고 있다.

선전대는 도시의 고성장으로 많은 혜택을 본 학교다. 저희는 지역정부로부터 재정 지원을 받는 지역대학이다. 선전시가 급성장했기 때문에 그 덕에 저희는 많은 지원을 받을 수 있었다. 선전대는 지역사회와 통합됨으로써 더 가까운 곳에서 기여할 수 있기를 기대하고 있다.

리칭환

지질정보시스템과 지능형 교통망 분야 전문가다. 우한측회 과학기술대학에서 계측공학 학·석·박사학위를 받았다. 1988년 우한대에서 조교수로 임용된 이후 과학연구처장, 부총장, 총장 등을 역임했다. 2012년 선전대로 옮겨 지금까지 총장을 맡고 있다.

| 토론 |
대학 차원의 변화가 필요하다
김용민(포스텍 총장)

전 세계 대학은 다양한 위기에 직면해 있다. 위기 없는 대학이 하나도 없다. 변화와 위기의 시대에 해야 할 가장 중요한 것은 기본에 충실하는 것이다. 스가누마 총장이 이미 말했지만 대학의 첫째 사명은 교육이다. 잘 교육된 학생을 배출해 10년, 20년 후 글로벌 리더가 되도록 해야 한다. 두 번째 사명은 혁신적, 선구자적 연구다. 글로벌 차원의 커다란 문제에 대한 해결책을 모색하는 것이다. 세 번째는 연구 결과를 단순한 논문 발표로 끝내는 게 아니라 시장에 상품화해 내놓는 것이다. 네 번째는 속해 있는 지역과 국가, 그리고 전 세계 인류에 기여해야 한다는 것이다.

이 네 가지는 모든 대학이 공통적으로 갖고 있는 사명인데 한국의 경우 너무 연구에만 초점을 맞춘 게 문제다. 교육을 간과하거나 소홀히 하는 문제를 시정해야 한다. 2년 전 포스텍 총장에 부임한 뒤 홍미로운 점을 관찰했다. 그 중 하나는 벽이 너무 많다는 거다. 이번 포럼 주제가 '벽을 넘어서' 인데 대학 간, 부서 간, 전공 간, 교직원 간 커뮤니케이션의 벽이 너무 높다. 자신만의 니즈를 위해 상호협력 등 벽을 허물려는 노력을 안 한다. 포스텍과 포항시 관계도 마찬가지다. 교직원과 학생들은 자급자족이 가능하기 때문에 포항시와 협력을 딱히 간구하지 않는다. 지역대나 국립대는 지역사회에 긴밀하게 협력하고 녹아들어 사회에 기여하고 받을 것은 받아야 한다.

한국도 제조업 중심 시대가 끝나면 발생할 여러 도전과제가 있을 것이다. 워싱턴대를 방문했을 때 인상 깊었던 것은 졸업생의 79%가 지역에 그대로 남아 거주한다는 것이다. 선전대를 졸업한 대학생이 대부분 체류한다고 말씀했는데 상당히 훌륭하다. 포스텍은 3분의 1만 남아도 포항시가 완전히 다른 시가 될 것이라고 말하곤 한다. 학생들이 포항시에 남아 기술을 연구하고 일하면 시에 도움이 된다. 포항시가 졸업생 활동에 친화적인 도시가 될 수 있도록 노력해야 한다. 대학이나 시만의 노력으로 될 수 있는 건 아니다. 기업 자체는 딴 데 있어도 연구소만이라도 포항으로 돌아왔으면 하는 바람에 최근 여러 활동을 하고 있다.

교육은 결실을 보기까지 20년 이상의 시간이 걸린다. 장기적 안목을 가지고 투자해야 한다. 대부분 고위험, 고수익의 연구를 하는데 이런 연구는 실패율도 높다. 그러나 실패해도 포기하지 않고, 교훈을 얻어 앞으로 끈기 있게 나가야 한다. 또 중요한 것은 대학이 정직성, 청렴, 윤리, 협력, 커뮤니케이션 등의 문화를 갖춰야 한다. 한국의 대학에 그런 변화가 필요하다.

대학이 물론 정부지원과 지역대학 친화적 정책을 필요로 하지만, 지역대와 국립대는 우선 자기부터 바뀌어야 한다. 그래야 정부의 정책 변화가 유의미하게 효과를 낼 수 있다. 꾸준히 그런 지원을 이끌어내기 위해서라도 대학 차원의 변화가 필요하다.

교실의 벽을 뛰어넘는 학교 만들기

미국 명문대학 하버드, 스탠퍼드, MIT 등은 '무크(MOOC)'라는 이름의 인터넷 공개강의에 앞다퉈 뛰어들고 있다. 무크는 대중을 위한 온라인 공개 수업(Massive Open Online Course)의 줄임말이다. 수강생이 벌써 전 세계에 수백만 명에 달한다. 정보통신기술(ICT)을 통해 누구나 어디서든 양질의 교육을 받는 '스마트교육'의 상징으로 통한다. 시간과 장소의 벽을 넘어 누구나 교육에 접근할 수 있게 해줬다는 점에서 혁신적이다.

〈글로벌 인재포럼 2013〉에서 교육학술정보원 주관으로 열린 '교실의 벽을 뛰어넘는 학교 만들기' 세션에선 ICT를 접목한 스마트교육의 발전 방안이 논의됐다. 김진숙 교육학술정보원 스마트교육 R&D본부장이 좌장을 맡았다.

정은희 국제가상학교센터(IVECA) 대표는 "무크는 양방향 교육에 한계가 있어 완수율이 10%에 그친다"며 "문화 간 소통 역량을 키우는 새로운 방식을 IVECA를 통해 시도 중"이라고 소개했다. IVECA는 한국, 미국 등 여러 나라 초등학교 교실을 화상으로 연결, 동시에 수업하는 프로그램을 확산시키고 있다. 정 대표는 "스카이프처럼 공개된 기술을 간단히 활용해 다른 문화권을 존중하는 교육 커리큘럼을 엮어낸다"고 전했다.

브루스 딕슨 미국 AALF 회장은 "미국 1~12학년 학생들이 학교, 학원 등 공식적인 루트로 학습하는 시간은 18.5%뿐"이라며 "나머지 비공식적인 학습 환경에서 스마트폰, 노트북 등 스마트기기의 활용법을 고민해야 한다"고 강조했다.

토론에 나선 백은순 국가평생교육진흥원 전국학부모지원센터 · 중앙다문화교육센터장은 "누구나 어디서든 배울 수 있게 하자는 얘기가 나온 지 20년이 넘지만 교육은 그다지 달라지지 않았다"며 "기술만 들어온다고 교육이 바뀌진 않으며 기업, 학부모, 지역사회 등의 의견을 적극 반영해 벽을 허물어야 한다"고 지적했다.

이재호 경인교육대 컴퓨터교육과 교수는 "스마트교육을 추진할 때 학생들뿐 아니라 기술에 두려움이 있는 기성세대 교사들을 고려하는 제도적 지원이 필요하다"고 강조했다.

| 강연 | ❶
기술에 대한 교육의 기대치를 높여야 할 것
브루스 딕슨(미국 AALF 회장)

나는 다른 사람들이 하는 일을 관찰하는 직업을 갖고 있다. '애니타

브루스 딕슨 "중요한 건 기술이 어떤 방향으로 나아가는지 생각해봐야 한다는 것이다."

임, 애니웨어 러닝 파운데이션(Anytime Anywhere Learning Foundation, AALF) 창립자로서 저는 오늘 기술이 풍부한 환경에서 사는 젊은이들의 교육에 대해 말씀드리겠다. 기술이 풍부하다는 것은 한국도 마찬가지인데 모두 스마트폰, 태블릿PC, 랩톱 등 다양한 기술을 활용하고 있을 것이다. 세계 많은 지역에서 5~6살 어린 아이들과 학생들이 개인 컴퓨터를 많이 사용하고 있다. 이걸 '1:1 현상'이라 하는데, 모든 아이들이 하루 24시간 컴퓨터에 노출되어 있다는 것이다. 한국에서도 그런 현상이 일어나고 있고 여러 나라에서 점점 더 빈번해지고 있는 추세다. 2주 전 멕시코를 방문했는데 내년에 500만 명의 10~11살 학생들이 개인 노트북을 갖게 된다고 한다. 터키는 1,800만 명의 학생이 컴퓨터를 갖게 된다. 호주는 거의 모든 학생이 랩톱을 학교에서 사용하고 있고 추가로 20만 명의 초등학생과 유치원생까지도 랩톱을 쓴다고 한다. 이런 새로운 교육 환경에서 시사점은 무엇일까?

직업교육이 중요하다. 대학교육이 중요하다는 말은 많이 했지만 유치원부터 고등학교 과정에 대해서는 많은 이야기가 없었다. 나는 이 과정에 집중해서 얘기하고자 한다. 어린 아이들이 학습하는 초등학교와 중학교 시기에 무엇이 수용 가능하고 아닌지는 간과돼 왔다. 기술이 이들에게 무엇을 가능하게 해 줄 것인지 생각해보자. 자신의 PC나 노트북을 교실에서 쓸 수 있는 환경을 말한다.

학습자들이 이런 기술을 활용해 어떻게 학습해야 하는지에 대해 답을 제시하는 사람이 많지 않다. 일각에선 파워포인트, 워드, 인터넷을 활용하면 된다고 답한다. 그런데 이런 기능은 어린 학생들의 무한한 가능성에서 극히 작은 부분에 불과하다. 이들의 기대치를 살펴봐야 한다. 캐나다 가수 저스틴 비버를 알 것이다. 비버가 공연하면 수백 명의 9~10살 여학생들이 스마트폰으로 사진을 찍는다. 단순히 찍는 게 아니라 동영상을 찍고, 그걸 친구들에게 보내고 SNS로 전달한다. 그런데 이 아이들에게 방법을 가르쳐준 사람은 아무도 없다. 학교에서 가르쳐주지 않았다. 서로 서로 배운 것이다. 예전에는 9~10살 아이들이 이렇게 동영상을 찍어 다른 나라로 보낼 수 있다고 상상이나 했었는가? 이런 것은 오늘날 아이들의 잠재력을 보여주는 대표적 사례다. 비버가 스타가 된 것도 인터넷 유튜브를 통해서였다.

여기서 중요한 건 기술이 어떤 방향으로 나아가는지 생각해봐야 한다는 것이다. 기술이 단기적으로 해줄 수 있는 것에 대해 과대평가하고, 장기적인 것엔 과소평가하는 경향이 있다. 우리는 오랫동안 기술에 대해 '낮은 기대치'라는 문제를 겪어왔다. 종이나 펜을 디지털로 대체하는 정도의 기대치를 가졌다고 생각한다. 학교에서는 젊은 학생들을 위해 전혀 새로운 전환적인 경험을 제공하고 있다고 생각한다. 학교 외 지역에서도 학생들은 배우고 있다. 학습 장소와 시간대가 다 바뀌고 있다. 교실의 벽을 넘어서서 학습이 이뤄지고 있다.

워싱턴대 라이프센터의 조사에 따르면 어린 아이들이 공식적인 학습을 하는 시간만 고려할 뿐, 비공식적인 학습 환경을 충분히 고려하지 않는 결과를 볼 수 있다. 미국 학생들은 1~12학년까지 깨어 있는 시간 중 18.5%만 공식적인 학습에 투자하고 있다. 나머지 시간대에도 분명 학습이 이뤄지고 있는데, 이런 비공식적인 학습 환경에 대해서도 고려해야 한다.

과거 볼 수 없었던 독특한 융합이 이뤄지고 있다. 첫째는 학생들이 웹 기술에 무한한 접근성을 갖고 있다. 모든 활동에 있어 필요한 소프트웨어를 확보할 수 있게 됐다. 5년 전 학교에서 뭔가 하려면 공식적으로 소프트웨어를 구매해 설치해야 했지만 이제는 달라졌다. 블로그가 아니라 대화, 위키가 아니라 협업, 팟캐스트가 아니라 목소리의 민주화다. 둘째는 보편적인 액세스, 즉 1 : 1 현상이다. 이제 기술이 유비쿼터스에 근접했다. 기기가 점점 늘어나고 있다. 모든 아이들이 랩톱을 사용한다면 그걸로 충분할까? 아이들이 랩톱을 다 가져도 아무것도 바뀌지 않는다면 문제가 될지 모른다. 어떤 지역에선 랩톱이 제대로 활용되지 않는 경우도 있다. 종이와 펜을 쓰는 것과 똑같은 정도로 활용하는 것이다.

교육 분야의 문제점 중 하나가 과거만 보는 것이다. 미래지향적 접근법을 도입하지 못한다는 것이다. 현대 교수법의 통찰력은 학습자의 세계가 당면한 현실과 이들의 학습 방법에 대한 더 나은 이해에서 비롯된다는 점을 기억해야 한다. 젊은이들이 생활하는 환경을 살펴보고, 기술이 이들에게 어떤 영향을 주는지 살펴봐야 한다. 요즘 학생들은 사회적 학습자다. 관계를 중요히 여기고 자기주도적이다. 스스로 규율을 따른다. 또 통제권을 스스로 갖길 원하고, 자기 학습에 대해 책임을 지려 한다. 탐구 중심의 학습자이기도 하다.

그렇다면 이게 어떻게 실제로 나타날까? 이제는 '나'에서 '우리'로 나아간다. 정보와 아이디어를 공유하고, 기술이 이것을 가능하게 한다. 소셜 미디어의 폭발적 증가를 보라. 또 반드시 교실에 있을 필요가 없고 '기지'에서 '미지'로 나가려 한다. 요즘 학생들은 저렴하게 출판하고 발표할 수 있는 능력이 있다. 이에 따라 교실에서 사람들의 역학관계가 바뀌게 된다. 호주의 학생들이 만든 '스포팅 저널'이라는 블로그는 런던올림픽 때 10여 명의 취재진을 보냈다. 또 '디 포레스트 액션'처럼 학생들이 벌채 반대라든지 여러 가지 대의에 대해 온라인상으로 활동을 하기도 한다. 또 탐구 중심 학습자 관점에서 봤을 때 여러 소스로부터 피드백을 즉각 받는다. 단순히 교사나 동료 학생뿐 아니라 다른 지역 사람들로부터도 피드백을 받기 때문에 실패도 빨리 할 수 있다. 제임스 다이슨 같은 경우 5,000번 이상 실패하고 나서 진공청소기를 개발했다고 한다. 실패의 중요성이 있는 것이다.

현대 학습자들은 또한 다른 사람 작업을 재사용, 재구축하는 능력이 있다. 자기주도형 학습자 관점에서 봤을 때 전문가와 같은 공간에서 활동할 수 있다. 자신의 학습에 대해 더 나은 의사결정이 가능해지고, 자기주도형 학습을 하기 때문에 정확한 정보를 확보하는 것이 중요하다. '매스오버플로우', '피직스 스택오버플로우' 사이트 등 인터넷을 통해 그렇게 하고 있다.

기술이 풍부한 현대 학습 환경에서 학생들이 더 자율화되고 있고, 자기주도형 학습자가 되고 있는데 과연 우리가 우리 학생들을 20세기 교과과정에 갇히게 만들고 있진 않은지 고민해야 한다. 어떻게 대처해야 할지 고민해야 한다. 단순히 교과과정을 전달하는 것이 아니라, 아이들과 교과과정을 발견하는 것이 중요하다. 과거 학교의 패러다임을 바꿀 때가 됐다. 현대 기술은 학생들에게 유례없이 깊고 넓은 의미의 경험이라는 잠재력을 제공해 준다. 이런 기술이 있는데 학생들을 과소평가해선 안 된다. 수학도 과거와 같은 방식으로 가르쳐선 안 된다. 컴퓨터를 활용해 수학이 한 단계 앞으로 나아갈 가능성도 있기 때문이다. 아이들이 할 수 있는 것에 대해 과소평가하지 말고 높은 기대치를 가져야 한다.

브루스 딕슨

호주 그리피스대를 졸업한 뒤 30여 년간 교육자, 교육소프트웨어 개발자, 기업인 등으로 활동했다. 젊은 시절에는 교육개혁 활동가로 활약했고 1980년대에는 게임을 결합한 교육용 소프트웨어를 개발해 창업을 하기도 했으며 세계 최초로 1대1 온라인 학습시스템도 개발했다. 비영리법인인 AALF을 공동창립해 인터넷 기반의 학습시스템 보급에 앞장서고 있다. 호주와 미국, 캐나다 등 국가의 교육부에 자문을 제공하고 있기도 하다.

문화적 역량을 갖춘 세계시민의 양성

정은희(국제가상학교센터 대표)

지금의 학생들은 향후 오늘날 존재하지 않는 직업을 갖게 될 것이다. 또 아직 발명되지 않은 기술을 사용할 것이다. 또 아직 등장하지 않은 문제를 해결해야 한다. 학생들의 미래를 준비할 때 이미 기존에 존재하는 것을 준비하는 게 아니라는 것이다. 21세기 학생들을 키워내는 건 단순히 스킬을 통해 세계 경제에 대비시키는 것이 아니다. 직업교육에 있어서도 이미 존재하는 것을 기반으로 하고 있지만 아직 등장하지 않은 것을 대비할 수 있게끔 학생들을 준비시키는 것이 중요하다.

21세기 교육이라는 것은 창의성, 문화적 인식, 문제 해결력, 시민의식, 커뮤니케이션, 생산성, 콜라보레이션, 탐구, 책임성 등이 모두 중요하다. 이런 게 21세기 교육의 키워드다. 21세기 교육을 하기 위해서는 우리 교실이 주변 세계만큼 역동적으로 바뀌어야 한다. 전 세계에서 발생하는 모든 걸 교실 안에서 제공한다면 학생들이 전 세계적으로 많은 역량을 갖추고 많은 일을 해낼 수 있다. 이런 점들을 실현하고자 하는 것이다. 새 교육 트렌드를 파악하고 이런 아이디어를 어떻게 학습자에게 제공하느냐가 중요할 것이다.

'무크(MOOC)'라는 온라인 대중 공개 수업을 아는가? 이것은 사람들이 양질의 교육 콘텐츠를 언제 어디서나 손쉽게 접근할 수 있다는

정은희 "궁극적 목적은 정보통신기술을 기반으로 같이 살 수 있는 더 좋은 세상을 만들자는 것이다."

걸 의미한다. 스탠포드 등 세계 유수 대학들이 자기 수업들을 온라인에 공개해 무료로 볼 수 있도록 했다. 현재 많은 양질의 무크 프로그램이 제공되고 있다. 초·중·고교생에게 무료로 동영상 강의를 제공하는 '칸 아카데미' 라는 것도 있다.

이런 수업에 대해 걱정되는 바가 있다. 21세기 학교 시스템을 이 무크로 대체할 수 있을 만큼 혁신적이라고는 하지만, 문제는 완수율이 낮다는 것이다. 10%도 안 된다. 누구든 좋은 대학에 가서 양질의 교육을 받을 기회를 제공하지만 결국은 동영상 강의이고, 숙제를 주고 1:1 튜터링이 이뤄지거나 하진 않는다. 네트워크를 구축하는 데 있어서 굉장히 제한적이다.

21세기 교육에 있어 관심을 가져야 할 것은 학생들이 서로 이해하고 존중하는 능력, 차이를 존중하는 것을 구현해야 한다고 생각한다. 또 학생들은 무엇보다 서로 다른 문화권과 협력을 할 수 있어야 한다. 그리고 다양한 관점을 가짐으로써 창의력을 키우고 공존하며 발전할 수 있을 것이라고 본다.

결국 우리의 학습은 더 나은 세상을 만들기 위해 이뤄져야 하고, 말씀드린 이런 역량 근간에 이문화적(intercultural) 역량을 갖추는 게 필요하다고 생각한다. 어떻게 할 수 있을까? 서로 다른 문화권과 직접 의사소통을 하는 것이다. 이걸 어떻게 학습과정에 녹여내느냐가 문제인데, 그래서 나온 게 국제가상학교센터(IVECA)다.

IVECA는 다른 나라 양쪽 교실을 화상으로 연결해 외국 학교와 동시에 수업을 할 수 있도록 한다. 기존 교육과정에 통합돼 여러 과목에 제공할 수 있다는 것이 장점이다. 교사들이 기존 수업에 무언가 더 하는 건 없다. 여러 의사소통 과정을 위해 독특한 점들을 가져갈 수 있다.

IVECA 프로그램은 단순히 교실을 접속시켜 전 세계적으로 같이 활동하게 하는 것만은 아니다. 궁극적 목적은 정보통신기술을 기반으로 같이 살 수 있는 더 좋은 세상을 만들자는 것이다. 나와 있는 기술은 이미 너무 많다. 기존 기술의 장점을 활용해 다른 문화권의 교실과 활동을 교류하게끔 하고 있다. 문화적 역량을 갖춘 세계시민 양성이 목표다. 학교에서 공부하는 것처럼 똑같이 주제를 갖고 공부하되, 다른 나라 학생과 교류하고 친해질 수 있는 기회를 준다. 이 모든 건 21세기 학습자 기반의 학교 시스템을 만들기 위한 시도다.

'문화간 역량(intercultural competence)'이라는 것은 총체적으로 발달되어야 한다. 다른 문화권 사람들과 적절하고 효과적으로 상호작용할 수 있는 행동으로 볼 수 있다. 글로벌 환경에서 서로 다른 문화에 대한 존중과 이해를 기반으로 활동하는 능력이다. IVECA는 서로 다른 두 나라의 교실을 버추얼 플랫폼에 올려놓고, 아무렇게나 하라는 게 아니라 체계적으로 조직화한다. 한 지역의 커리큘럼을 문화 간 역량이라는 컨셉 아래에서 잘 엮어내고 있다.

두 가지 형태로 활동할 수 있다. 하나는 비동기화 된 교류, 다른 하나는 실제 동기화 된 교류다. 학교에 가상회의 시스템이 있다면 손쉽게 할 수 있고, 스카이프 등 오픈소스 기술도 활용한다. 전통 명절이나 방과 후 활동을 찍어서 교환하기도 하고, 에너지 절약 등 이슈를 같이 논의하기도 한다. 존경하는 인물에 대해 의견을 교환하기도 한다. '라이브 클래스'도 예로 들 수 있다. 교사들이 협력해 여러 결과물을 보여주고 있다. 한 교실에서 교류했을 때 문화 간 역량과 언어능력이 많이 개선됐고, 동일 학년 모든 교실에서 동일한 교류를 했을 때 마찬가지로 한국과 미국의 문화 간 역량이 좋아졌다.

IVECA는 이 프로그램을 통해 많은 인정을 받았다. 미국의 원격교육협회에서 베스트 프랙티스 상을 받았고, UN경제사회위원회 특별 자문지위를 받기도 했다.

 정은희

서울교대 과학교육학과를 졸업하고 서울 매동초등학교 등에서 교사로 활동하다 미국으로 건너가 버지니아대(UVA)에서 교수법 분야 석·박사학위를 받았다. 방문연구원 등으로 연구를 계속하다 2009년 IVECA를 설립해 운영하고 있다. 비영리기구인 IVECA는 서로 다른 교실을 인터넷으로 연결해 정규교육과정부터 대학 강의까지를 공유하도록 하는 활동을 하고 있다.

기술 이후, 새로운 벽의 출현을 예상하고 준비하자

이재호(경인교육대 컴퓨터교육과 교수)

두 분 발표가 가능하게 된 이유는 잘 아시겠지만 기술의 발전에 따른 교육환경 변화 때문이다. 여기서의 기술은 ICT라고 정의할 수 있다. ICT가 출현함으로서 교육환경에 획기적 변화를 가져오는 촉매제 역할을 하고 있다. 본 세션 주제인 교육의 벽을 허물기 위해 다양한 시도를 하고 있는데 교실의 벽에는 뭐가 있을까?

첫째로 가장 쉽게 생각할 수 있는 건 물리적인 벽이다. 둘째는 학생 간, 교사 간, 학생과 교사 간, 학부모 간 소통의 벽이다. 셋째는 교과목과 학문 분야 간 벽이다. ICT의 출현으로 인해 전통적인 벽은 허물어지고 있다. 사이버 공간에서 교육이 진행되니까 물리적인 벽은 허물어졌다. 스마트 디바이스와 스마트 미디어의 출현으로 소통의 벽도 허물어지고 있다. 학문분야 간 벽도 외부 지식과 자료들을 활용해 교육시간에 소통할 수 있게 되면서 21세기가 요구하는 융합형 교육을 시도할 수 있게 됐다.

그러면 우리 현실을 보자. 기술의 발전 속도는 어마어마하다. 기술이 발전하니까 이를 활용한 교육 플랫폼이 속속 등장하고 있고 전문가들도 잘 모르는 플랫폼이 많다. 학생들의 기술 활용 능력은 대단하고 갈수록 진화한다. 근데 교사를 포함한 기성세대들은 어떤가? 좀 차이가 난다. 저를 포함해서 이분들은 기술에 대해 막연한 두려움을 갖고 있다. 기술을 적용하는 데 있어 자발적으로 하고 싶어 하지 않는 습성이 있다.

그런데 학교에서 교실의 벽을 허문다고 하더라도 교사 없이 수업을 진행하고 교사 도움 없이 양질의 교육을 시행하는 건 단기간에 이뤄지기 어렵다. 교사는 지금도 굉장히 중요한 역할을 하고 있고, 앞으로도 할 것이다. 그런 측면에서 지금 간과하고 있는 점은 21세기 교육이 학습자 중심, 자기주도적, 탐구중심적이라 하더라도 교사를 고려하는 제도적 지원이 필요하다는 것이다. 약간 역발상적이긴 하지만 '티처 프렌들리' 플랫폼과 커리큘럼 개발에 관심을 가져야 한다는 점을 과제로 던진다.

기술이 발전하면서 전통적 벽은 상당히 허물어졌지만 새로운 벽의 출현을 예상하고 준비해야 한다. 스마트 미디어를 사용함으로서 일어나는 부작용과 역기능들은 이미 사회적으로 많이 문제되고 있다. 사이버 왕따, 중독, 저작권 침해 등등이 여기에 속한다. 또 예상할 수 있는 건 21세기형 학습자와 기성세대 간의 격차가 심각해질 수 있다는 것이다. 이것은 세대 간 장벽으로도 나타날 수 있다. 인터넷 붐이 한창 일어났을 때 사람들이 즐겨 썼던 용어 중 하나가 '인포메이션 디바이드'인데 '스마트 디바이드'란 단어도 나오지 않을까?

인터넷 사업하는 사람들은 21세기에 돈을 벌 수 있는 킬러 애플리케이션은 교육이라고 말한다. 교육 플랫폼으로 사업하려는 사람들에 의해 정보가 집중되면 '교육계 빅 브라더'가 출연하지는 않을까 걱정된다.

ICT는 융합의 핵심이다. ICT가 접목돼야 융합이 꽃을 피운다. 우리가 살고 있는 사회는 ICT 밀착형 사회라고 말할 수 있다. 새벽부터 저녁까지 ICT 도움 없이 할 수 있는 일이 얼마나 될까? 특히 교육은 선택이 아닌 필수 사항이다. 미뤄서는 안 되고 받아들여야 한다. 오늘 이런 자리가 대한민국이 ICT를 활용한 스마트 교육을 선도하는 계기가 되기를 기원해 본다.

| 토론 | ❷

온라인과 오프라인 모두 열려야 한다
백은순(국가평생교육진흥원 전국학부모지원센터/중앙다문화교육센터 센터장)

두 분 발표 잘 들었다. 제 입장에선 상당히 익숙한 이야기다. 우리나라에서 이미 이런 식의 '교실 벽을 넘어서자', '한계를 넘어서자'는 얘기가 어제 오늘 얘기는 아니다. 1995년 교육개혁을 할 때부터 나왔는데 지금도 잘 되고 있다고 생각하지 않는다. 무엇이 문제여서 이렇게 안 됐는지, 학교는 무엇이 어려운 것인지, 이런 걸 반문해야 할 것 같다.

ICT에 기반한 방법들은 좋다. 하지만 간과하지 말아야 할 것은 온라인뿐만 아니라 오프라인으로도 열려야 한다. 학부모, 지역사회, 기업체 등의 의견이 들어가야 학교가 열리고 평가방법도 바뀔 수 있다. 이런 것이 닫혀 있으면서 ICT만 들어온다면 제대로 작동하지 않을 수 있다. 서구에서 대학이 바뀐 것도 기업들이 들어갔기 때문이다.

어떤 학교는 굉장히 열린 학교들이 있다. 수업 내용을 전부 올리고 볼 수 있게 하고 코멘트도 바로 올라오고, 그런 것들을 공유하는 것이 필요하다.

온라인과 오프라인 모두 열리는 것이 필요하다. 오프라인은 정책적 측면이 크다고 본다. 같이 고민했으면 하는 점은 우리나라 평가 시스템이다. 정부가 좋은 제도를 많이 만든다. 자유롭게 공부하고 그 결과를 발표하게 한다. 하지만 학부모들이 들고 나서는 것을 많이 봤다. 우리 애들 성적은 어떻게 되냐고 말이다. 사회구조가 그렇게 돼 있다.

현재 시스템은 우리를 위와 아래로 나누는 시스템이다. 하지만 전 세계적으로는 학력이 아닌 것으로 우리를 인정하자는 움직임이 강하다. 학교에서 포멀(formal) 에듀케이션뿐만 아니라 논포멀(nonformal), 인포멀(informal) 에듀케이션까지 다 합쳐서 평가를 받도록 하자는 변화의 움직임이 많다. ICT 발달과 함께 이런 것이 현장에 정착할 수 있도록 모든 제도와 연결되는 부분이 양쪽을 촉진하는 데 중요하지 않을까?

인터컬처럴 교육의 좋은 예를 봤지만 어떤 면에선 우리 학생들은 인터컬처럴에 앞서 교실 내 소통이 더 문제가 아닌가? 가장 로컬한 것이 가장 글로벌한 것이란 말이 있다. 친구와의 소통을 충분히 할 수 있도록 학교에서 해주는 게 인터컬처럴의 베이스가 된다. 이런 것 없이 지식만으로 합쳐지는 것들이 학교폭력이 근원이라고 본다. 이런 것이 전제된다면 다른 나라와도 더 잘 교류할 수 있을 것이다.

05 대기업과 중소기업의 장벽

창조경제의 주역, 차세대 영재기업인

2013년 대한민국의 가장 강력한 정책기조 중 하나인 창조경제는 창조적인 아이디어로 세상을 이끄는 리더를 포함해 혁신적이고 유능한 인적자원을 매우 중요시한다. 무엇보다 이를 통해 만들어지는 지적재산의 시장가치에 중점을 두고 있다.

미국 버클리대 연구소의 최근 연구결과에 따르면 특허 하나의 가치는 최대 5개의 직업을 만들어낼 정도로 중요하다. 한국개발연구원의 조사결과에서도 특허 수가 10% 이상 늘어나면 그 나라의 경제성장률이 1% 이상 높아지는 것으로 나타났다. 젊은 벤처기업들의 상업화된 새로운 기술과 서비스, 아이디어는 그 나라의 경제를 한 단계 부흥시키는 역할을 한다. 인재포럼 '창조경제의 주역, 차세대 영재기업인' 세션은 지적재산에 재능을 가진 인적자원과 젊은 기업가를 키워내기 위한 각종 지원 시스템을 소개하는 데 중점을 두고 있다. 미래의 창조적인 벤처기업들과 연계된 육성 프로그램들을 통해 창조적 혁신과 창의적 아이디어를 가진 젊은 벤처기업의 특징과 역할에 대해 논의한다. 또 창조경제시대에 맞춰 젊은 벤처기업을 키워가는 미시적, 거시적 방법과 함께 벤처기업의 규모를 확대하기 위한 미국, 독일, 이스라엘 등 각 나라의 사례와 아이디어들을 소개하며, 보다 특별한 벤처 지원시스템과 육성 전략에 대해 이야기한다.

| 강연 | ❶
대학 내 창업을 돕는 민간 벤처지원기관의 역할
레지스 켈리(QB3 회장)

현재 QB3 조직의 수장으로 대학 내 신생기업 탄생을 돕는 역할을 하고 있다. 대학은 변화를 꾀하기 어려운 '경직된' 조직이다. 하지만 기술에서 혁신이 있듯 조직에서도 혁신은 가능하다고 판단했다. 캘리포니아대에서 이런 변화 꾀하기 위한 프로젝트를 시작했다. QB3가 꾀하는 변화는 사람들을 서로 연계시키는 것이다. 연계가 돼야 창의성도 만들어진다. 버클리대의 엔지니어와 산타크루즈대 과학자들을 모아서 새로운 생명공학 프로젝트를 진행했다. 대기업과의 연계도 도왔다. 대학에 있는 사람들은 새로운 아이디어를 만들지만 그 아

레지스 켈리 "대학에 있는 사람들은 새로운 아이디어를 만들지만 그 아이디어가 사회에서 필요한 게 아닐 수 있다."

이디어가 사회에서 필요한 게 아닐 수 있다. 교수도 사회가 원하는 게 무엇인지 학생들에게 잘 얘기하지 못하기도 한다. 이때 기업이 필요하다. 기업은 시장에서 무엇을 원하는지 파악하는 역할을 한다. 결국 QB3는 벤처기업들이 대학으로부터 새 아이디어를 얻고 기업으로부터 시장이 원하는 것을 파악해 연계하는 일을 도와준다.

창업을 위한 네 가지 지원

창업을 하려면 좋은 아이디어가 있어야 하고 기업 운영의 규정, 법, 규범 등도 알아야 한다. 또 돈도 필요하다. 신생기업의 문제는 '돈이 없다' 는 거다. 자금이 없다면 그들이 필요로 하는 제품과 서비스를 구현해보지 못한다. 돈은 어떤 성공적 아이디어를 상용화 할 때 벌 수 있는 것이다. 돈 이외에도 신생기업들이 성장할 수 있는 환경이 대학 주변에 필요하다. QB3는 신생기업들에게 네 가지 부문에서 도움을 주고 있다.

첫 번째로는 협업할 수 있는 팀을 구성해 줬다. 팀 구성에서 중요한 건 어떤 시장을 겨냥할 것인지가 중요하다. 창업에 대해 상담하는 사람들은 뛰어난 기술이 있다. 하지만 이것을 확대 적용할 수 있는 구체적 타깃이 필요하다. 가장 효율적으로 아이디어를 활용할 수 있는 분야가 뭔지 알아야 한다. 새로운 아이디어를 효율적으로 창출할 수 있는 가장 좋은 방법은 융합이다. 융합을 통해 창조성과 창의력을 만들어내야 한다. 의료, 생명공학 창업은 대체로 여러 분야 엔지니어와 과학자들이 팀을 이뤄 참여해 의논하고 문제를 해결하며 발전한다. 이를 통해 과거에 알고 있었던 것 외에 새로운 분야를 어떻게 개발할 수 있는지를 찾을 수 있다.

두 번째는 창업 방법을 가르치는 것이다. 대체로 교수는 창업을 잘 못한다. 만일 교수가 창업한다고 하면 "그냥 애들이나 가르치세요"라고 한다. 교수들은 창업에 대해 많이 안다고 생각하지만 실제론 그렇지 않다. 창업하려면 24시간 동안 일하고 매달려야 성공할 수 있다. 가장 잘 할 수 있는 건 대학원생과 연구원들이다. 이들은 돈을 받지 않고도 24시간 내내 일하도록 훈련을 받았기 때문이다. 창업하기 적절한 사람들이다. 다만 이들에겐 창업경험과 자금이 없다. 그래서 이 사람들에게 창업하는 방법과 재원 조달 방법을 가르치고 있다. 그게 바로 '스타트업인어박스'다.

세 번째는 창업공간(인큐베이터)이다. 어떤 학생에게 신용카드 관련 좋은 아이디어가 있었지만 투자금을 비싼 임대료로 날려야 했다. 그래서 이 학생에게 저렴한 임대료로 200평방피트 공간에서 창업하도록 해줬다. 많은 사람들이 창업을 해도 투자수익을 내지 못하고 있다. 이런 창업공간 지원이 투자금을 줄이고 수익을 늘릴 수 있을 거라고 생각했다. 사람들이 적은 돈으로 창업할 수 있도록 도움을 주려 했다. 이 기업이 창업 후 1.5배가 아닌 애초 창업자금의 5배는 벌 수 있게 해주고 있다.

네 번째는 벤처 펀드다. '스타트업인어박스'에 참여하는 신생 기업들 40~50개 중에서 가장 성공가능성이 있는 4개 기업을 선택해 투자금을 줬다. 모든 기업이 다 투자받을 수 있는 것은 아니다. 가장 잠재력 있는 신생기업 파악해서 지원해야 한다. 지금 QB3는 벤처캐피탈이지만 돈만 벌지 않는다. 좋은 자문위원회를 바탕으로 1년에 70여 개 기업을 배출했다. 이들 기업은 400여 개 일자리 창출했고 매년 1억 5,000만 달러의 수익을 내고 있다.

창업 아이디어는 구체화해야

저희가 창업을 도왔던 기업이 있다. 3명의 대학원생이 크리스티 보이스라는 지도교수와 함께 MIT에서 소재 관련 기업을 창업했다. 비단을 만들 때, 전통적 방식인 누에를 이용하는 게 아니라 박테리아를 이용해서 실크를 배양하는 것이었다. 상당히 새로운 접근법이다. 예전엔 누에고치 이용하다가 이제는 배양시설을 이용해 비단을 생산해 내고 있는 것이다. 여기에 색깔도 변형할 수 있도록 했다. 박테리아를 이용해 비단을 생산하기 때문에 전통 실크에 비해 쉽게 세탁할 수 있고 합성원료가 없어서 친환경적이다. 특히 노동집약적인 산업을 바꾸고 누에를 안 죽여도 됐다. 이름은 'refactored materials'이다.

우리의 역할은 좋은 시장을 찾아주는 것이었다. 여성 의복시장에 연결해줬다. 이젠 많은 업체들이 이 회사에 투자한다. 20~30년 후면 솜밭이 없을 수 있고 모든 섬유가 이같이 만들어질 수 있다. 섬유 분야의 변혁을 이뤄냈다. 이들처럼 아이디어를 구체화해야 한다. 생명공학 쪽에 배경지식이 있다면 알겠지만 어떤 질문할 때 "서울의 맛있는 커피숍이 어디냐고 묻기보다 교보문고에서 스무 발자국 떨어진 스타벅스가 어딨나?"라고 질문해야 구체적인 답을 얻게 된다. 단순히 하나의 효과를 가져올 수 있는 게 아닌 두 개의 효력을 발휘할 수 있는 제품을 구체적으로 파악해야 한다. 학생 중에서는 기업가가 되고 싶어 오는 사람도 있다. 반드시 기업가가 될 필요는 없지만 기업, 교수 등 다른 커리어에 대해 파악하고 깨달을 수 있는 기회가 될 수도 있다. 진짜 기업가가 되려면 새로운 아이디어가 필요하다. 지금 가장 큰 문제는 아이디어를 찾는 것이 어렵고, 그 아이디어를 필요로 하는 적절한 시장을 찾아주는 것도 어렵다는 것이다. 때문에 개별적으로 작업하지 않고 팀으로 협업할 줄 알아야 한다.

🌐 레지스 켈리

스코틀랜드 에딘버러대 물리학 학사(1961)를 취득하고 미국 캘리포니아공대 물리학, 생물학 박사를 받았다. 이후 스탠포드대(1967~1969)와 하버드의대(1969~1971)에서 포스닥(박사 후 연구원) 생활을 거쳐 1988년 UC샌프란시스코에서 세포생물학연구소장을 역임했다. 1995년부턴 동 대학 생물물리학과장을, 2000년엔 UC샌프란시스코 부총장을 지냈다. 2011년부터 현재까지는 QB3 회장을 맡고 있다.

성공적 창업 위해 필요한 기업가정신이란 무엇인가

박희재(SNU프리시전 사장)

대한민국은 전 세계 유일한 기록을 갖고 있다. 원조를 받다가 주는 나라가 된 전무후무한 나라다. 대한민국의 주력산업은 대단하다. 선박, 스마트폰, 가전제품, 반도체 모두 1등이다. 특히 1990년대부터 2000년대에 들어와서 IT로 세계를 놀라게 하는 나라가 됐다. 이제 그 숨겨진 이면을 좀 봐야한다. 우리나라에게 무엇이 더 필요하고 무엇이 문제인지 들여다보겠다.

산업의 허리 없는 대한민국

독일, 일본과 비교해 봤을 때 기업 수와 고용 수에 있어서 한국의 기업구조는 지극히 양 극단에 가 있다. 허리층이 존재하지 않는다. 주력산업에서 글로벌 경쟁국들보다 허리층이 매우 약하다. 이것은 곧 우리의 경제성장률과 취업률을 높이는 데 발목을 잡고 있다.

우리나라 기업 중 99%가 중소기업이다. 근로자 고용의 88%를 중소기업이 하고 있다. 중소기업이 잘 안되면 취업률과 경제성장률도 높아지지 않는다. 그렇다면 중소·중견기업들이 미래를 위한 성장동력을 갖고 있나? 우리 중소기업은 평균적으로 연구개발(R&D)에 1~1.5% 정도 투자한다. OECD국가들의 평균 투자율인 5~6%에도 못 미치는 수치다. 미래를 위한 준비를 하지 않는다는 것이다.

박희재 "지금 대한민국에 필요한 건 무엇보다 기업가정신이다."

　무엇이 문제인가? 우리나라는 새로운 것에 상당히 앞서나간다. 훌륭한 인풋도 가지고 있다. 전 세계 연구자 수 6위, 특허 수 4위, GDP에서 연구개발이 차지하는 비중 2위로 부러울 것 없는 인풋이다. 하지만 이 인풋으로 만든 성적은 처참하다. 항상 40등, 20등이다. 남들보다 앞선 R&D는 좋아하는데 사실 알맹이 없이 무늬만 쫓아가고 있는 것이다.

독일의 성장모델 '작센'

전 세계가 이런 건가? 아니다. 먼저 독일을 보자. 독일의 연평균 경제성장률은 3.6%다. 실업률은 20년 동안 지속적으로 감소했다. 무역수지는 흑자를 기록하고 있다. 전 세계 1위다. 중국이 독일보다 큰데도 수출은 독일이 더 많이 한다. 뭐가 다른가? 내용을 보면 독일은 '히든챔피언'이 있다. 히든챔피언은 아주 튼튼한 강소기업이다. 이들 기업의 공통점은 전체 매출의 반을 수출하고 R&D에 엄청나게 투자한다. 전 세계 약 2,000개 히든챔피언 중 1,300개가 독일에 있다. 미국은 300개, 일본은 100개, 우리는 25개다. 독일엔 16개 주 가운데 5개 주가 과거 사회주의 국가였던 동독이었다. 그중 1개가 작센이라는 지역이다. 작센은 우리가 어떤 방향으로 가야하는지 좋은 답을 주고 있다. 20년 전 작센의 국민소득은 1만 달러였다. 하지만 20년 사이 엄청난 일이 일어났다. 작센에 대학, 연구소, 클러스터 등이 40~50개 생겨나 지역을 완전히 변화시켰다. 작센의 지난해 국민소득은 6만 4,700달러다. 작센 지역에 있는 회사의 평균 종업원 수는 10명 내외다. 전부 창업한 회사들이다. 실리콘 삭소니(Saxony)라는 별명도 붙었다.

작센 발전에 결정적 역할을 한 것은 바로 '프라운호퍼 연구소'다. 2만 2,000명의 연구원이 있는 이 연구소는 제품을 만들어 글로벌 시장에 내놓는 역할을 하고 있다. 노벨상을 타고 SCI 논문을 게재하기 위해 연구하는 일반 연구소들과 그 역할이 다르다. 프라운호퍼 연구소는 중소기업과 일하지 않으면 존재가치가 없다고 생각한다. 창업을 생명으로 생각하는 DNA가 있는 곳이다. 그게 작센을 바꾼 것이다.

'기업가정신'이 필요한 시대

금융위기 시절 1달러 환율이 2,000원까지 치솟는 것을 보며 공과대 교수로서 부끄러웠다. '한가하게 후학 가르치고 논문 쓰는 게 지금 할 일이 아니구나', '실력 있으면 당장 글로벌 시장에 나가 1달러라도 벌어들이는 게 진정한 공학자구나'라고 생각했다. 1998년 제자들과 'SNU프리시전'을 창업했다. 일반적인 우리 중소기업들은 매출의 1% 내외를 R&D에 투자하지만 우리는 창업 후 매출의 15%를 투자했다. 10배 정도를 더 투자한 거다. 성장동력을 갖고 있지 않은 기업은 죽은 회사라는 철학을 가졌다. 그 결과 지금 이 회사는 250억 원의 매출을 올리고 특허도 350개나 되는 탄탄한 기업으로 성장했다. 차별화된 성장동력을 확보하기 위해 기업가정신을 발동해야 한다.

SNU프리시전의 협력업체는 30개쯤 된다. 우리가 못하면 이들도 사업에 타격을 받는다. 회사 외에 직·간접적으로 연관된 7,000~8,000명이 함께 먹고사는 사업이 된 것이다. 게다가 10여 개국 30여 개 글로벌 플레이어들도 우리 고객이다. 결국 창업가, 기업인이 대한민국과 세계를 먹여 살린다. '기업가는 얼마나 멋진가', '아무나 할 수 있는 게 아니다', '다시 태어나도 창업을 할 것이다' 이런 정신이 필요하다. 우리나라엔 유난히 불굴의 기업가정신이 없다. 기본적으로 능력이 있어야 하지만 그보다 앞서 열정을 가져야 한다. 열정 없는 쿨한 지식만으론 기업은 절대 돌아가지 않는다. 기업가가 주인의식을 바탕으로 일을 주도할 수 있어야 한다. 그래야 기업가정신 DNA를 갖고 있는 진짜 기업가라고 생각한다. 지금 대한민국에 필요한 건 무엇보다 기업가정신이다.

뿌리산업을 키워야

중소기업의 성장을 위해선 반드시 뿌리산업이 있어야 한다. 첨단산업과 함께 뿌리산업도 같이 가야 한다는 것이다. 우리나라도 비교적 뿌리산업이 있는 편이긴 하다. 2만 2,000개의 자동차 부품을 만드는 근간에는 보이지 않는 수많은 뿌리 업체들이 있다. 우리 회사가 중국 시장 진출을 두고 일본기업과의 크고 작은 경쟁에서 이길 수 있었던 핵심 동력도 뿌리산업에 있었다. 핵심 부품을 도급하는 기업이 국내에 딱 두 회사가 있었다. 만약 그 회사들이 없었으면 일본에서 제품을 코팅해 온 뒤 만들어야 해 원가나 납기일도 못 맞췄을 것이다. 그런 뿌리산업 인프라가 만들어지는 게 매우 중요하다. 어느 한 기업이 갑자기 나타나 세계를 제패하는 일은 없다. 가능치도 않다. 꾸준히 뒤를 지탱해주는 뿌리산업이 있어야 한다.

뿌리산업을 키우는 데 있어 대학과 연구소의 역할은 대단히 중요하다. 그런데 우리사회에는 잘못된 고정관념이 있다. 대학 연구소는 기초연구에 집중하며, 기업은 응용 기술로 제품을 만든다는 것이다. 시장도 모르는 사람들이 어떻게 연구를 하나? 시장을 모르는 연구는 취미연구이자 자기만을 위한 연구일 뿐이다. 대학과 기업이 시장을 제대로 알고 연구소는 제품을 만드는 연구를 해야 한다. 노벨상보다 중요한 건 세계에 팔 수 있는 물건을 만들어 내는 것이다.

 박희재

서울대 기계설계공학부에서 학사와 석사학위를 받았고 영국 맨체스터대 기계공학부에서 박사학위를 취득했다. 이후 맨체스터대 기계공학부에서 연구원을 지낸 뒤 포항공대 조교수를 거쳐 서울대 기계공학부 교수로 재직 중이다. 서울대 교수시절이던 1998년 석사 학위를 준비 중인 제자들과 LCD및 OLED 제조 벤처기업인 SNU프리시전을 세웠다. 현재 서울대 산업연구센터장을 맡고 있으며 산업통상자원부 R&D전략기획단장도 겸임하고 있다. 벤처기업 설립 후 승승장구하며 한국공학한림원으로부터 젊은 엔지니어상(2006년)과 한국의 100대 혁신대상(2010년)을 수상했고 2006년엔 과학기술부로부터 한국의 100대 혁신기업 대상을 받았다.

창업, 실패를 통해 배워라

류혜진(벤처기업 '헤이' 대표)

헤이는 교육용 게임을 만드는 기업이다. 최근엔 모바일 게임도 만들고 있다. 헤이는 연구, 지적재산, 비즈니스라는 3단계 축을 바탕으로 만들어진 기업이다. 창업 전부터 지금까지 17개의 논문을 썼다. 모두 4년 전에 영재기업인교육원(CCE)을 만나면서부터 가능했던 일이다. 교육원은 학생들이 영재기업인이 될 수 있게 양성하는 센터다. 지적재산권에 대해 배우면서 17개 특허도 냈다. 현재 팀원들과 함께 50개 정도의 특허를 보유하고 있다. 교육원은 특허를 비즈니스에 활용할 수 있도록 했다.

창업 초기 많은 기업들에게 도움을 받으려 했지만 신생기업이었고 어린아이들이 한 창업이라며 큰 관심을 보이지 않았다. 어느 날 기회가 왔다. '비런치 글로벌 VC 밋업(meet up)'에 참여해 1등을 수상하며 실리콘밸리 투자자를 만났다. 그때부터는 많은 기업들이 오히려 우리 회사를 찾아와 우리 게임을 통해 광고를 하고자 한다.

한국에서는 학생들이 항상 공부하라는 요구를 받고 있다. 이들은 대학 입학만을 목표로 12년 동안 공부만 한다. 처음 창업했다고 했을 때 사람들은 "공부를 안하겠다니 너 정신이 있니? 수능시험 봐야지?"라며 다그쳤다. 인생에서 대학 시험 준비도 중요하지만 제가 사랑하는 일을 찾아 시도해보고 싶었다.

류혜진 "실패를 했더라도 왜 실패를 했는지 알아야 한다."

성공할 수 있을 거라 확신했다. 성공이라는 것은 내게 돈을 많이 벌고 유명해지는 게 아니라 현실세계를 배워 나가는 것을 의미했다. 이런 자신감을 가진 것은 두 가지 이유에서다. 먼저 부모님이 응원해 줬고 영재교육원에서 4년 동안 같은 마음을 가진 친구들과 함께 교육받았기 때문이다. 처음엔 시간을 어떻게 활용해 창업하고 운영할까 고민했었다. 하지만 영재교육원을 통해 많은 프로젝트에 참여했기 때문에 혼자 일하는 것보다 팀을 이뤄 같이하는 게 더 좋았다.

사실 창업을 한 지는 그리 오래되지 않았다. 지난 1월부터 준비해 4월에 창업했다. 저희는 준비기간에도 함께 팀으로 일하며 서로 존중하는 법과 팀워크를 배웠다. 기업가들에게 팀워크는 상당히 중요하다. 창의적 기업가로 성장하기 위한 가장 좋은 방법은 그들에게 좋은 친구가 될 수 있도록 길을 열어주고 자주 의사소통 해주고 응원해주는 거다. 부모님들도 실패를 하더라도 응원을 해줘야 한다.

청소년이라는 시기는 실패를 경험해봐야 하는 시기다. 한국은 언제부턴가 성공만을 강요하는 냉혹한 사회가 됐다. 사실 성공했을 때보다 실패했을 때 더 많은 것을 배웠다. 실패는 좋은 경험이다. 젊어서 실패하는 게 더 커서 실패하는 것보다 낫다고 생각한다. 잃을 게 없기 때문이다. 지금 헤이의 대표지만 헤이가 성공의 결실이라고 생각하지 않는다. 헤이가 실패한 기업이나 유명한 회사라고 규정짓고 싶지도 않다. 그럼에도 불구하고 창업 후 정말 많이 배웠다. 중요한 것은 실패를 했더라도 왜 실패를 했는지 알아야 한다. 현실 세계는 우리가 교과서에서 배운 것과는 달랐다. 또 성인들은 청소년들을 존중을 하지 않는다. 우리가 어리기 때문에 청소년으로서 기업을 세웠음에도 다른 사람들보다 존중받지 못했다.

그런 환경이라 할지라도 청소년들은 계속 시도해야 한다. 다시 말해 우리가 스스로 뭔가를 생각하고 해봐야 한다는 것이다. 안전한 곳에만 있으려 하면 안 된다. 남들이 가는 표준적인 길만을 가선 안 된다. 어른들은 왜 창조적인 길을 막으면서 스티브잡스나 빌게이츠가 되길 원하는 건지를 스스로 생각해야 한다. 그들 역시 남들이 가는 길을 가지 않았다. 대학 졸업도 하지 않았다. 너무 모순되지 않은가? 어른들이 원하는 것과 강요하는 것은 차이가 있는 것 같다. 우리는 초코가 들어있는 초코칩을 원한다. 초코라는 중요한 역할을 우리가 해야 하는 것이다. 작년엔 참석자 중 한 명이었지만 올해는 연사로 당당히 무대에 섰다. 몇 년 동안 준비했던 꿈을 따라 기업가로 꼭 성공할 것이다.

국민 누구나 창업할 수 있도록

이원재(요즈마그룹 한국 대표)

요즈마 펀드가 만들어지기 전 이스라엘은 창업실패국가였다. 이스라엘은 아주 작은 시장에 자원도 없었다. 유일하게 기름이 나지 않는 중동국가이기도 하다. 이스라엘 정부가 벤처들에 투자해도 늘 파산했다. 이유는 당연했다. 자체 시장이 작으니 팔 데가 없었던 것이다. 주변은 다 적대국인 아랍국가였다. 글로벌 네트워크도 없었다. 설상가상으로 구소련이 무너지면서 인구 500만 명 중 100만 명의 이민자가 들어왔다. 자연스럽게 실업률이 높아졌다. 상황이 매우 어려웠기 때문에 이스라엘 정부는 적극 나서야 한다고 결정했다. 그렇게 만들어진 게 요즈마(히브리어로 '시작'이란 뜻) 펀드였다. 정부가 주도적으로 지원하는 글로벌 벤처 투자지원 회사였다. 1993년도에 1억 달러로 시작해 10년 만에 40억 달러로 커졌다. 상당 수 이스라엘 창업벤처를 나스닥에 상장시켰다. 이유는 요즈마 펀드가 해외 투자자들을 이스라엘에 유치시키기 위한 글로벌 네트워크 역할을 했기 때문이다.

미시적으로 이스라엘 정부의 주된 창업활성화 목표는 벤처 양성, 일자리 창출, 글로벌 인재양성이었다. 요즈마 펀드가 설립될 당시 이스라엘엔 글로벌 인재가 많았지만 큰 능력을 발휘하지 못했다. 일자리 창출 때문에 힘들어 했다. 요즈마 펀드 투자로 현재 이스라엘은 미국, 캐나다 다음으로 나스닥 상장사가 많은 나라가 될 수 있었다.

그만큼 글로벌 네트워크를 통해 벤처기업들을 지원하는 게 중요하다. 글로벌 인재들이 창업해 나스닥에 상장하고 지속적으로 커왔기 때문에 계속해 일자리를 만들 수 있었고 그런 힘을 바탕으로 오늘날 대표적인 창업국가가 될 수 있었다.

나는 어릴 적부터 이스라엘에서 자랐다. 올해 3월에 한국에 들어와 6월에 요즈마 펀드 한국지사를 설립했다. 하루에 2~3개 한국 벤처들을 보고 있다. 한국에도 굉장한 기술력을 가진 아이디어가 풍부한 벤처기업들이 많다. 대학 창업보육센터만 가도 뛰어난 아이디어와 기술력을 가진 인재가 많다. 사실 나는 페이스북 마니아다. 그런데 자세히 보니까 한국엔 이미 페이스북 플랫폼이 있었다. 과거에 아이러브스쿨이 있었고 지금은 싸이월드가 있다. 스카이프가 나오기 전 다이얼패드가 있었다. 지금은 유튜브로 드라마를 보고 있지만 한국엔 판도라TV가 있었다. 그만큼 한국은 뛰어난 플랫폼과 아이디어를 가지고 있었지만 요즈마 펀드처럼 국제적인 투자 네트워크가 형성되지 않았기 때문에 사업이 국내 안에 머물 수밖에 없었다. 글로벌 네트워크를 통해 해외에 나간다면 수많은 벤처가 힘을 얻을 것이다.

이스라엘은 글로벌 인재를 만들기 위해 오래 전부터 준비를 시작한다. 유치원 때부터 애니메이션을 통해 과학을 가르친다. 이스라엘은 고등학교 졸업 후 남자는 3년 여자는 2년 동안 군생활을 한다. 군대에서부터 글로벌 인재를 양성한다. 한국에서 군 생활을 했었는데 그때 배운 것은 오직 축구뿐이었다. 이스라엘은 다르다. 이스라엘은 대학의 전공처럼 해당자의 기술에 맞는 보직에 보낸다. 이스라엘에서 성공하려면 대학을 잘 가는 것보다 군대를 잘 가야 한다. 이스라엘에서 고등학교 1학년 시절을 보낼 때 주변 친구들이 이른바 엘리트 부대에 가기 위해 열심히 공부했다. 엘리트 부대 출신들이 전역하면 이스라엘 어느 회사건 입사에 유리한 대우를 해준다.

여기 대표적인 예가 있다. 이스라엘 8200 정보부대에서 안티바이러스와 해킹 관련 업무를 맡다 전역한 한 친구가 창업을 했다. 그 회사가 바로 오늘날 세계적인 사이버 보안 시스템 회사가 된 '체크포인트'다. 나스닥에도 상장된 이 회사는 지금 이스라엘 국민을 먹여 살릴 정도로 큰 규모의 회사가 됐다. 군대에서 글로벌 인재가 만들어져 요즈마 펀드 같은 글로벌 네트워크를 통해 굴지의 글로벌 업체로 발돋움한 것이다. 요즈마 펀드가 없었다면 체크포인트는 이스라엘의 조그만 보안회사에 그쳤을 것이다.

한국의 글로벌 인재를 위한 국제적인 창업지원 네트워크가 조성될 수 있도록 정부나 기업이 펀딩해주고 창업하는 분위기를 만들어줘야 한다. 1%의 과학자, 기술자, 전문가들만 창업하는 것이 아니라 아이디어 가진 99% 국민 누구든 창업할 수 있도록 정부가 지원해줄 필요가 있다. 실패를 두려워하지 않는 이스라엘식 사고와 분위기를 만들어주면 한국은 이스라엘을 뛰어넘는 창업국가가 될 수 있을 것이다.

06 학계와 산업계의 장벽

대학의 새로운 도전-지식창조 허브로의 변신

현대사회에서 대학의 역할은 무엇일까? 교육기관일 수도 있고 연구기관일 수도 있다. 하지만 전문가들은 대학의 역할을 더 확장해야 한다고 주장한다. 단순한 교육·연구기관에서 벗어나 지역사회 경제발전에 기여하고, 더 나아가 전 세계적인 사회문제 해결에 앞장서야 한다는 것이다. 일자리 창출은 원래부터 대학의 주요목표는 아니었지만, 지금은 주요 사명 중 하나로 자리 잡았다. 현재 대학은, 인재와 자원을 유치하는 구심점이 됐다.

구글 또한 박사 학위 논문의 일부에서 탄생했다. 그 논문은 미국 정부의 지원을 받았고 결국 3,500달러짜리 회사로 거듭났다. 정부가 박사 학위 논문을 지원하고 아이디어를 상용화하면서 엄청난 일자리를 창출한 것이다. 2010년 미국 대학에선 657개의 상품과 4,264개의 특허가 나왔다. 특허 로열티보다 더 중요한 것은 대학이 사회적인 번영에 기여하고 있다는 것이다.

"창조경제를 달성하는 가장 빠른 방법은 대학 중심의 신생 기업 커뮤니티를 만드는 겁니다." 레지스 켈리 미국 QB3 회장이 제시한 '창조경제' 팁이다. 그는 "대학이 갖고 있는 연구역량을 창업으로 연결시킨다면 엄청난 부가가치가 생길 것"이라며 "이젠 대학이 국가 경제를 위해 진화할 시간"이라고 말했다. QB3는 캘리포니아주립 3개 대학(UC샌프란시스코, UC버클리, UC샌터크루즈)이 함께 만든 대학기술지주회사다.

켈리 회장은 대학생들이 각자 갖고 있는 연구역량을 서로 연결해 시장에서 펼칠 '장'을 만들어주는 것이 대학의 중요한 역할이 됐다고 설명했다. 그는 "창업 팀 구성은 물론 시장 분석, 공간 임대 지원 등을 통해 창업을 촉진할 수 있다"고 설명했다. QB3는 대학 지원을 통해 6년간 140개의 창업과 400여 개의 일자리, 1억 5,000만 달러의 투자를 만들어냈다.

프라딥 코슬라 미국 UC샌디에이고대 총장도 "정부가 대학의 아이디어를 상용화해 지역의 일자리를 창출해낼 수 있다"고 주장하며, 구글을 대표적인 예로 들었다. 현재 수천 개의 일자리를 만들어낸 구글 또한 대학 박사 학위 논문에서 시작됐다는 것이다. 그는 "미국에선 대학이 인재와 자원을 지역으로 유치하는 구심점"이라고 강조했다.

게르하르트 슈미트 스위스 취리히연방공대(ETH) 부총장도 "스위스는 기후 변화와 에너지 부족 등 대부분의 사회 문제를 해결하는 데 대학을 동원하고 있다"고 말했다. 대학이 부가가치를 창출할 수 있는 유망 분야로는 빅데이터와 e러닝, e헬스 등을 꼽았다.

| 강연 | ❶
대학은 인재와 자원을 유치하는 구심점이다
프라딥 코슬라(UC샌디에이고대 총장)

"대학의 인프라로 무엇을 해야 하나?" 2차 세계대전 종전 직후 루즈벨트 미국 대통령은 그의 과학 자문에게 이렇게 물었다. 그의 과학 자문은 "대학은 인류의 발전을 위해 공헌해야 한다"고 답했다. 대학의 인프라로 과학을 발전시켜 인류의 번영을 이끌어야 한다는 것이다. 미국은 2차 세계대전이 일어나고 나서야 대학이 경제발전에 기여할 수 있다는 점을 깨달았다. 미국에서 대학에 대한 관점이 달라진 게 바로 이때부터다.

이후 미국 대학들은 교육뿐 아니라 연구를 통해 지식을 창출하는 역할을 맡게 됐다. 변화의 주체로 자리 잡은 것이다. 미국은 끊임없이 부를 발생시켰다. 미국의 부는 국경을 넘어 흘러가 전 세계의 많은 사람들을 부유하게 했다. 아시아 국가의 발전에도 미국의 연구개발(R&D) 투자가 큰 기여를 했다.

미국의 지방자치단체장들은 교육이 지자체 경제발전의 핵심이라고 생각하고 있다. 실리콘밸리를 생각해보면 쉽게 이해할 수 있다. UC샌프란시스코대 없이 실리콘밸리가 발전할 수 있었을까? MIT와

프라딥 코슬라 "미국 대학은 누구나 도전할 수 있는 지식 중심의 '평등주의' 문화를 갖고 있다."

하버드가 없는 보스톤, UC샌디에이고가 없는 샌디에이고를 상상할
수 있는가? 대학의 발전이 지역 경제발전의 동인으로 작용했기 때문
이다. 일자리 창출은 원래부터 대학의 주요목표는 아니었지만, 지금
은 주요 사명 중 하나로 자리 잡았다. 현재 대학은, 인재와 자원을 유
치하는 구심점이 됐다.

　UC샌디에이고의 목표도 대학생과 석·박사과정 학생들을 통해
지식을 만들어내고, 이 지식으로 지역의 경제발전에 기여하는 것이
다. 샌디에이고는 1년에 73억 달러의 수입을 얻는데 이중 3분의 1이
주정부 지원금이다. 이를 통한 대학 내 프로젝트 수만 2,600건이다.
특허출원건수는 1,600건이나 된다. 2011년 특허 로열티 수입만
1,800만 달러 규모다. 아주 많은 액수는 아니지만, 이 지역 내에서
많은 기업을 세우는 데엔 큰 기여를 하고 있다. UC샌디에이고에서

분사한 기업은 총 650개다.

구글 또한 박사 학위 논문의 일부에서 탄생했다. 그 논문은 미국 정부의 지원을 받았고 결국 3,500달러짜리 회사로 거듭났다. 정부가 박사 학위 논문을 지원하고, 아이디어를 상용화하고, 엄청난 일자리를 창출한 것이다. 다른 국가들이 이러한 미국 대학의 이 같은 특징에 관심 갖는 게 놀라운 일은 아니다.

2010년 미국 대학에선 657개의 상품과 4,264개의 특허가 나왔다. 특허 로열티보다 더 중요한 것은 대학이 사회적인 번영에 기여하고 있다는 것이다. 대학은 일자리를 창출해 부가가치를 만든다. 가장 중요한 것은 대학의 문화다. 미국 대학은 누구나 도전할 수 있는 지식 중심의 '평등주의' 문화를 갖고 있다. 예컨대 총장이 교수에게 일방적인 지시를 할 수 없다. 교수들은 각자 자신이 하고 싶은 연구를 한다. 총장의 주된 역할은 교수들과 지자체 간의 협력을 이끌어내는 것이다.

협업이 성공요인이다. 샌디에이고에는 유명한 바이오산업 클러스터가 있다. 이 클러스터엔 미국 최고의 연구소가 포진해있다. 예전 군 기반 도시에서 바이오 도시로 전환한 것이다. 샌디에이고의 바이오 분야 일자리는 10년간 매년 2배씩 늘어났다. 군수산업 의존도는 낮아지고 하이테크산업 의존도가 높아졌다.

이제 대학은 창출한 기술을 기업에 의존하는 역할뿐 아니라, 정책 차원에서 지원을 받아내는 컨소시움이 됐다. 고급 인력들을 지속적으로 교육할 수 있는 기관이기도 하다. 샌디에이고에서만 이러한 혁신이 일어난 것은 아니다. 모든 국가에서 이러한 대학과 지역의 협력이 일어나야 한다.

프라딥 코슬라

의공학분야 세계 3위권 대학인 UC샌디에이고의 발전을 이끈 인물이다. 특히 대학과 지역사회와의 접점을 찾아 지역 경제를 부흥시키는 데 큰 역할을 했다. 이전엔 카네기멜론대에서 공학부 학장으로 오랫동안 근무했다. 당시 음파탐지기를 장착한 성냥갑 크기의 로봇 '밀리봇'을 개발, 전 세계적인 주목을 받았다.

 | 강연 | ❷

대학 중심의 기업 커뮤니티 구축

레지스 켈리(QB3 회장)

200년 전 개구리의 모습을 생각해보자. 지금의 모습과 크게 다르지 않을 것이다. 그러나 인간이 사는 모습은 200년 전과는 완전히 달라졌다. 종별로 진화속도가 다르다는 얘기다. 대학도 마찬가지다. 각 대학마다 변하는 속도가 다르다. 대학이 달라지고 싶다면, 인간처럼 빠르게 진화해야 한다. 진화는 꼭 발전만을 의미하지는 않는다. 그 과정에서 실수를 하고, 그 실수를 회복하기도 하는 것까지 포함한다.

우리는 항상 사회문제를 해결하고 싶어 한다. 가난, 지구온난화, 여성권리 등 문제를 풀고 싶어 한다. 이를 위해선 평소에 함께하지 않는 사람들이 협업해야 한다. 일반적으로 대학의 각 전공자들이 협력을 하는 것은 쉽지 않다. 대학이 전공별 전문화를 강조하면서 인력들은 자신의 전공분야에 대해서만 잘 알 뿐 사회전반에 대해 생각할

레지스 켈리 "창조경제를 만드는 가장 경제적인 방법은 대학 중심의 기업 커뮤니티를 만드는 것이다."

시간은 점점 줄어들고 있다. 학문계가 파편화돼 있는 것이다. 이를 통합하는 것이 과제다.

내가 회장을 맡고 있는 QB3는 캘리포니아대가 만든 기관이 아니다. 캘리포니아주가 만든 기관이다. 주 네트워킹과 통합하여 경제성장을 촉진하기 위해 만들어진 것이다. 3개 대학 220개의 연구실이 QB3란 이름으로 모여 사회문제를 해결하고 있다.

QB3 대표연구 몇 가지를 소개하겠다. 몇 년 전엔 바이오연료 연구를 위해 물리학자와 분자생물학자, 경제학자가 모였다. 매년 5,000달러씩 지원받고 바이오 연료를 다학제적으로 연구하기 위해서였다. 노화에 대해서도 연구했다. 보통 50대가 되면 관절염, 암, 당뇨 등 건강문제가 생긴다. 만약 노화 과정을 5~10년 늦출 수 있다면 주요 질환의 발병률을 낮출 수 있을 것이다. 재생 치료 연구를 위해 36명의 교수를 모았다.

연구 과정에서 젊은 쥐와 나이든 쥐를 실험했다. 두 쥐의 피를 섞어보니 나이든 쥐의 해마가 건강해졌다. 젊은 쥐의 피를 통해 해마 줄기세포가 복제되고 재생된 것이다. 젊은 동물에 있는 피에서 무언가 성분을 추출해서 재생가능하게 만들자는 아이디어를 얻었다. 재생을 통해 노화 세포를 제거함으로써 노화 과정을 늦출 수 있다는 사실을 알아낸 것이다.

심각한 수술 이후 후유증을 줄이는 방법도 QB3가 고민했던 이슈다. 보통 심장 수술 이후 인지 능력이 떨어질 가능성은 80%나 된다. 고관절 수술은 30%가 인지 장애를 겪는다. 쥐 연구를 통해 이러한 수술 후 장애가 노화 문제와 연결돼 있다는 사실을 알아냈다. 수술 후 재생치료가 가능해진다면 엄청난 사회적 비용을 줄일 수 있다.

QB3는 어떻게 이러한 연구를 하고 결과를 얻을 수 있었을까? 여러 다른 학제를 상호작용시키는 게 첫 번째다. 또 사회 기여를 위해선 대학도 민간기업과 함께해야 한다. QB3는 대학 3곳의 연구물을 기업과 공유한다.

예컨대 제약업계는 대학과 협력하려 하고 있다. 보통 1차 임상실험 10가지 중 8~9가지는 실패한다. 제약업계도 마찬가지다. 이를 위해 제약업계는 조직생물학과 조직화학 등 학계와의 협업을 늘리려 한다. 현재 QB3는 화이자와 2,000만 달러짜리 프로젝트를 진행 중이다. 화이자 직원들과 QB3 과학자가 협력해 파트너십을 만든 것이다.

대학은 신생기업과도 잘 어울린다. 대기업은 점진적인 혁신을 원하지만 이노랩에서는 파괴적인 혁신을 추구한다. QB3는 신생기업에 여러 도움을 줬다. 대표적인 게 '스타트업인어박스'라는 툴이다. 아이디어를 가진 학생들이 창업하는 것을 도와주는 것이다.

15명 정도가 창업할 것이란 예상과 달리 지난 2년간 140개 기업이 스타트업인어박스로 탄생했다. 이 프로젝트로 많은 학생들이 창업을 원하고 있다는 사실을 알게 됐다. 창업을 도우면 창업이 늘어난다. QB3는 멘토링을 통해 시장파악을 돕고, 연구실을 원하는 학생이 있다면 작은 공간도 임대해 준다. HP와 구글도 차고에서 시작했다. 일명 '가라지 네트워크'다. 이 프로젝트로 400개의 일자리가 생겨났고, 1억 5,000만 달러의 투자를 유치했다.

창업엔 자금도 필요하다. QB3가 벤처캐피털을 만든 이유다. 지분투자를 받아 가난한 사람도 창업할 수 있도록 도왔다. 대기업들도 우리 벤처캐피털의 투자를 원할 정도다. 그만큼 벤처캐피털의 자문단이 잘 조성돼 있다. 많은 사람들의 재능기부로 이뤄진 것이다.

예전 샌프란시스코만은 낙후된 지역이었다. 버려진 공간에 노숙자들이 모여들었다. 여기서 QB3의 가라지 네트워크를 시작했다. 신생기업이 만들어지고, 대기업은 이곳으로 오고자 했다. 학문적 지원을 원했기 때문이다. 벤처캐피털도 들어오기 시작했고, 서비스 회사도 입주했다. 정부도 관심을 가지기 시작했다.

전 세계 다른 국가들도 이 같은 혁신적인 체계를 벤치마킹하러 오고 있다. 창조경제를 만드는 가장 경제적인 방법은, 대학 중심의 기업 커뮤니티를 만드는 것이다.

| 강연 | ③

지속가능한 사회를 연구하는 대학

게르하르트 슈미트(스위스 취리히연방공대 부총장)

스위스의 인구는 이스라엘과 비슷한 803만 명이다. 서울시 인구보다도 적다. 그런데 경쟁력과 혁신 측면에서 세계 1위다. 도시들 다수가 삶의 질, 생활 편리성에서 두각을 나타내고 있다. 국가 브랜드도 1위다. 스위스에선 2차 세계대전 전부터 국가의 상업화를 돕는 기관이 있었다. 이 기관은 공학과 자연과학, 건축 등 국가 경제를 위해 연구를 했다. 제2차 세계대전이 끝나고, 스위스는 사회과학 연구에 눈을 돌렸다. 지속가능한 사회를 만들기 위해서였다. '2050년엔 어떤 일이 벌어질까'를 생각하게 됐다. 인구는 부족했지만, 이러한 사고를 할 수 있는 싱크탱커들은 많았다.

2050년 비전을 살펴보면 여러 가지가 있다. 교육과 보건에 대한 접근성 강화, 중산층 강화, 농업생산성 매년 1%씩 높이기, 천연자원 효율성 강화, 생태계 다양성, 이산화탄소 절감 등이다.

취리히연방공대(ETH)는 연방정부 기반 대학이다. 우린 기술과 정책 측면에서 사회적 문제를 해결하기 위한 연구를 하고 있다. 원전을 폐쇄한 이후 에너지 대안을 마련하는 것도 우리의 목표 중 하나다. 가뭄으로부터 스위스를 보호하고, 도심 공해 감소, 지하 이산화탄소 규제 근거를 마련하는 것도 우리의 목표다. 유전자변형식품과 대기오염 모니터링 컨트롤, 기후변화에 대처하는 것 모두 지속가능한 도

게르하르트 슈미트 "대학이 발명한 혁신을 시장화하는 것이 중요하다."

시를 만들기 위해 중요하다.

스위스는 이를 위해 대학을 동원하고 있다. ETH는 국제화된 대학이다. 1855년 처음 설립됐을 때부터 외국인 교수 비율이 50%였다. 한국은 물론 일본과 중국, 미국 대학들과 공동 연구하고 있다. 학생 중 70%는 유학생이다. ETH의 글로벌 전략이다.

취리히는 은행의 도시로 알려져 있다. 하지만 사실은 창의산업에 기여하는 사람들이 더 많다. GDP의 5%가 창의산업에서 나오고 있다. 디즈니의 해외 연구소도 취리히에 있다. 대학이 발명한 혁신을 시장화하는 것이 중요하다. 역량을 높이고, 연구와 혁신을 가속화하는 것이다. ETH의 지원을 통해 1996년 이후 269개의 기업들이 탄생했다. 이중 80~90%는 5~6년 뒤에도 살아남았다. 8,000만 달러 이상 매출을 올리고 있는 회사도 있다. 2010년~2013년 사이 80개의 특허가 나왔다. 또 지구 북반구에서 개발된 과학 공학이 남반구로 이전돼야 한다. 지금 북반구에선 적용하기 어려운 프로젝트가 있다. 북반구에선 인구가 늘고 있지 않기 때문이다. 그러나 앞으로 남반구에선 도시화가 많이 진행될 여지가 있다. 앞으로 50~60년 동안 적도주변과 남반구에선 도시 내 개보수와 건물 구축 등이 많이 이뤄질 것이다. 지난 4,000여 년간 지어진 건물보다 향후 40년간 지어질 건물이 더 많다. 이 과정이 제대로 이행되지 못하면 빈곤, 교통, 주거문제가 엄청날 것이다. 이를 위해 도시 시스템을 이해하는 전문가가 모여야 한다. 이렇듯 미래에 대한 대비를 할 수 있는 프로젝트를 만들어야 한다. 대학이 국가 발전에 기여할 수 있는 또 다른 분야는 빅데이터다. e러닝과 e헬스 부문에서도 많은 기업들이 탄생하고 있다. 신체 포즈를 포착하는 시스템, 안면인식, 아바타 개발 등도 유망하다.

 게르하르트 슈미트

도시공학 분야 전문가다. 정보콘텐츠를 체계화해 제공하는 '정보건축'을 제시해 유비쿼터스, 지속가능성 등의 개념을 도시에 접목시켰다. 취리연방공대(ETH) 교수를 역임했으며 싱가포르 ETH센터의 부소장이기도 하다. 2010년부터 싱가포르 ETH센터의 개설과 발전을 이끌고 환경 지속가능성에 대해 연구해왔다.

| 토론자 |
게르하르트 슈미트(스위스 취리히연방공대 부총장), 레지스 켈리(QB3 회장),
프라임 코슬라(UC샌디에이고대 총장)

▶ 청중 1: '대학 지식의 활용'이란 측면에서 개도국에 조언해줄 점이 있다면?

▶ 슈미트 부총장: 벤처기업 중 80%가 단지 3개국에서 만들어지고 있다. 이건 문제가
있다. 도시와 농촌 간의 균형을 맞추는 게 상당히 중요하다. 특정한 도시, 산업이 지
배하는 게 아니라, 농촌지역과 도시지역 간의 균형이 있어야 한다. 에티오피아, 나이
지리아, 자카르타, 미얀마 양곤에서 도시화 프로젝트가 진행 중이다. 어떤 국가를 가
더라도 전문가들이 기여하고 있다는 점을 알아달라. 한 국가의 성공모델을 바로 적
용하긴 어렵지만, 조정과 적응 과정 후엔 개도국에 선진국 모델을 이식할 수 있다.

▶ 켈리 회장: 말레이시아와 협력을 진행 중이다. 현재 말레이시아 환경은 벤처캐피털
유치 등 생태계가 만들어지기 어렵다. 그러나 미국에서 말레이시아인들을 트레이
닝한 후 고국으로 돌아가게 하는 것은 가능한 방법이다. 이러한 생태계가 만들어
지기 전엔 다른 국가의 시스템을 활용할 수도 있다.

▶ 코슬라 총장: 미국 카네기멜론대에서 30년간 근무했다. 당시 공대 학장으로서 가
장 잘 한 일은 르완다에 캠퍼스를 만든 것이다. 미국의 대학원 시스템은 세계 최
고다. 학생을 가르치는 방식은 물론, 정부 정책과 투자, 산업계와 연계시키는 시
스템 모두 최고다. 미국의 시스템이 르완다에 전해졌을 것이라 생각한다.

▶ 청중 2: QB3 프로젝트는 똑똑한 사람을 한 팀으로 모으고 있다. 이들 사이에서 어떻게 팀워크를 만들어내나? 인센티브 때문인가, 문화 때문인가?

▶ 켈리 회장: 문화가 중요하다. 예를 하나 들겠다. 그동안 생명과학자들 사이에선 제약회사가 사회의 악이란 인식이 있었다. 하지만 어리석은 얘기였다. 만약 대형 제약회사에 윤리적인 문제가 있다면 우리(과학자)가 바꿔줄 수 있지 않나? 그런 식으로 생각해야 한다.

▶ 청중 3: 이미 만들어진 도시에선 어떻게 해야 하나? 구도시를 버리고 새로운 도시를 만들어야 하나?

▶ 슈미트 부총장: 기존 도시도 재건축이 필요할 수 있다. 북반구 전략을 신흥국가에 그대로 적용한 곳들이 있다. 그래선 안 된다. 지난 20~30년간 범해온 오류인데, 이를 중단해야 한다. 동남아를 비롯한 아프리카 중남미는 기존 도시의 지속가능성을 높이기 위한 노력을 해야 한다. 신흥도시에선 북반구 이상의 이산화탄소 배출을 하지 않도록 만들어야 한다.

▶ 청중 4: '지속가능한' 개발은 확장보다는 수축을 의미한다고 생각하는 사람들이 많다. 일자리도 줄어든다고 생각한다. 지속가능한 개발이 정말 새로운 기회를 제공할 수 있을까?

▶ 코슬라 총장: UC샌디에이고는 지속가능한 캠퍼스다. 사용하는 전기의 90%를 직접 발전한다. 25개 학생단체가 이에 집중하고 있다. 지속가능한 체제를 도입하는 것은 삶의 수준을 낮추지 않는다.

▶ 슈미트 부총장: 지속가능성은 자원의 사용을 줄이는 것만이 아니다. 에너지는 어떻게 쓰는지가 더 중요하다. 취리히에선 젊은이들의 운전면허 보유 비율이 떨어지고 있다. 오염을 덜 시키고, 자원을 덜 쓰는 제품이 인기를 얻는 것이다.

청년취업 3대 천국-독일과 스위스, 싱가포르의 비결

국제노동기구(ILO)가 올해 4월에 발표한 글로벌 실업률 추이에 따르면 전 세계 실업자는 2억 명을 약간 넘는데 그 가운데 청년층(15~24세)이 7,340만 명(36.4%)을 차지하고 있다. 청년 실업률(12.6%)이 전체 실업률(6.0%)보다 2배 이상 높다. 한국도 지난해 통계에 따르면 청년층 실업률이 9.0%로 전체 실업률(3.2%)에 비해 3배 가까이 높다. 유럽연합의 청년실업률(22.6%)보다 낮지만 결코 안심할 수 없다.

그런데 오스트리아(8.7%), 독일(8.2%), 스위스(6.1%) 등은 유럽국가 가운데 상당히 낮은 실업률을 나타내고 있다. 이들 국가는 대학 진학보다는 직업교육에 활발히 참여하고 일과 학습을 병행하는 견습생 제도(apprenticeship)가 발전했다는 특징을 갖고 있다. 특히 기업과 시장경제에 부합하는 교육과정을 운영한다는 점에서 다른 유럽 국가들과 상당히 다르다.

〈글로벌 인재포럼 2013〉의 마지막 기조세션에서는 독일과 스위스, 싱가포르 등의 청년실업이 낮은 비결을 집중적으로 탐구했다. 크리스티안 레트메이 유럽직업훈련연구센터 원장은 "독일, 오스트리아, 스위스의 청년실업률이 낮은 것은 견습생 제도가 잘 되어 있기 때문이기도 하지만 무엇보다도 시장과 연계된 자격제도를 잘 갖춘 덕분"이라고 소개했다.

우르슬라 레놀드 스위스경제연구소 비교교육시스템 연구본부장도 "스위스는 교육제도와 고용제도 사이의 연결고리가 매우 강하며 산업별 협회와 학교가 긴밀한 파트너십을 유지하고 있다"고 강조했다. 그는 또 "스위스 직업교육 비용의 상당 부분을 기업들이 부담하는데 이는 기업들에게도 이익이 되기 때문"이라고 덧붙였다.

찬리먼 싱가포르 난양폴리테크닉대 학장은 기업이 충분히 성장하기 이전에 대학 중심으로 견습생 제도를 운영한 싱가포르의 사례를 소개하며 앞으로는 평생교육도 강화할 것이라고 소개했다.

 | 강연 | ❶
효과적인 견습생 제도가 청년실업률을 낮출 수 있다
크리스티안 레트메이(유럽직업훈련연구센터 원장)

견습생 제도는 유럽 내에서 상당히 우선순위를 차지하고 있다. 유럽의 경우 고령화 사회를 준비하면서 청년실업이 이렇게 문제가 된 적이 많지 않았다. 유럽에서 견습생 제도는 청년실업에 큰 도움이 된다고 많은 사람들이 인정하고 있다. 때문에 견습생 제도와 관련된 다양한 정책들이 새로 도입되어 있다. 이를 통해 청년실업률이 떨어지는 것을 볼 수 있다.

왜 일부 국가가 다른 국가보다 성과가 더 좋은지에 대한 단 하나의 정답이 있는 것은 아니다. 그러나 독일, 오스트리아, 스위스의 제도는 다른 국가의 제도와 근본적으로 차이가 있다. 다른 국가에서는 견습생 제도가 제 기능을 못하는 경우가 많다.

지속적으로 새로운 변화에 제도를 맞춰가는 것도 하나의 강점이

크리스티안 레트메이 "학교나 견습생 제도를 통해 취득한 자격증에 대해서 동등하게 인정해주는 분위기가 필요하다."

될 수 있다. 교육기관들은 예를 들어 서비스에 대한 수요가 높아지면 더 많은 지원을 받는다. 이것은 민간기관뿐만 아니라 공공기관도 마찬가지다. 이와 같은 관계는 일방향적 관계는 아니다. 왜냐하면 교육에 대한 투자는 기회로 이어지고 이런 기회는 수요로 이어지기 때문이다. 결국 다양한 직업교육과 견습생 기회를 제공하는 것 자체가 개인들이 견습생 제도를 채택할 수 있는 가능성을 높인다는 의미를 갖는다. 시장에 맞는 자격제도를 갖춰야 적절한 일자리를 얻을 수 있다. '시장과의 관련성'이라는 것은 고용주의 입장에서 자격증을 중시하는 분위기다.

예를 들어 자격증의 경우 학교에서 취득한 자격증과 견습생 제도를 통해 취득한 자격증에 대해서 동등하게 인정해주는 분위기가 필요하다. 일을 하며 배우는 것이 고용주들의 입장에서는 실질적으로 훨씬 효과적이고 고용주는 이러한 일 경험을 상당히 높이 평가한다. 견습생 제도는 학습자가 계약관계를 고용주와 맺는 것을 의미한다. 그리고 계약의 일환으로 고용주는 견습생을 훈련시켜주고, 견습생은 훈련을 따르고 함께 일도 하도록 계약관계를 맺는다. 그리고 견습생들은 직업훈련학교에 등록이 된다. 그래서 독일의 제도는 이중제도라고 볼 수 있다. 보통 3년 정도 견습생 기간을 겪는데 그 기간이 지나면 자격을 취득하게 된다. 대부분의 경우 견습생은 일주일의 3~4일을 회사에서 보내고 1~2일은 학교에서 보낸다. 학교와 회사의 연결이 견습생 제도의 중요한 차별화 지점이라고 볼 수 있다. 인턴십과 차별화되는 부분이다.

오스트리아의 직업교육기관은 약 250개 정도 있다. 상당히 다양한 직업을 포함하고 있고 노동시장의 변화를 항상 반영한다. 오스트리아는 독일에 비해 학교 중심의 직업교육이 유지되고 있다. 독일이나 오스트리아 모두 청년 실업률을 낮게 유지하는데 오스트리아 또한 학교 중심이더라도 회사와 잘 연계돼 있기 때문이다.

평균적으로 독일에서 견습생 제도를 처음 시작하는 사람의 연령은 20살이다. 1993년만 하더라도 18.5세였고 오스트리아의 경우는 평균 16~17세 정도다. 오스트리아 경우 중등교육, 즉 의무교육을 마친 사람을 대상으로 하고 있기 때문이다. 그렇지만 오늘날 중등 의무교육을 독일에서 마친 이후 바로 견습생으로 들어오는 것은 3분의 1밖에 되지 않는다. 오늘날 10.3%만이 16세. 43%는 고등학교를 졸업하고 온 경우고 20% 이상은 대학입학까지 학력을 갖춘 사람들이다. 또한 8.3%는 24~40세 사이라는 통계도 있다. 이 그룹은 아직은 작지만 점점 늘어나고 있다. 2010년에는 40세 이상이 1,000명인 경우도 있었다. 독일의 견습생 제도는 성인의 직능을 높이는 데 중요한 역할을 하고 있다.

마스터가 된다는 것은 새로운 직업의 기회를 열어주는 것이고, 이로 인해 창업을 하는 길이 열리기도 한다. 마스터는 독일에서 상당히 높이 평가받고 있는 타이틀이다. 이것은 국가 자격제도에 있어 6급으로 평가받고 있다. 학사학위와 같은 등급이다.

유럽연합(EU) 회원국 중 그리스나 스페인처럼 청년 실업률이 높은 국가들의 경우는 직업교육을 다른 교육보다 낮게 평가하는 분위기가 있다.

견습생 제도가 효과적으로 각 국가에서 적용되는지도 스위스 국제경영개발원(IMD)의 세계경쟁력지수 산정에 포함된다. 전 세계적으로 5,000명의 비즈니스 리더에게 적용하는 설문조사다. 독일, 스위스, 오스트리아의 경우 이 답변에 대한 비율이 높다. 이것은 기업 임원들이 견습생 제도를 높이 평가하고 있기 때문이다. 견습생 제도를 채택하는 기업들은 일반적으로 직원들의 훈련에 힘쓰는 기업이다. 보다 나은 학습 환경을 제공하는 기업들이다. 이러한 방법을 통해 혁신을 도모하게 되는 것이다.

마지막으로 견습생 제도는 기업의 규모와도 상관관계가 높다. EU 전체로 봤을 때 기업의 25%가량이 견습생을 훈련시키고 있다. 독일 기업들이 평균적으로 다른 EU 국가의 기업들보다 규모가 크다는 것 자체가 견습생 제도의 강점이 될 수 있다. 그렇기 때문에 독일 같은 경우는 실제 견습생 제도를 채택하고 있는 기업의 비율이 60%를 넘어선다. 10명 이하의 기업이 대다수인 경우엔 견습생 제도를 운영하는 데 상당히 어려움을 겪고 있다. 독일에서도 10인 이하 기업에서는 견습생 제도를 운영하는 게 어렵다. 또한 견습생 입장에서도 대기업이 운영하는 견습생 제도를 선호하기 때문에 작은 기업들이 견습생을 유치할 때 어려움을 겪는 게 사실이다.

 크리스티안 레트메이

오스트리아 비엔나경제대에서 경영학과 경제학 학사학위를 받았다. 풀브라이트 장학생으로 미국 일리노이주립대 얼바나샴페인캠퍼스에서 직업·기술교육으로 석사학위를 받았다. 헤른스테인 경영·리더십 연구소, 비엔나 소셜아카데미, 와이파이빈 계속교육연구소, 비엔나대, 인스브루크대 등에서 강의를 했다. 사회경제학과 경영학을 바탕으로 연구를 한다. 정책중심적 연구과 다양한 자문그룹 간의 연계를 통해 유럽 각국의 정책 발전에 기여했다. 자문회사와 수출입회사를 운영하는 기업가이기도 하다. 오스트리아 중소기업연구소에서 1985~1994년 부소장을, 1994~2001년 소장을 지냈다. 2001년 유럽연합 집행위원회의 기업·산업정책부(DG ENTR)에서 각국의 기업정책과 기업경쟁력에 대해 연구했다. 2005년부터 유럽직업훈련연구센터(CEDEFOP)에서 부원장으로 일하다가 2010년 원장으로 승진했다.

 |강연|❷
열정과 꿈으로 모든 사람들이 평가받는 시대를 만들어야
우르슬라 레놀드(스위스경제연구소 비교교육시스템 연구본부장)

스위스 직업교육훈련(VET)이 갖고 있는 비결을 말하겠다. 스위스는 청년실업률이 낮은 지역 중 하나다. 통계에 따라 다르지만 현재 스위스 청년실업률은 3.5%로 나오고 있다. 사실 스위스는 청년실업률과

우르슬라 레놀드 "열정과 꿈을 기반으로 해서 모든 사람들이 평가받는 시대가 열리길 원한다."

성인실업률이 비슷한 수준이다. 하지만 한국 같은 경우는 청년실업률이 성인실업률에 비해 3배 정도 높다.

교육제도의 ROI(투자수익)를 살펴보자. 교육에 얼마나 투자하고 그를 기반으로 평생 얻게 되는 보수는 얼마나 되는지 비교해보자는 의미다. 직업교육은 ROI가 상당히 높은 수준이다. 기능공 등은 대학교육을 받은 사람들에 비해 상당히 높은 ROI를 얻을 수 있다.

지금 구인구직자 가운데 미스매치가 존재하는 것은 상당히 문제가 되고 있다. 한국도 미스매치 문제가 있다. 스위스 같은 경우 미스매치 비율이 낮다. 교육을 통해 학생들이 얻게 되는 자격요건이나 스킬이 실제 시장에서 요구하는 것과 잘 맞아 떨어진다. 이는 다른 나라에서도 관심을 갖고 배웠으면 하는 것이다.

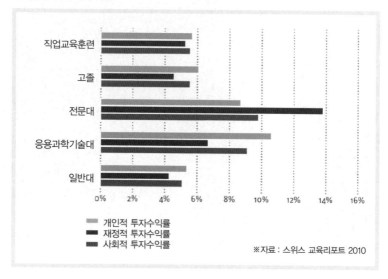

학교 단계별 투자수익률

직업교육훈련

고졸

전문대

응용과학기술대

일반대

0% 2% 4% 6% 8% 10% 12% 14% 16%

■ 개인적 투자수익률
■ 재정적 투자수익률
■ 사회적 투자수익률

※자료 : 스위스 교육리포트 2010

　노동시장 주도형 국가들의 상황을 살펴보자. 노동시장은 일단 어느 정도 자격요건을 요구한다. 스위스와 독일은 스킬이 높고 자격요건이 높으면 임금도 높다. 그러나 일부 국가들은 자격요건과 스킬이 낮고 임금이 낮다. 독일, 스위스 등 일부 국가에선 젊은이들이 직업 중심 교육을 받을 수 있도록 초점을 맞추고 있다. 독일과 스위스의 경우는 단지 기업들이 어떤 니즈를 가지고 있느냐에만 초점을 맞추지 않고 다방면적인 인재양성을 바라기 때문에 이론적인 지식 외에도 실제 실습 능력을 중요시한다.

　커리큘럼의 내용도 중요하다. 다양한 파트너들이 참여하는가가 상당히 큰 변수다. 스위스의 경우는 기업이 커리큘럼의 내용을 결정한다. 또 국가별로 커다란 차이가 있는 게 커리큘럼의 적용과 학습 환경이다. 학습 환경이 중요한 이유는 그것에 따라 원하는 결실을 얻을 수 있느냐가 구별되기 때문이다. 현장실습을 얼마나 많이 하느냐에 따라 큰 차이가 있을 수 있다. 현장학습도 매우 중요하다.

VET를 진행하기 위해서는 기본적인 이론이나 원칙들이 필요하다. 이론적이긴 하지만 실제 현장에서 적용해볼 수 있는 과제에 대한 실습도 필요하다. 낯설고 예측하지 못한 상황에서 대처하는 방법이 필요한데 그것을 잘 배양할 수 있는 장소는 결국 현장이다.

그리고 어떤 역량들은 머리와 몸으로 익히고 자신의 DNA에 녹이는 게 중요하다. 현장에서 여러 가지 스킬을 확보하도록 하는 게 중요하다. 교육제도를 바꾸는 것은 어렵지만 영국의 교육학자 마이클 새들러가 말한 것을 새겨볼 필요가 있다. "어떤 국가의 교육제도는 살아있는 것이다. 우리가 과거에 겪었던 투쟁과 어려움, 또 과거의 전투 및 싸움의 결과다. 그리고 그 교육 안에는 그 국가에 살고 있는 사람들의 업무와 관련된 비밀이 숨어 있다. 그리고 교육은 그 국가들이 가지고 있는 특징들을 보다 잘 보완하기 위한 노력을 담고 있다."

교육제도는 해당 국가가 가진 커다란 생태계 내에 속해 있는 요소다. 그리고 VET를 진행하는 데 있어 상당히 중요한 게 고용제도와 교육제도 간의 연결고리다. 스위스 같은 경우 교육제도와 고용제도 사이의 연결고리가 매우 강하다. 또한 중요한 것은 레트메이 원장이 지적했듯이 파트너십이다. 스위스는 여러 전문가 및 협회들과 선생님들 간의 파트너십이 매우 강하다. 때문에 어떠한 직업과 커리어 패스를 가는 것이 상당히 매력적으로 느껴진다. 스위스의 경우 70% 정도의 학생들이 이런 경로를 따라가고 있다.

스위스는 또 직업교육 비용의 상당부분이 기업들에 의해 부담 되고 있다. 기업이 VET에 대해 투자함으로서 얻을 수 있는 수익은 자신들이 지불한 비용보다 더 크다. 이것이 바로 기업들로 하여금 견습생들을 많이 훈련시킬 수 있도록 유도할 수 있는 동기이자 인센티브다.

이러한 모델에 참여하는 기업들은 상당한 이익을 얻게 된다. 기업에서 제공하고 있는 커리큘럼이라든지 교육훈련 프로그램에 대한 투자 등이 상당 부분 회수된다. 모든 직능분야에서 모두 비슷한 ROI를 얻게 되는 건 아니지만 3~4년 정도 시간이 지나면 대부분 업종에서 이러한 ROI를 얻게 된다.

지난 20여 년간 다양한 개혁과 시도들이 이뤄졌고 그것이 성공의 발판이 됐다. 따라서 나름대로 많은 실패도 해왔지만 그런 노력들이 밑거름이 돼서 오늘날 성공적인 VET 시스템을 갖춘 것이다. 관련 주체들이 함께 힘을 합쳐 노력한다면 성공을 거둘 수 있다. 미국에서 6개월간 일하면서 부모들이 항상 'VET는 필요하다. 그러나 우리 자식들은 시키고 싶지 않다' 는 이야기를 들었다. 이런 접근은 사회를 이분화 하겠다는 말밖에 되지 않는다고 생각한다. 제가 가지고 있는 꿈을 말하자면 어떤 사람이 받은 교육의 수준이나 교육 유형에 의해 그 사람을 판단하거나 평가하지 말고 그들이 자신의 업무에 대해 가지고 있는 열정과 꿈을 기반으로 해서 모든 사람들이 평가받는 시대가 열리길 원한다. 이번 포럼이 그러한 사고방식의 변화를 촉발시킬 수 있다면 정말 의미 있는 자리가 될 것이다. 그것을 바탕으로 다음 세대와 함께 새로운 시대를 열어갈 수 있다고 생각한다.

우르슬라 레놀드

스위스 취리히대에서 경제학, 사회학, 역사학으로 석사학위를, 베른대에서 사회경제학 박사학위를 받았다. 2010년부터는 독일 만하임에 있는 응용노동연구대에서 명예교수로도 일하고 있다. 1987년 스위스 취리히에 있는 아카드대에서 경제사회학 강사로 일하며 연구자로서의 첫발을 디뎠다. 아카드대는 스위스에서 가장 큰 사설 교육연구대학이며 다수의 중·고등학교 등을 거느리고 있다. 1990~1992년 아카드대의 경영대학장으로 일했으며 1994~1995년 스위스 연방공과대의 시니어팰로우를 지냈다. 2000~2005년에는 스위스 로잔에 있는 스위스직업교육대학(SPIVE)에서 강의를 했다. SPIVE는 스위스 연방직업·기술교육청(OPET)의 구성원이다. 2001년 OPET에서 부청장을 지냈으며 전문직업교육부 부장을 겸임했다. 이어 2005년 OPET 청장으로 승진해 지난해까지 일했다. 지난해부터 올해까지 미국 하버드대 대학원에서 박사 후 연구과정을 지냈다. 현재는 스위스 북부에 있는 응용과학·문학대 이사장과 스위스경제연구소 비교교육시스템 연구본부장을 겸임하고 있다.

 |강연|❸

평생교육훈련과 싱가포르의 국가경쟁력

찬리먼(싱가포르 난양폴리테크닉 학장)

싱가포르의 청년실업률은 2002년 6.7%다. 가장 낮은 국가 중 하나다. 싱가포르 초·중등교육은 의무교육이다. 이러한 의무교육을 통해 일반적인 지식과 살아가는 데 필요한 스킬들, 그리고 영어·수학·과학을 배우게 된다. 중등교육 이후 졸업자들은 세 가지 진로를 선택한다. 22% 가량은 기술 중심 교육을 받는다. 43%는 3년제 폴리텍대학에 다닌다. 이 두 개를 합하면 67% 가량이 된다. 폴리텍대학

찬리먼 "싱가포르가 갖고 있는 교육훈련제도에서 중요한 부분은 바로 평생교육훈련이다."

을 졸업한 이후 일반대학을 또 진학하는 경우도 있지만 이 사람들은 직업능력 훈련을 이미 받은 사람이다.

우선 폴리텍을 통해 제공하고 있는 프로그램은 수요 중심이다. 업계의 수요에 따라 업계에서 필요로 하는 인력을 배출하기 위한 프로그램들을 마련하고 있다. 난양폴리텍대학이 집중하는 분야는 실질적으로 경제에 기여할 수 있는 엔지니어링 기술, 경영, 화학, 생명과학 등 실제 경제에 도움이 되는 분야들이다. 두 번째는 독일이나 스위스, 오스트리아 등을 벤치마킹한다. 이런 국가들은 견습생 제도를 강조하고 있다. 싱가포르는 48년밖에 되지 않은 국가다. 산업화 초기 단계에서는 다른 나라로부터 배우고자 했고 독일도 그런 국가 중 하나였다. 그렇지만 동시에 프랑스와 일본의 제도 역시 검토했다. 과거 영국령 하에 있었기 때문에 영국의 제도 또한 살펴봤다.

싱가포르의 필요에 맞게 이들 국가의 제도를 적용했다. 당시 견습생 제도를 진행할 수 있는 싱가포르 기업은 없었다. 시간이 지나면서 대학 중심의 제도를 마련했다. 그런 제도를 통해서 일하는 환경과 유사한 환경을 교육기관에 만들었다. 많은 투자가 들어간 제도다. 병원의 모습을 그대로 캠퍼스에 옮겨와서 간호사 훈련을 실시하고 화학 공장 모습을 그대로 들여와서 기술자들을 훈련시켰다. 굉장히 많은 투자를 요하는 방법이다. 견습생 제도를 통해 회사에서 교육제도를 받게 하는 것이 아니라 회사가 준비되어 있지 않던 시절 이렇게 캠퍼스에서 훈련을 했다.

또한 산학협력을 강조했다. 이를 통해서 업계가 무엇을 필요로 하는지 이해할 수 있게 됐다. 난양폴리텍대 이사회에는 업계 이사들도 있고 기술 자문위원회를 통해 교과과정에 대한 자문도 한다. 어떤 인력을 업계에서 필요로 하는지, 또 어떠한 수업을 진행해야 하는지, 어떤 콘텐츠를 포함시켜야 하는지, 몇 명 정도의 인력을 배출해야 하는지를 배우게 됐다.

상당히 다양한 프로젝트도 진행되고 있다. 업계가 직면한 도전과제를 함께 해결해주고 이를 통해 현실적으로 어떤 어려움이 있는지를 학생들과 교사들이 함께 고민해볼 수 있다. 업계에선 우리와 학생에게 인턴십이나 장학금을 지원한다. 업계와의 교육훈련뿐만 아니라 여러 경제개발단체들과도 함께하고 있다.

교수진은 어느 정도의 학문적 자격을 요구하지만 동시에 업계의 경험이 있는지를 중요하게 생각한다. 대부분의 경우 5년 정도 업계 경험을 요구하고 있지만 교수진을 채용할 때 박사학위를 요구하지는 않는다.

때문에 교수들은 학생들의 좋은 멘토가 되면서 업계가 학생들에게 어떤 것들을 기대하는지 잘 전달할 수 있게 된다. 결국은 업계의 경험을 가진 교수진이 학생들에 대해 멘토 역할을 해주는 방법이다. 재학생들이 어느 정도는 모두 업계에 직접 참여하고 인턴십을 경험한다. 관련업계에 2개월 내지 6개월 동안 출근하면서 직접 경험한다.

일자리를 창출하기 위해선 경제 상황이 좋아야 한다. 고부가가치 투자를 유치할 수 있는 경제, 또 중소기업이 클 수 있는 경제, 계속해서 일자리 창출하고 고용기회를 만드는 경제를 유지하는 게 중요하다. 또 인력을 훈련시킬 때 수요공급이 잘 유지되어야 한다. 인력부 장관이 주관하는 위원회에는 산업부 장관, 교육부 장관, 그리고 경제개발 단체들이 함께 참여한다. 이 위원회는 업계 정보를 수집하고 업계에서 앞으로 어느 정도의 인력수요가 있는지 파악한다. 그리고 이것을 다시 입학 및 졸업 목표로 해석하게 된다.

싱가포르가 갖고 있는 전반적인 교육훈련제도에서 중요한 부분은 바로 평생교육훈련이다. 학교 졸업 이후에 취업을 위한 여러 가지 교육훈련 받은 이후에는 교육훈련이 안 이뤄지는 경우가 있다. 그렇지만 기술과 경제도 지속적으로 발전한다. 그렇기 때문에 이미 취업을 한 사람도 계속해서 더 많은 교육훈련을 통해 직능을 높일 필요가 있다. 싱가포르 인력개발청은 이런 평생교육 훈련을 제공함으로써 싱가포르 인력의 고용가능성과 경쟁력을 높이기 위해 2003년 설립됐다. 싱가포르 인력 스킬 자격이란 시스템도 마련했다. 특정 업계에서 일을 하는 사람들이 자신들의 직능을 업그레이드하고 자격을 부여받는 제도다.

사람들이 자연스럽게 평생교육에 참여는 것은 아니다. 싱가포르 사람들도 마찬가지다. 그렇기 때문에 평생교육을 받을 수 있도록 재정지원과 인센티브를 제공해줘야 한다. 예를 들어 개인이라든지 기업 직원들은 수업료의 10~20%만 자비로 충당한다. 나머지는 보조금을 지원한다. 훈련을 받는 사람들이 회사에 출근을 하지 못할 경우 결근에 대해서 월급을 보상받는다.

현재로서는 청년 기업가정신이 청년 실업률을 낮추기 위한 구체적인 전략은 아니다. 다만 앞으로 성장시키고 싶은 분야라고 말할 수 있다. 여러 기관이 이러한 활동에 참여하고 있다. 난양폴리텍대도 많은 혁신과 기업 활동을 장려하면서 재정지원, 맨토링, 그리고 인큐베이팅을 지원하고 있다. 모든 사람들이 기업인이 되는 것은 아니지만 모든 사람이 기업가정신을 갖추도록 하고 있다. 그리고 이러한 도전과제에 맞서 창업을 한번 해보겠다고 하는 사람이 있다면 그 다음 단계까지 가는 데 도움을 제공하고자 한다.

 찬리먼

싱가포르대에서 1984년 엔지니어링 석사학위를 받은 뒤 미국으로 건너가 스탠포드대에서 교육학으로 석사학위를 다시 받았다. 학위를 받은 뒤에는 모국으로 돌아가 폴리테크닉에 몸담았다. 1976년부터는 싱가포르폴리테크닉에서 강의 등을 했으며 1992년 난양폴리테크닉으로 자리를 옮겨 지금까지 일하고 있다. 난양폴리테크닉으로 옮긴 뒤 1992년부터 연구·학사 디렉터 겸 교무과장으로 일했으며 1998년부터 연구교감 겸 교무과장으로 승진했다. 2007년부터는 이 대학 학장으로 일하고 있다. 싱가포르 폴리테크닉의 학장은 한국으로 치면 대학 총장에 해당한다. 2002년 싱가포르 국경일 공공기관상(은 메달)을, 올해 싱가포르 전국노동조합(NTUC)에서 '커맨데이션 어워드(Commendation Award)'를 받았다. 지난해에는 영국 스털링대에서 명예박사 학위를 받았다.

미래 직업세계에서 요구하는 인재상

국내 직업의 종류는 약 1만 1,000여 개로 미국(3만 개), 일본(2만 5,000 개), 캐나다(2만 개) 등 선진국의 절반 수준에 불과하다. 고용정보원에 따르면 그나마 기술 발전과 사회 변화로 지난 10여 년간 1,300여 개 직업이 국내에서 새로 생겨났다. 화면을 통해 현실세계에 각종 정보 및 가상현실을 합성하는 증강현실 시스템을 개발하는 '증강현실전문가', 모바일기기에 사용되는 프로그램을 개발하고 유지·보수하는 '모바일프로그래머' 등이 새로 생겨난 대표적 직업인 반면 과거 TV 제조에 필요한 '브라운관검사관' 등의 직업은 기술 발전과 함께 소멸됐다.

기술이 더욱 발전하면서 직업의 변화 속도도 더 빨라진다. 직업교육으로 충분히 미래를 대비하기 어렵다는 얘기다. 〈글로벌 인재포럼 2013〉의 '미래 직업세계에서 요구하는 인재상' 세션에서는 직업교육 그 자체보다는 직업을 대하는 학생들의 자세와 마인드에 대해 교육하는 것이 더욱 중시된다고 지적하고 있다. 제이 로제프스키 미국 조지아대 교수는 "혁신이 생길 때마다 이를 뒤쫓아가는 직업교육을 시키기보다는 새로운 방법으로 사고하고 일하도록 가르치는 게 중요하다"고 말했다. 정답이 없는 상황에서 창의적으로 사고하고 의사결정을 하도록 돕는 것이 직업교육의 핵심이 되어야 한다는 설명이다.

미하엘 그룬트 한국 머크 사장은 리더의 역할을 강조하고 있다. 그는 "미래는 지금보다 더 불확실해지고 복잡해질 것"이라며 "리더는 모호함에 늘 대처해야 하고 자신의 비전을 부하들이 이해하고 공유해 목표를 달성하도록 해야 한다"고 강조했다.

새로운 방법으로 사고하고 일하도록 가르쳐야 한다

제이 로제프스키(미국 조지아대 교수)

현재 노동시장에 있는 사람들뿐 아니라 미래의 청년들이 성공을 위해 무엇을 준비해야 하고 학교와 공공교육은 어떻게 도울 수 있는지 말하겠다. 과거에 일을 한다고 하면 회사와 직원 간의 계약 관계였다. 신뢰를 바탕으로 평생 한 일자리를 유지했고 월급으로 생활할 수 있었다. 요즘은 40세 이전에 10여 개 일자리를 옮겨 다닌다고 한다. 50년 전과는 달리 빠르게 여러 일자리를 거치는 것이 주류가 되고 있다. 노동이 50년 후에는 어떻게 바뀔까? 기술발전으로 인해 우리는 의사도 필요 없고 나노로봇 하나가 몸속에서 치료하는 시대가 될 수도 있다. 물리적 땅이 없이도 식량을 생산할 수 있고, 생각하며 스스로를 복제할 수 있는 기계도 있을 수 있다.

3D 프린터는 두렵기도 하다. 이것이 있으면 빗이 필요할 때 소프트웨어를 넣고 기계로 만들 수 있다. 색이 마음에 들지 않으면 재사용해서 다시 만들면 된다. 빗 공장이 더 필요 없고 공장에서 집까지 운송하는 업체도 필요 없다. 직원들이 판매할 필요도 없다.

미래 직업의 모습은 불확실성과 변화다. 회사와 직원 간의 계약관계도 다를 것이다. 고용주가 나를 돕고 보호할 것이라 기대하기 어려울 것이고, 복지와 장기고용도 기대하기 어려울 것이다. 한 사람이 여러 회사에 동시에 취업할 수도 있다. 지금 가르치는 직능교육은

제이 로제프스키 "새로운 방법으로 사고하고 일하도록 하는 게 중요하다."

1~5개월 후에 해당 일이 없어지면 필요 없게 된다.

기술이 계속 발전하고 있기 때문에 변화는 폭발적이다. 과거에는 기술이 발전하면 이 기술로 직업이 없어지는 경우도 있었지만 기술로 인해 생긴 직업은 더 많았다. 하지만 최근엔 사라진 직업만큼 새로운 직업이 생기지 않는다. 그래서 점점 더 일자리가 줄어든다.

앞으로의 세상은 유연해지고 새로운 세상이 될 텐데 거기에서 살아가려면 어떻게 해야 할까? 무엇을 가르쳐야 할까? 우리가 할 수 있는 것 가운데 하나는 구체적인 직능 이상의 것을 가르쳐야 한다는 점이다. 직업 숫자가 늘어나면 직능교육 프로그램을 늘릴 수 있지만 이는 혁신이 생길 때마다 한발 느리게 따라가는 것에 불과하다. 이보다는 새로운 방법으로 사고하고 일하도록 하는 게 중요하다. 커리어 내비게이션, 혁신, 직업윤리 등 세 가지로 우리 교과과정을 정비해야 한다.

커리어 내비게이션은 유연성을 강조한다. 스스로 주도적으로 커리어를 개척해야 한다. 아주 어릴 때부터 커리어에 관심을 갖도록 하고 알려주고 경험하도록 하는 것이 커리어 내비게이션이다. 과거에는 직업윤리가 당연시됐다. 책임감, 주도적 활동, 팀워크, 지시를 따르는 것, 제시간에 일을 끝내는 것 등이다. 이제는 젊은이들에게 직업윤리가 필요하다고 가르쳐야 하는 시대가 됐다. 몇 주 전 맥도널드 매장에서 햄버거를 주문하려고 하는데 점원이 그냥 놀고 있었다. 시간이 확인이 되지 않고 데드라인이 없을 때도 스스로 시간 관리를 해야 한다는 것을 가르쳐야 한다.

혁신은 가장 중요하고 가장 어려운 주제다. 학생을 창의적으로 만들고 의사결정을 하도록 돕는 것이다. 박사과정 학생과 연구할 때 이들은 문제 해결을 어려워한다. A, B, C 중 정답이 있는 것이 아닌 상황을 어려워한다. 생각하는 것은 표준화된 시험으로 평가할 수 없다. 모든 사람에게 사고력을 가르쳐야 한다. 직업윤리도 마찬가지다. 현재 하는 것처럼 수학, 과학, 직업교육 등 교육 프로그램도 필요하지만 교육을 진행할 때 커리어 내비게이션, 혁신, 직업윤리에 중점을 둬서 가르쳐야 한다.

코닥은 디지털 사진의 기초를 만든 회사이지만 이를 발전시키지 않았다. 디지털 카메라가 필름 판매량을 줄일 것이라고 우려해서였지만 결국 파산해서 주당 5센트에 팔렸다. 변화를 하지 않겠다는 저항 때문에 코닥이 무너진 것이다. 교육계가 변화를 꺼리는데, 사회경제 변화에 발맞추고 직능교육도 빨리 변화시켜야 한다.

제이 로제프스키

가장 왕성하게 활동하는 직업교육 전문가 가운데 한 명이다. 미국 네브라스카대에서 1987년 교육과학 석사 학위를, 네브라스카대 링컨캠퍼스에서 1990년 철학 박사 학위를 받았다. 1990~1991년 일리노이주립대 어바나샴페인캠퍼스에 있는 직업ㆍ기술교육부에서 프로그램 디렉터 겸 객원조교수로 일했다. 1990년 들어 미국 조지아대로 자리를 옮긴 뒤 지금껏 이 대학에 몸담고 있다. 1991~1995년 미국 조지아대 직업교육부에서 조교수로, 1995~2000년 같은 대학의 같은 부에서 부교수로 일했다. 지난해부터는 이 대학의 직업ㆍ정보연구소에서 교수로 일하고 있다. 일찍이 연구자로서의 공로를 인정받아 지금까지 10개가 넘는 상이나 명예직을 받았다. 1993년 미국 직업교육연구소(AVERA)에서 '떠오르는 연구자상'을 받았고 1994년에는 미국 직업교육대학협의회(UCVE)에서 '젊은연구자상'을 수상했다. 1997년 조지아대 '뛰어난 학부생 강의 어워드'에서 입상하는 등 연구뿐만 아니라 강의에서도 두각을 나타냈다. 2011~2012년 조지아대 교육대학에서 '명성 있는 연구 멘토(Distinguished Research Mentor)'를 지냈다.

 |강연|❷

지식기반 시대에 필요한 직업능력

미하엘 그룬트(한국 머크 사장)

독일 제약사 머크는 머크 가문이 소유하고 있으며 1668년 창업해 335년이 된 기업이다. 전문 의약품과 일반의약품, 화학과 바이오 제품을 제공하며 독일의 히든챔피언 중 하나다. 머크는 기술력뿐 아니라 인재관리, 지식관리에도 탁월하기에 안정적 입지를 가지고 있다고 생각한다.

미하엘 그룬트 "미래의 리더는 지금보다 더 다이내믹하고 복잡한 환경에 대처할 수 있어야 한다."

기술기반에서 지식기반으로 기업이 바뀌고 있다. 지식에는 여러 측면이 있지만 'know why' 즉 '왜일까'를 아는 것이 중요하다. 공부를 통해 학습하는 것이나 무언가 작동했을 때 원리가 무엇인지 등의 이론들이 모두 여기에 속한다. 'know what'도 있다. 상품은 처음 의도와 달라진다. 3M사의 포스트잇 제품은 산업용 접착제를 다르게 활용한 제품이다. 목표는 달랐지만 이리저리 사용하다 우발적으로 새로운 제품을 만든 것이다. 'know how'는 지식에서 과소평가되고 있지만 이를 실행으로 배우는 것이다. 실험실이나 사무실뿐 아니라 창고와 공장에서도 나타난다. 이는 근로자의 머리와 손에 있다. 그래서 다른 기술보다 덜 중요하게 인식된다. 하지만 학습곡선에서 가장 중요한 동인이다. 이것이 얼마나 중요한지는 그것을 잃어봐야 안다. 숙련된 직원이 떠나면 어려움을 겪을 것이다.

이 세 가지 모두가 같이 작용해야만 한다. 이를 위해 이전보다 더 많은 협력이 필요하다. 머크가 연구하는 것 가운데는 업계의 관심 얻는 것도 있고 쓸 수 없는 것도 있다. 어떤 제품을 가장 효율적으로 합성할지는 책의 지식만으로 어렵다. 실제 실험실과 공장들의 'know what'을 필요로 한다. 지식은 연구소에만 만들어지는 것이 아니다. 커뮤니케이션을 통해 만들어진다.

리더가 필요로 하는 스킬들은 여러 지식을 잘 활용할 수 있어야 한다. 현재 매니저의 스킬과는 다르다. 미래에 대해 확실한 것은 하나다. 미래는 지금보다 불확실하고 복잡하며 더 모호해지리라는 것이다. 그러므로 미래의 리더는 지금보다 더 다이내믹하고 복잡한 환경에 대처할 수 있어야 한다. 관리와 리더십은 차이가 있다. 관리가 주어진 틀 안에서 하는 것이라면 리더십은 모호함에 늘 대처해야 하는 것이다. 자신의 비전을 사람들이 달성하도록 하는 것이다. 지식기반

 미하엘 그룬트

독일 도르트문트대에서 1994년 화학공학 석사학위를, 1997년 화학공학 박사학위를 받은 뒤 그해 독일계 의약·화학업체 '머크'에 입사했다. 머크에서 중요한 자리를 두루 거치며 빠르게 승진한 사내 핵심 인력 가운데 하나다. 입사 후 엔지니어링·기술개발 디렉터, 게른사임사이트엔지니어링·메인터넌스 부사장, 어드밴스드 테크놀로지 개발담당 부사장 등을 거쳤다. 지난 7월부터는 한국 머크 대표로 일하고 있으며 머크 어드밴스드 테크놀러지스 대표도 겸임하고 있다. 그는 사업만 자신의 역할이라고 여기지 않으며 한국에서 머크그룹에 대해 널리 알리는 것도 주요 업무 가운데 하나로 삼고 있다. 특히 '머크가 어떤 강점을 가졌기에 장수할 수 있었는지'를 적극 알리고 있다. 머크는 345년의 역사를 가진 세계적인 기업으로서 머크 가문이 13대째 회사를 운영하고 있다.

산업에서의 리더십과 지식은 특허와 논문 이상의 자산이다. 이것은 실질적, 총체적, 문화적 커뮤니케이션으로 만들어진다. 프랑스 소설가 생텍쥐페리는 얘기했다. 리더십은 미래를 예측하는 것이 아니라 미래를 가능하게 만드는 것이라고.

환경과 개인이 상호작용하는 것이 중요

장환영(동국대 교육학과 교수)

소극적인 면에서는 젊은이들이 불확실성에 대처하게 하는 것, 적극적으로는 창조하게 하는 게 관건이다. 로제프스키가 직업윤리를 강조한 것은 굉장히 중요하다. 직업교육을 모델로만 평가절하할 수는 없다. 개인, 조직, 국가정책 수준에서 잘 활용될 수 있는 모델이다. 개인수준에서는 경력개발이 있는데, 현재 나온 이론은 세 가지를 강조한다.

첫째는 자신을 이해하는 것, 자신의 흥미 특징 등을 이해하는 것이다. 둘째는 일의 세계를 파악하고 과정과 내용을 이해하는 것이며, 셋째는 자신과 일에 대한 이해를 잘 연결시켜서 자신의 경력계획에 대한 논리를 만들어갈 수 있는 능력이다. 최근 책을 낸 한 저자는 고교 때까지 음악에 빠져서 음악가가 되려는 노력을 했다고 한다. 대학에서 음악 잡지를 냈는데 계속 하다보니까 잘 팔려야 한다는 생각에

잡지 마케팅 일을 하게 됐다고 한다. 그 마케팅을 잘하게 돼서 큰 회사에서 온라인 마케터를 하라고 연락받았고 지금도 하고 있다고 한다. 이 사람은 처음에는 음악가가 되겠다고 했지만 지금은 온라인 마케터로 훌륭히 활동하고 있다. 경력개발은 끼워 맞추는 게 아니라 부단히 변화하는 환경에서 자신의 잠재성을 훼손하지 않고 잘 개발해 창조하는 문제로 귀결된다. 환경과 내가 상호작용하는 게 중요하다. 개인의 경력개발 측면에서도 로제프스키 교수가 말한 세 가지 모델에는 의미심장한 시사점이 있다. 조직 측면에서도 직원을 위한 프로그램이나 성과관리에 도입될 수 있다.

그룬트 사장은 좋은 발표를 해줬다. 기술사회에서 지식기반사회로의 변화, 리더의 최대 화두는 조직 속에 인적자원의 마음을 어떻게 얻느냐는 것, 마음을 얻어야 창의적 혁신이 가능하다는 점 등이다. 결국 어떻게 인간 내면을 다스리는 경영을 펼치는가의 문제로 수렴된다. 리더십 학자들은 리더의 역할을 세 가지로 정리해왔다.

첫째는 비전을 제시해야 하고, 둘째는 부하가 일할 수 있는 조건을 정비해주는 것이다. 셋째는 부하들을 동기화시키는 것인데 가장 어려운 건 직원들을 동기화시키는 것이다. 그룬트 사장이 말했듯이 매니저보다는 리더로서 조직을 이끌어야 하는데, 수용될 수 있는 가치를 분명히 하고 자발적으로 참여할 수 있는 기회와 분위기를 조성하는 데 최선을 다해야 한다.

직업교육을 논할 때 중등 단계에서도 책임질 것이냐의 문제가 로제 프스키 교수의 발표 내용에 있었다. 중등 단계의 직업교육도 엄연히 존재하고, 그로 인해 정체성을 확보할 수 있어야 한다. 좀 더 많은 관심과 연구가 필요하다. 학생에게 뭘 어떻게 가르칠까를 많이 고민할 수 있다. 학생에게 모든 직업에 대한 모든 역량을 다 갖출 수 있도록 해줄 수는 없다면, 직업윤리와 관련된 인성교육이 가장 중요하다. 가슴 따뜻한 기술인의 마인드를 제공해야 그 바탕 위에서 직업교육이 가능하다.

미래를 살아가는 삶의 핵심역량을 도구활용, 자율통제, 관계형성 능력이라고 표현한다. 개별 학생이 교육목표에 보다 가깝게 도달할 수 있도록 장을 펼쳐줘야 한다. 이를 위해서는 학교 내에서 통합교육 과정 중심으로 재구조화해야 한다. 수업이 바뀌어야 학교가 변한다. 교사의 전문성 신장과 질 높은 교육을 위한 교과협력 활성화가 필요하다.

미래 세상은 유연 세상이라고 했다. 성공을 위한 준비 과정에서 우리 기성세대인 가르치는 사람의 역할이 뭘까? 역시 조력자의 역할을 해야 한다. 중등 단계인 마이스터고, 특성화고의 일에 대한 역량과 기초 역량을 어떻게 정의할 것인가? 최소한 5~6년 뒤에 사회에서 인정받을 수 있는 능력을 학생의 역량이라고 정의하고 싶다. 재미있는 얘기가 있다. 올해 50대인 교사가 16살 된 고1 학생을 가르칠 때 학습의 시점 차이는 35년이다. 이 학생이 졸업 후에 사회에서 자기 역량을 발휘하려면 최소한 40년의 갭이 생긴다. 기술의 시대적 변화에 따른 갭이 있는데 그걸 가르치려 하지 말아야 한다. 학생을 가르치려 하지 말고 학생이 스스로 문제해결 능력을 갖추도록 학습의 장만 제공해야 한다. 그러면 자연스럽게 창조교육이 유발될 수 있다.

이를 위해서는 교육과정을 맞춰서 통합적으로 개편하는 게 필요하다. 그룬트 사장은 학생들의 니즈를 어떻게 키울 수 있겠냐고 말했다. 예상치 못한 걸 예상하라는 말을 했다. 학습동기를 유발하는 학기를 운영하고 있다. 일체의 교과서 없이 교실에도 안 간다. 4주간 학교주도, 학과주도, 자기주도의 프로그램으로 운영된다. 어떻게 뭘 해나갈지 학생들이 명쾌하게 답을 내리고 있다. 마지막 날에는 학생들이 발표를 하게 돼 있다. 그걸 목표로 학교생활 하게 된다. 매주 1시간씩 명사 특강이라고 해서 동문을 초청해 학생들이 리더의 의미에 대해 배우도록 한다.

| 토론자 |
장환영(동국대 교육학과 교수), 제이 로제프스키(미국 조지아대 교수)

▶ 청중 1: 리더에게 필요한 것으로 비전제시와 동기화 등을 얘기했는데 동기화가 어렵다는 의미는 무엇인가?

▶ 장환영 교수: 부하를 동기화시키려면 자신이 일단 동기화돼야 한다. 모든 기업이 월급을 다 200만 원씩 주면서 일을 시키면 어떤 기업은 직원이 딱 200만 원치만 하고 어떤 기업은 200만 원치 일하고 조금 더 애써서 300~400만 원어치 한다고 하자. 어느 기업이 성공할까? 지금의 경쟁사회는 사실 비용 경쟁이다. 모두 품질이 좋은 것을 생산하고 고객 가치를 높이자고 하지만 결국 누가 더 비용을 줄이는가의 문제다. 동기화시키지 못하는 기업은 그냥 200만 원만 주고 그만큼만 성과를 낸다. 하지만 300~400만 원어치를 하면 비용이 엄청 다운되는 것이다. 직원을 동기화시키는 것은 비전을 제시하여 "돈을 떠나서 우리 CEO가 말하는 데 충분히 몰입하고 나의 성장과 미래를 같이 하고 싶다"고 생각하는 직원을 늘리는 게 유일무이한 경쟁력이다. 비전을 제시하고 일할 수 있는 조건을 정비하는 게 리더의 역할이다.

▶ 로제프스키 교수: 동기부여와 관련해서 생각나는 게 있다. 많은 젊은이들이 교실에서는 동기부여가 안 되고 학업성적도 낮으며 문제 행동도 간혹 보인다. 하지만 같은 학생이 축구장이나 농구장 혹은 연극무대에서는 동기부여가 매우 잘 되는 걸 볼 수 있다. 공동의 비전이 있기 때문이다. 내가 의존하는 팀이 있고 내가 하는

기여가 중요하다고 생각하는 것이다. 피드백도 중요하다. 축구장과 농구장에서는 내가 기여하는 걸 알게 된다. 의미와 가치가 있어야 한다는 것이다. 많은 경우 일이 가치 없게 느껴지고 그래서 사람들이 많으면 많을수록 개인적인 관계를 못 맺는 걸 볼 수 있다. 그런 상황을 잘 다루는 게 핵심 역량 가운데 하나다.

▶ 청중 2: 직업윤리에 대해 생각해보고 있다. 많은 사람들이 자원봉사를 해서 점수를 얻어 좋은 대학에 가고 싶어 한다. 좋은 대학에 가기 위해서 자원봉사를 하면 태도가 실제 자원봉사를 위해서 하는 사람과는 달랐다. 학생의 태도를 바꿀 수 있을까?

▶ 로제프스키 교수: 중요한 이슈다. 교육하는 방법과 사는 방법이 달라지고 있는 것이다. 과거에 일을 할 때는 지금 교육처럼 산업화 시대였고 반복적이었고 공장에서 일하는 것처럼 정형화된 일이었는데 이젠 일을 하는 이유와 일을 하는 것 사이에 연결고리가 없어진 것 같다. 몇 년 전에 듀크대 농구코치가 이렇게 말했다. 몇 년 전에는 선수에게 어떻게 하라고 지시하면 왜냐고 물어본다고 한다. 지금은 '이런저런 이유 때문에 이렇게 하라'고 말한다고 하더라. 교육도 마찬가지다. 자원봉사를 할 때 왜 해야 하는지를 말해야 한다. 그럼 맥락을 짚어줄 수 있다.

고등직업교육의 역할과 책임

미국과 영국에선 최근 교육의 직업적 관점을 새롭게 정립한 직업주의 교육이 부각되고 있다. 유럽에서는 직업표준과 교육표준을 연결시키기 위해 '학습자 중심의 학습성과'라는 개념을 사용하고 있다. 기존 교육표준에 평생학습과 수용자 중심의 교육을 접목한 것이다.

〈글로벌 인재포럼 2013〉 '고등 직업교육의 역할과 책임' 세션에서는 이 같은 직업교육의 표준화 방안이 논의됐다. 이기우 한국전문대학교육협의회 회장이 좌장을 맡았다.

발표자로 나선 클리포드 아델만 미국 고등교육정책연구소(HEP) 선임연구위원은 오케스트라의 '튜닝'을 예로 들어 기존 학제를 직업교육 중심으로 재편하는 작업이 필요하다고 역설한다. 아델만 위원은 "직업중심 교육을 잘 갖추면 사회 시스템 전반의 변화를 이끌 수 있다"며 "학생들이 학위를 취득하고 그 후 직업을 구하는 게 아니라 구체적인 목적을 갖고 학업에 임할 수 있게 된다"고 강조했다. 이 같은 학제의 튜닝작업은 국제적으로 이뤄져야 한다는 게 그의 소신이다.

아델만 교수와 같은 문제의식을 가진 크리스티안 레트메이 유럽직업훈련연구센터(CEDEFOP) 원장은 특히 '기업의 역할'을 강조한다. 직업교육에선 무엇보다 인력 소비자인 기업이 나서 교육을 지원하고 보완하는 역할을 해야 한다는 것이다. 레트메이 원장은 "무엇보다 고등학교 수준의 교육을 잘 통합하면 효과가 크다"고 말했다.

토론에 나선 장기원 국제대 총장은 "한국에서도 고등 직업 교육을 개선하려는 노력이 있지만 전문대만의 노력에 그치는 게 문제"라고 지적했다. 전지용 경복대 총장은 "현장의 수요에 맞춰 국제표준교육(NCF)을 갖추고 국제적으로 인증된 국가자격체계(NQF)를 만들어야 한다"고 말했다.

| 강연 | ❶

고등교육의 튜닝 프로세스 도입

클리포드 아델만(미국 고등교육정책연구소(HEP) 선임연구위원)

고등교육법은 전문대학, 4년제 대학, 대학원 등 학위별로 학생들이 도달해야 할 기대수준을 정의하고 있다. 직업중심 교육이 제대로 이뤄지려면 학제를 기능별, 수준별로 잘 정리해야 한다. 전문적인 직업 중심 교육이 무엇보다 중요해지고 있기 때문이다. 근로자들은 '업(業)'의 변화에 따라 불가피하게 일자리를 잃고 다시 교육을 받아 새로운 일자리에 투입된다. 때로는 학제를 넘어선 지식이 필요해 다시 학교를 찾기도 한다. 한 가지 분야만 공부해서는 해결할 수 없는 문제들이 일터에 산적해 있다.

바이올린을 켜기 전에는 기준음에 맞춰 음정을 조정하는 '튜닝(tuning)' 과정이 필요하다. 오케스트라가 연주할 때는 악기를 같은 음으로 맞춰 조화로운 소리를 내도록 만든다. 튜닝은 직업교육에서도 필수적이다. 전문대, 4년제 대학, 대학원 등은 각각의 장점을 갖고 있다. 그러나 과정을 전체적으로 보면 교수진 역량 차이가 있고 학위의

클리포드 아델만 "학제의 변화뿐 아니라 교육과정의 변화도 필요하다."

수준(학사, 석사, 박사)에 따라 중복 교육을 받는 문제가 발생하기도 한다. 학생들이 필요한 수업을 듣지 못하고 학위를 받는 일도 있다.

공학, 간호, 그래픽 아트 분야는 2년제 교육 과정이 많다. 의료 기술, 상담 치료 등도 2년의 교육을 마치면 대개 직업 현장에 투입된다. 특히 의료 부문에서 '튜닝'이 중요하다. 고령화가 가속화 되고 있어서다. 교육 소비자가 제대로 직업교육을 받기 위해선 국내외 학위가 잘 정리돼 있어야 한다. 그렇지 않으면 국내 자격증을 가진 사람이 국제 자격증을 새로 따거나 일정 전문분야에 진입하기 위해 다시금 학위를 밟아야 하는 일도 생긴다.

EU는 고등직업교육에서 낭비를 제거하기 위해 2000년 고등교육에 튜닝 프로세스를 구상했다. 2005년 유럽 지역의 학계, 산업계가 모두 참여해 '볼로냐 프로세스'로 구체화됐다. 튜닝 프로세스는 현재 25개국으로 퍼졌다. 호주에선 2010년부터 2년간 시범사업을 진행했고, 중국에서도 올해 운영에 들어갔다. 한국에서도 곧 튜닝이 시작될 것이라고 본다.

미국에선 경영학 고등교육 과정을 적극 '튜닝' 했다. 교수진들이 모여 경영학제의 가치사슬에 대해 의논했다. 경영학에서 필요한 인적자원관리, 재무, 회계 등의 분야를 교육 소비자의 요구에 맞게 정리하는 과정이 이어졌다. 튜닝은 각각의 대학이 같은 학제를 갖추라는 것만을 의미하지 않는다. 대학별로 각자의 특성에 맞게 전문 분야를 선택해 특화된 교육과정을 제공하는 게 핵심이다.

호텔에서 일하려면 기존 경영학 외 호텔에 맞는 특수한 훈련이 필요하다. 튜닝은 교육의 핵심 개념과 분야를 명시하는 것 말고도 다양한 교육 욕구를 충족시켜주는 방향으로 이뤄져야 한다. 물류정보회사에 중간 수준의 업무에 투입되는 사람이라면 2년제 교육과정을 받고도 물류시스템을 IT로 구축하는 일을 할 수 있어야 한다. 물론 부족할 수도 있다. 만약 직급이 올라가거나 업무 분야가 바뀌어 품질관리, 정보관리 등 추가적인 능력을 갖추고 싶다면 이런 요구에 부합하는 교육과정이 준비되어 있어야 한다.

학제의 변화뿐 아니라 교육과정의 변화도 필요하다. 일터에서 점점 복잡한 정보를 파악하고 분류해야 하는 상황이 늘고 있어서다. 교육과정도 교과서대로의 표준적인 문제뿐 아니라 복잡한 문제를 해결할 수 있도록 변해야 한다. 혼자가 아니라 팀으로 일하기 위한 협력기술, 협상력이 필요할 때도 있다.

전공 특화 교육과 일반적인 교육을 함께 제공할 수 있다면 교육 효과를 높일 수 있다. 일단 무엇을 배워야 하는지 면밀히 분석해야 한다. 실제 기업에서 어떤 업무를 하고 기업 밖의 상황은 어떠한지도 알아야 한다.

콩을 재배하는 농부를 예로 들어보자. '튜닝된' 교육과정에서 학업을 마친 농부는 기후와 기상에 대한 정보를 확인하고 사료용과 식용 작물의 가격 추이를 보면서 생산량을 조절할 수 있게 된다. 의료에 대한 기본 지식을 갖춘 병원매니저는 기존처럼 서류업무만 하는 게 아니라 병원 시스템 전반을 바꾸는 프로젝트에 참여할 수 있게 된다. 교통 분야 관리자, 식품프랜차이즈 매니저에겐 어떤 변화가 일어날까?

직업중심교육을 잘 갖추면 사회 시스템 전반의 변화를 이끌 수도 있다. 학위를 취득하고 그 후 직업을 구하는 게 아니라 구체적인 목적을 갖고 학업에 임하는 것이다. "제2외국어를 얼마나 공부해야 할까? 기상학, 지리학, 법과 규제는 어느 수준까지 알아야 할까? 회계 기준은 어떤 방식으로 확립돼 어느 선까지 교육받아야 하나?" 과거에 개인이 했던 이 같은 고민들이 사회의 고민으로 바뀌는 것이다.

일본, 중국, 한국처럼 고령화가 가속화하는 동아시아 국가의 참여가 절실하다. 많은 국가들이 학제를 통합하고 조정할수록 그 효과가 커질 수 있어서다. 튜닝이란 초국가적인 과정이다.

 클리포드 아델만

미국 브라운대에서 학사 학위를, 시카고대에서 석·박사 학위를 받았다. 뉴욕대, 예일대, 뉴저지의 윌리엄 패터슨 대학에서 교수를 지냈고 미국 교육부에서도 연구 분석관으로 오래 일했다. 2006년부터 미국 고등교육정책연구소(HEP) 선임연구위원으로 교육정책을 입안하는 데 노력하고 있다.

직업교육 체계를 명확하게 만들어야

크리스티안 레트메이(유럽직업훈련연구센터 원장)

선진국들의 실업률이 높아지고 있다. 교육 수준이 낮고 직업교육조차도 받지 못한 사람들은 더욱 실업자가 되기 쉽다. 노동시장의 불균등도 가속화되고 있다. 고령화가 진행되면서 15세에서 64세 사이의 경제활동 인구도 줄고 있다.

미국에선 경제활동 인구의 감소 문제가 더욱 본격적이다. 평생 교육을 받지 않은 저숙련 인력들의 경제활동 참여율은 더 낮아지고 있다. 반면 유럽은 교육이 실제 직업 현장 위주로 진행되는 장점이 있다. 고용주, 학습자, 정부가 힘을 합친 결과다. 교육기관들은 노동시장에서의 피드백을 더욱 경청해야 한다. 교육 자체의 교육이 필요한 것이다.

무엇보다 직업교육 체계를 명확하게 만드는 게 중요하다. 투명성과 유연성도 필요하다. 일단 학습 성과를 잘 정의내리고 나면 고등교육과 직업교육을 명확하게 만들어야 한다. 쉽지 않은 문제다. 직업중심 교육이란 일자리에 맞는 교육을 소비자에게 제공하는 것이다. 여기서 고용주의 역할이 중요하다.

대학교육에서 특히 과학기술 분야는 직업중심 교육이 중요하게 여겨져 왔다. 의학 분야도 마찬가지다. 도제식 교육이 일반화돼 있다. 동아시아 등 특정 국가에선 이 같은 직업주의 교육이 아닌 일반교육만 강조해왔다. 근 60~70년 동안 이런 체계가 이어지다 보니 기

크리스티안 레트메이 "고등학교 교육만으로도 노동시장에서 인정받을 만한 기술을 갖출 수 있다."

업이 적극적으로 일자리 기반 학습에 대해 참여할 기회도 부족했다.

일단 교육을 담당해줄 만한 기업을 찾는 게 먼저다. 정부와 각 교육기관들이 적극 나서야 한다. 특히 전문분야에 있는 기업들은 도제식 교육을 잘 해주지 않는다. 기업의 변화가 필요한 것이다. 만약 잘 훈련받은 근로자들이 기업에 온다면 기업은 그만큼 시장의 변화에 잘 적응할 수 있다. 근로자들로서도 소득이 높아지는 효과가 있다.

유럽에선 레퍼런싱 프로세스라는 것이 있다. 국가 간의 교육수준 격차를 줄이기 위한 작업이다. EU의 발표 자료에 따르면 한 국가의 고등교육 수료자들이 다른 나라의 중등교육 수료자보다 못하다는 결과도 있었다.

이 프로세스에선 공식자격증을 만드는 것을 최우선순위로 하고 있다. 기관들이 자격증 경쟁을 벌여선 안 된다. 다른 자격증도 받아들일 수 있는 작업이 필요하다. 국제적으로 자격증의 역량을 잘 공유할 수 있는 시스템이 필요하다. MS오피스 자격증이 국제적으로 통용되고 있다는 것은 시사하는 바가 크다. 특히 고등학생 수준의 학위를 잘 통합해야 한다. 연구결과 학사, 석사, 박사 등급은 수준별로 차이가 너무 커서 통합이 매우 어려운 것으로 나타났다. 고등학교 수준이라면 국가별로 수준이 비슷한 것으로 나타났다.

고등학교를 잘 정비해놓으면 학사 학위까지 바로 연결시킬 수도 있다. 고등학교 교육만으로도 노동시장에서 인정받을 만한 기술을 갖출 수 있다. 고용주가 단기적인 고용 사이클을 선호하고 학문적 성과보다는 직업 훈련을 제대로 받은 인력을 중요하게 생각한다는 데 중점을 두자.

이 같은 작업을 위해선 국가별, 수준별 교육과정이 망라되어 있는 데이터베이스를 만드는 게 필요하다. 각기 다른 직업과 자격증, 학위에 대해 구체적으로 정의하는 것이다. 이를 통해 노동시장에서 정보비대칭이 해소될 수 있다. 지금 있는 교육을 제대로 정리하는 과정만으로도 고용주는 꽤 훌륭한 인력 데이터베이스를 확보할 수 있는 것이다.

| 토론 | ❶
한국의 대학도 튜닝이 시급하다
장기원(국제대 총장)

튜닝은 한국 대학의 미래에서도 매우 중요한 이슈다. 한국 고등교육은 기본적으로 전문대와 4년제 학위과정이 있다. 한국에는 139개 전문대학 등 200개의 대학이 있다. 그런데 한국에선 전문대만 직업교육 얘기를 한다. 지금 이 자리에 전문대 총장 두 명이 참석하고 있는 것만 봐도 그렇다.

박근혜 정부는 고등직업교육 정책 비전을 발표했다. 거기서도 고등직업교육 의무가 전문대에만 집중되고 있다. 한국에선 '고등 직업 교육기관=전문대학'이라는 인식이 팽배해 있는 것이다. 그렇다. 전문대는 취업 지향적인 학과를 주로 개설한 교육기관이다. 그러나 전문대에선 전문학사 외 다양한 학위를 주면서 4년제 대학과 비슷해지는 경향이 있다. 역할 구분이 모호해지고 있는 것이다.

대졸자 취업난과 인구 감소와 같은 문제가 대두되면서 대학의 역할이 취업 중심으로 변해가는 시점이다. 정부는 대학평가 재정지원에 취업률을 주요 지표로 사용한 지 오래다. 200개 대학 중 거점 연구중심대를 제외하면, 연구보단 취업 중심 대학이라고 보는 게 맞다. 수도권 밖 4년제 대학에서는 취업을 목표로 내세운다. 순수 인문사회과학 관련 학과가 없어지고 대부분 실용적 학과로 채워지고 있다.

우선 학제 간 정체성 혼란을 극복해야 한다. 분야별 튜닝이 필요한 것이다. 전문대와 4년제의 역할이 정확히 명시되어야 하는 게 첫 번째다. 역할 구분과 함께 단계별 연계가 수직적으로 만들어져야 된다. 특히 튜닝을 주도할 주체도 문제다. 대한민국 고등교육에선 사학이 차지하는 비중이 절대적이다. 이제까진 정부가 주도했지만 쉽지 않았다. 4년제 대학들은 대학교육협의회를, 2년제들은 전문대교협을 갖고 있다. 대학 연합체가 나설지도 생각해봐야 할 문제다.

유럽 대학들은 표준화 노력을 많이 해왔다. 그런데 문화와 환경이 다른 대륙, 다른 국가로 가서는 시범 수준에 그치고 있다. 한국도 문제를 인식하고 튜닝을 적극 검토해야 할 시점이다. 지금과 같은 대학 간 이미지 경쟁으로 가선 안 된다. 교육과정의 튜닝이 무엇보다 중요하고 학습자의 성과를 구체적으로 측정할 수 있는 프로세스도 빨리 만들어야 한다.

최근 정부는 전문대 취업역량을 조사하기 위해 전문대의 전략적 특성화를 유도하고 있다. 지역 사회와 산업이 긴밀히 연계할 수 있는 프로그램을 주문하고 있다. 제조업체들의 구인난이 심각하고, 학생들은 취업하지 못하는 미스매치가 발생하고 있다. 이 같은 상황에 맞는 교육 프로그램을 만들어야 한다. 여기서 중요한 점은 고교 졸업자뿐 아니라 성인 학습자도 교육 대상에 포함시켜야 한다는 것이다.

정부는 전문대 교육기관의 유연화도 추진 중이다. 전문대 내에 4년제 학제를 만드는 등 융통성 있는 제도를 도입하려고 하고 있다. 전문대들은 평생학습 중심대학이라는 기조 아래 대학을 발전시켜가고 있다. 자격 과정도 만들고 비학위 과정도 만들고 있다. 학령인구가 줄어들고 노동시장에서의 미스매치를 극복하기 위해선 여성 인력도 적극 활용해야 할 것이다. 경력단절여성들의 재취업 교육을 전문대가 담당해야 한다.

정부는 국가직무능력 표준체계를 교육 현장에 도입하기 위해 적극 준비 중이다. 한국은 교육시장과 직업 간의 연계가 잘 이뤄지지 않는다. 정부에서도 교육부와 노동부의 협업이 잘 안 이뤄진다. 준비가 잘 되면 전문대들이 평생교육을 받을 수 있는 기반으로서 역할이 커질 것이다. 현재 대학들은 성인 학습자를 꺼리는 경향이 있다. 이 같은 관행을 버려야 한다. 정부도 학생의 개념을 지금과는 다르게 정의하는 등 전면적으로 시스템을 바꿔야 한다. 한국은 학벌 중심 사회다. 평생교육 프로그램도 학위와 연관이 있어야만 활성화되고 있다. 반성이 필요하다. 교육에서 가장 중요한 것은 교육과정의 충실함과 학습자들의 노력이다.

| 토론 | ❷
보다 체계적인 국가자격시스템을 만들어야
전지용(경복대 총장)

교육개요를 잘 만들면 교육자들이 혜택을 받는다는 것은 당연한 것이다. 아델만 연구위원은 고등교육 직업 분야를 정리하는 작업이 국제적으로 이뤄져야 한다고 제안했다.

국제표준교육 분류에서 보면 초등, 중등 단계만 교육받은 사람은 당연히 평생교육 참여율도 낮고 실업률도 높다. 이들을 끌어올리기 위해선 평생 직업교육 프로그램이 잘 만들어져야 한다는 것이다. 국가자격체계는 너무나 포괄적으로 교육프로그램을 정의하고 있다. 이를 개선하려는 노력이 이뤄져야 한다.

경복대도 이같이 교육 체계로 자격 프로그램을 각각 인증할 수 있는 시스템을 마련했다. 준비하면서 세계적으로 통용되는 기준과 체계에 맞춰야 한다는 점을 깨달았다.

대한민국의 고등직업교육 체계도 목적부터 재정립해야 한다. 우리는 전통적으로 관리 이외의 직업을 천시해왔다. 직업교육은 낮은 수준에 그쳤고 고등직업교육은 발전시키지 못했다. 대학의 직업학위 제도도 발달하지 않았다. 이런 현상이 현재까지 이어지다보니 '고등학교 수료 후 취업, 대학 졸업 후 취업'이라는 개념만 있다. 재직자와 경력자의 교육 요구에도 대응하지 못했다. 많은 젊은이가 일자리를 못 구하는데도 대학에 가려고 한다. 노동시장은 학력으로만 인재를 평가할 수 없다는 점을 점점 깨닫고 있는데도 말이다.

라즐로 보크 부사장 강연에서 구글의 인재등용법을 들었다. 구글은 오래 전부터 학력, 학벌, 시험, 성적을 등을 채용 과정에 반영하지 않는다고 한다. 그러나 반드시 요구하는 기술에 대해선 철저히 검증하고 인재의 발전가능성을 본다고 했다. 얼마나 발전할지를 여러 차례의 인터뷰를 하면서 알아본다고 했다.

정부가 국가직무능력 표준을 제시한 것은 그래서 시기적절하다. 유럽에선 이미 시행, 발전시켜온 제도다. 이 같은 절체절명의 순간에 제안을 드린다.

첫째, 현장 수요에 맞춰 국가직무능력표준을 개발해야 하고 발전시켜야 한다. 정부 정책에는 모든 전문대가 직무능력 표준을 만들고 산단공과 협의 중이다. 그런데 분야가 제한적이다. 인문사회, 보건계열은 다루지도 않고 있다.

둘째, 국제적으로 인증된 국가자격체계(NQF)를 만들어야 한다. 이를 근본으로 고등교육 학위과정 관련법을 만들어야 한다. 국제적으로 인정받지 못하는 우리만의 기준을 만드는 것은 의미 없다. 노동 인력 순환 체계를 잘 갖춰야 한다.

셋째, 국가자격 체계에서 자격증을 통합시켜야 한다. 관리, 감독이 단일화 돼야 한다. 유아교육 교사 자격증과 간호사 자격증 예를 들어보겠다. 유아교육과와 정부가 인증된 기관을 수료하면 무조건 자격증을 주도록 되어 있다. 간호과는 감평원에서 인증하고 국시원에서 자격시험을 봐야한다. 유아교육처럼 교육기관이 인증하면 기관이 자격증 주는 방향으로 가야 한다.

넷째, 이 같은 움직임이 학계만이 동분서주하는 게 되어선 곤란하다. 기업들은 능력별 수준 체계를 근본으로 직원을 뽑아야 한다. 법제정이 필요하다. 기업들은 학력과 학벌을 안보는 채용을 늘리고 있다고 하지만 여전히 학력과 학벌을 본다.

다섯째, 국가자격 체계에서 임금 수준도 국가가 제안해야 한다. 중소기업 근로자가 대기업 근로자와 같은 능력을 갖고 있더라도 훨씬 적은 임금을 받는 게 현실이다. 능력중심사회 구현이란 관점에서 임금을 보장하고 이를 법제화해야 한다.

여섯째, 국민과 기업에게 국가자격체계, 국가직무능력 표준에 대해 잘 홍보해야 한다는 제안도 드린다.

고등직업교육의 역할은 학생들이 얼마나 취업교육을 체계적으로 받을 수 있는지 여부에 달렸다. 이런 작업은 일부 전문가가 아닌 고등교육 및 고등직업교육 전문가, 기업 연구소, 행정 연구원, 정치가까지 나서 집단적으로 이뤄져야 한다.

대졸자 취업역량, 무엇이 문제인가

세계적으로 청년층(15~29세)은 다른 연령층에 비해 실업률이 높은 게 현실이다. 고학력사회인 한국은 대학 졸업자들이 요구하는 일자리와 기업들이 필요로 하는 인력의 '고용시장 불일치(mismatch)' 때문에 청년실업이 증가하고 있다. 최근 기업들의 고용 형태는 청년 실업 문제를 더욱 가중시키고 있다. 세계 경기 불황이 지속되면서 기업들은 신입사원보다 경력사원 채용을 더 선호한다. '당장 실무 처리가 가능한 인력'이 필요하기 때문이다.

어렵게 취업에 성공한 대졸 신입사원의 업무 능력은 100점 만점에 67점으로 매우 낮은 수준으로 나타났다. 대학생들이 외국어, 컴퓨터 능력 등을 위주로 취업준비를 하면서 공통 직무역량은 다소 높게 평가됐지만, 전공지식이나 실무능력은 기업의 기대에 미치지 못하기 때문이다. 이로 인해 기업들은 대졸 신입사원에 대한 재교육에 많은 투자를 하고 있다. 전문가들은 대졸 청년 실업 문제를 해결하기 위해서 대학 교육과정에 경력직원과 견줄 수 있는 업무수행능력을 갖춘 실용적 교육을 요청하고 있다. 〈글로벌 인재포럼 2013〉은 이러한 문제점을 토론하기 위해 공개토론을 하나의 세션으로 만들었다. 강연자와 토론자를 구분하지 않고 모든 연사가 집단토론을 하는 방식이었다. 알레산드로 콜롬보 이탈리아 고등통계훈련원 원장 등 국내외 전문가들은 '대졸자들의 취업 역량의 문제점은 무엇인가', '대학교육의 문제점은 무엇인가', '기업이 요구하는 취업역량은 무엇인가' 등 대졸자 취업역량 증진을 위한 해법을 제시했다.

| 토론자 |
박종구(한국 폴리텍대 이사장), 장진구(연세대 경영컨설팅학회 회장),
이준석(클라세스튜디오 대표), 조벽(동국대 석좌교수),
알렉산드로 콜롬보(이탈리아 고등통계훈련원 원장), 이성철(현대차 인재개발원 원장)

▶ **박종구 이사장(좌장):** 2008년 글로벌 금융위기 이후 15~29세 청년 실업률이 전 세계적으로 심각한 문제가 되고 있다. 20대의 고용률은 2005년 기준 61%를 나타낸 이후 낮아지는 추세다. 이로 인해 대학의 새로운 역할, 산업과 학계의 연계 등이 중요한 문제로 떠오르고 있다. '고등교육이 얼마나 실무 교육을 제공할 수 있는지'는 대학의 큰 도전과제다. 산업계와 연계할 필요성도 커지고 있다.

▶ **장진구 회장:** 취업을 앞둔 대부분의 대학생들은 엄청난 경쟁률 때문에 많은 고충을 겪고 있다. 삼성직무적성검사(SSAT)에 합격하는 학생이 십만 명 중에 한 명이라는 말이 나올 정도다. 대학생들은 인턴이나 학생대사활동 등 정말 끊임없이 여러 활동을 하고 있다. 하지만 이런 다양한 활동을 하면서 자신이 잘하고 있는지, 제대로 준비하고 있는 건지, 나아가 취업시장 자체에 대해 상당한 의구심이 있다.

▶ **이준석 대표:** 해외에서 직접 구직활동을 해본적은 없지만 친구들의 사례에서 봤을 때 한국과 차이가 많다. 예를 들어 한국에서 IT 회사에 취직하려면 개발자, 디자이너, 코디네이터 등 세 가지 분류로 나눠서 구직활동을 하는데 미국에서는 그런 분류에 별로 관심을 갖지 않았다. 스티브잡스가 한국에서 IT 회사에 취직하려고 했다면 세 가지 어디에도 맞지 않아 취업하기 어려웠을지도 모른다. 한국에서는 자신에 대해 설명할 때 '연세대 전자공학과 학생'이라는 식으로 답하는데 그래서는 안 된다고 생각한다. 왜 그 회사에서 일하기를 원하는지, 어떤 기여를 할 수 있는 사람인

대졸자 취업역량 증진을 위한 공개토론을 진행하는 참석자들(왼쪽부터 박종구 이사장, 알렉산드로 콜롬보 원장, 이성철 원장, 조벽 교수, 이준석 대표, 장진구 회장)

지에 대한 답을 가져야 한다. 하버드대에 다녔을 때 페이스북 창업자들과 친구였다. 페이스북은 한국 IT 회사에서 엔지니어나 디자이너가 기여했던 것과 달랐다. 예컨대 싸이월드는 사진첩에 들어가야 사진을 볼 수 있고 게시판에 들어가야 글을 읽을 수 있는데 페이스북은 다르다. 한국 IT 회사는 컴퓨터 프로그래밍, 디자인, 경영관리 등 해당 영역만 알고 있기 때문에 인사이트가 없다고 생각한다. 한국 정부가 추진하는 창조경제의 목표는 공감하지만 개발자, 기획자, 디자이너가 각자의 영역이상 참여할 수 있게 해야 한다는 문제제기를 하고 싶다.

▶ 조벽 교수: 20년 전쯤 한 회의에서 기조연설을 했을 때 '고용시장 불일치 때문에 대학생에게 불리한 점이 있다'고 발표한 적이 있었다. 20년이 지난 지금 같은 결론을 내릴 수밖에 없다. 문제 해결을 위해 20년간 별다른 진척이 없었다. 전문가들은 실업 통계자료에 대해 쉽게 얘기하지만 학생들 개개인이 얼마나 어렵게 취업활동을 하는지 모른다. 실질적인 교육 변화를 가져오는 데 있어서 뒤늦은 것 같다. 취업활동을 하는 학생들의 면면을 살펴보면 열심히 노력하고 사회에도 기여하면서 최선을 다하는 학생들이 적지 않다. 이런 학생들이 취업난을 겪고 있는 것

을 보면 그들 탓이 아니라 사회체계 탓도 크다는 생각이 든다. 구조적 모순의 해결에 머리를 맞대야 한다. 대학교육에서 산업이 차지하는 위치와 기회가 분명히 있다. 대졸자들을 보면 전공과목을 제대로 공부하기 위해 노력했고 추가적인 스펙을 쌓기 위해 많은 활동을 했다. 인턴을 하고 주말에 아르바이트를 하며 돈을 버는 학생들도 적지 않다. 이런 스펙이 취업을 위해 그렇게 중요한 것이라면 교육과정에 포함시키는 게 맞다. 하지만 학교 내 교수들은 교과목 외의 것에 전문가가 아니기 때문에 업계와의 파트너십이 중요하다. 대학과 업계는 긴밀히 협력해서 교과과정을 설계하고 스펙을 포함시키는 교과과정을 만들어야 한다. 학생들이 전공분야와 미래 경력을 잘 설계할 수 있을 뿐 아니라 학교와 업계도 윈윈할 수 있는 길이다.

▶ **콜롬보 원장:** 유럽의 청년들은 역사상 가장 큰 역설에 직면해 있다. 대부분 유럽 청년이 학위를 갖고 있을 만큼 한편으로는 가장 높은 교육 수준에 도달해 있지만 동시에 가장 높은 실업률을 겪고 있는 세대다. 한국의 청년들에게 몇 가지 팁을 주고 싶다. 첫 번째는 훈련은 직선적 과정이 아니라는 것이다. 우리 삶이 직선적이 아니기 때문에 미래를 예측해서 미리 훈련을 받을 수는 없다. 여러분이 태어났을 시점에서 현재에 대해 무엇을 예측할 수 있었을까? 배우자를 만나거나 취업을 하는 것도 마찬가지다. 두 번째는 전문화다. 대학은 일반적이고 보편화된 진리를 가르친다. 일반화된 연구가 반드시 필요하지만 사회가 복잡해지면 전문화에 대한 요구가 커진다. 교육을 통해 차별화되어야 한다. 세 번째, 모든 것을 학교에서 가르쳐주지 않는다는 점이다. 의사소통, 리더십, 조직함양 능력 등 여러 가지 필요한 역량을 어디서 배울 수 있을지, 언제 내 것으로 만들 수 있을지 고민해 봐야 한다. 한 연구에 따르면 0~4살 때 가장 유능성이 높다고 한다. 다시 말해 어머니의 역할이 대학교수보다 클 수도 있다. 네 번째로 교육과 학습은 영원히 지속되는 과정이라는 점이다. 인간은 본질적으로 학습에 대한 욕구가 있다. 하지만 자동적이지는 않다. 무엇을 기대하고 있는지에 따라 학습의 질도 달라진다. 지금 무엇을 하고 있든 간에 그게 학습의 과정인 것을 명심해야 한다. 다섯 번째, 이론과 실질

적 지식 간 장벽을 극복해야 한다. 그리스에서 폴리스라는 단어는 실질적 지식을 표현한다. 한편 시(poet)라는 단어도 같은 어원을 공유한다. 의자를 만들 때도 예술작품으로 만들 수 있다. 이론적 지식이 있다면 실제 현실에 적용해야 하고 그 반대도 될 수 있다.

▶ 박종구 이사장: 인재개발을 위해 어떤 활동이 이뤄지고 있나. 어떤 문제점들이 개선되어야 할까?

▶ 이성철 원장: 현대자동차그룹의 신규취업생 역량을 봤을 때 10년 전 수준보다 훨씬 높아진 것 같다. 경제가 많이 바뀌었기 때문에 취업역량에 대한 정의도 달라져야 한다. 요즘 구직자들에게 필요한 것은 지식이 아니라 인성이다. 예컨대 현대차는 현장경험과 다른 사람과의 협력, 자신의 의견에 대한 표출 능력 등을 중요하게 생각한다. 세계화가 빠르게 진행되면서 글로벌 리더십 역량도 상당히 중요해졌다. 산학연계 차원에서 현대차는 대학들과 협력해서 커리큘럼을 만들 뿐만 아니라 대학교로부터 인재채용을 많이 한다. 해외 유수 대학과도 공동프로그램을 진행하고 있다.

▶ 장진구 회장: 대학 교과과정에 산업 노출이 많지 않다는 것, 학생을 위한 교과목 외 프로그램이 많지 않다는 것 등 두 가지 문제를 제기하고 싶다. 일부 코스는 현대차 페이스북 등 산업과 긴밀히 연결돼 진행한다. 하지만 그런 경우에도 회계, 재무 등 특정분야에 너무 국한돼 있다. 한 학기나 두 학기에 커버할 내용이 너무 많아서 실생활 적용을 고민할 시간이 많지 않다. 연세대 경영컨설팅학회의 경우 마케팅, 재무 평가, 기업가정신에 대한 빅데이터 분석 등 심도 있는 분석을 하고 있다. 기업과 공동프로젝트도 진행하기 때문에 학생들이 경력을 쌓는 연장선에서 학교 내 활동에 참여할 수 있다. 하지만 이런 동아리가 대학 내 많지 않다는 게 문제다. 대부분 기업이 인턴십 제도를 운영하고 있지만 그들을 미래의 직원이라고 생각하는 경우는 거의 없다. 대부분 인턴은 복사 등 책임이 많지 않은 사소한

일들만 하는 이유다. 인턴 지원자들을 인재라고 생각하기 보다는 저렴한 인력이라고 생각한다. 기업이 인턴과 파일럿 프로젝트를 해서 성과를 낼 수 있는 시스템이 마련되어야 한다.

▶ 이준석 대표: 2006년 미국 보스턴에서 공부했을 때 친구는 마이크로소프트에 저는 하나은행에 인턴지원을 했는데 결과가 거의 하늘과 땅 차이였다. 친구는 회사 직원들과 함께 '2007 엑셀뷰어'를 개발하는 데 일조했다. 반면 한국 회사에서는 고용주들과 친하게 지내면서 분위기를 잘 맞춰줄 것을 기대했다. 실제 현장 경험을 하고 싶었던 건데 너무 화가 났다. 하지만 한국에 와서 창업을 하고 인턴을 직접 고용했을 때 다시 생각하게 됐다. 고용했던 학생들이 내 기대와 달랐다. 한국 학생들은 보통 객관식 문제에 대해 훈련을 받는다. 분명한 목표를 달성해야 하는 경우에는 잘 하는데 정답 없는 질문을 던지면 주도적으로 역할을 하지 못한다. 좋은지 나쁜지에 대해서는 대답하는데 어떤 게 왜 더 나은 것인지에 대해서는 잘 대응하지 못했다. 취업을 위해서는 이 능력을 키워야 한다. 객관식에서 주관식으로, 이분법이 아닌 열려 있는 질문에 답하는 법을 교육해야 한다.

▶ 조벽 교수: 대학에서 취업지원 문제에 대해 논의해보자. 미국에서 17살에 대학을 갔는데 첫날 오리엔테이션에서 큰 충격을 받았다. 졸업생 취업을 주선하는 진로개발센터로 데려가서 이력서 샘플을 보여줬다. 그 자리에서 4학년 선배들의 이력서를 보고 아주 구체적인 방식으로 사회에서 뭘 필요로 하는지 알게 됐다. 그 전까지는 추상적이었다. 미국은 졸업할 때 이력서를 진로개발센터에 제공하고, 대학은 그 이력서를 기업에 뿌린다. 4년 동안의 경험을 이 한 페이지에 압축해야 된다는 걸 봤을 때 구체적인 목표를 갖게 됐다. 대학에서 받은 가장 좋은 가이드가 그날 오리엔테이션이었던 것 같다. 학생 취업을 돕기 위해 반드시 인프라 등에 많은 돈을 투자할 필요는 없다. 신입생들이 구체적인 목표를 설정할 수 있도록 사회가 무엇을 기대하는지 보여줘야 한다.

▶ 박종구 이사장: 중소기업을 위한 인재채용 보고서에 따르면 중소기업은 구직자의 인성태도를 중요하게 여기는 것으로 나타났다. 전문지식뿐 아니라 인성개선도 필요하다. 기업은 기술 외에 인문학에 대한 지식과 현장경험 등 다양한 능력을 요구하고 있다.

▶ 이성철 원장: 기업은 그들만의 윤리원칙을 갖고 있다. 현대차도 경영관련 인문교육을 비롯해 직원의 학습과 민첩성 개선을 위해 노력하고 있다. 지식 자체를 얻는 것은 어렵지 않지만 어떻게 실생활에 적용하고 다른 분야와 접목하는지가 중요한 문제다.

▶ 조벽 교수: 교육의 목적은 '먹고살기 위함'과 '삶의 완성' 두 가지인데 균형이 깨졌다. 삶을 위한 교육은 망각됐다. 인문학적 소양과 인성을 제쳐두고 지식, 기술 등을 배우는 경우가 있다. 올해 인재포럼만 봐도 인간관계와 윤리 등 인성을 강조하는 전문가들이 많았다. 이런 무형의 능력은 리더십에 있어서 가장 중요한 부분이다. 대학에서 인성과 인문학적 부분에 대한 교육을 더 강조해야 한다. 기술과 인성은 대비되는 게 아니라 같이 가야 하는 능력이다.

▶ 콜롬보 원장: 인문과 관련된 학문을 꼽으라고 한다면 일반적으로 문학, 철학, 윤리학, 언어학 등을 적는다. 하지만 경제학 역시 인문학이다. 경제학을 처음 만든 애덤 스미스 역시 도덕철학자였다. 지금 유럽에서는 경제학과 인문학 구분을 없애기 위해 노력 중이다. 케임브리지 대학의 경영대학원에서는 경제학을 모두 흡수하고 있다. 즉각적으로 유용해보이지 않는 것에도 관심을 기울여야 한다. 정확한 것과 잘하는 것은 다르다. 너무 유용한 것에만 집착하면 올바른 결정을 내릴 수도 있겠지만 아주 잘하긴 어렵다. 다시 말해 돈 자체를 추구하는 사람보다 신뢰를 추구하는 사람에게 더 많은 돈이 찾아올 수 있다.

▶ 박종구 이사장: 업계와 대학교에서 큰 역할을 하겠지만 정부의 지원도 분명히 있어야 할 것 같다.

▶ 조벽 교수: 경제학에서 처음으로 배우는 게 독점은 좋지 않다는 것이다. 독점은 기회를 억압하고 궁극적으로 자유시장을 억압한다. 고등교육기관에서 학위를 주는 것 역시 일종의 독점이다. 대학만이 누가 입학하고 학위를 받을지 결정한다면 어떠한 개혁도 가능하지 않을 것이다. 급진적으로 느껴질 수 있지만 장기적으로는 이런 독점을 없애야 한다. 이 독점 시스템은 예전에는 효과적이었다. 하지만 IT시대, 평생학습시대에는 적절하지 않다. 현대차는 많은 돈을 투자해서 직원을 재교육하고 있는데 규모가 거의 아이비리그 대학 4년을 지원하는 것과 맞먹는 수준이다. 취업을 한 다음 다시 학위를 얻을 수 있는 유연성이 필요하다. 우리 사회가 실패를 허락해야만 더 활기찬 사회가 될 수 있다. 마지막으로 현재 청년들이 어려운 시기를 겪고 있다고 하지만 사실 윗세대에 비해 훨씬 좋은 위치, 밝은 미래를 갖고 있다. 어려움에 굴복하지 말고 내면에 강점을 갖고 있다는 것을 기억하기 바란다.

▶ 박종구 이사장: 창업의 기회도 잊지 말아야 한다. 창업에 어떤 역량이 필요한가?

▶ 이준석 대표: 대학교육에 대한 인플레이션이 있다고 본다. 우리나라 대학 진학률은 80%에 달한다. 거의 대부분 대학을 다니고 있다는 말이다. 하지만 이런 고학력자들 대부분이 단 5분도 자신에 대해 이야기하지 못하는 게 현실이다. 컴퓨터 개발자처럼 영어와 상관없는 일을 하게 될 사람에게 토익점수 같은 일반적인 스펙은 중요하지 않다. 남들을 위해 스펙을 쌓을 필요는 없다. 최소한 5분 동안 자신의 이야기를 풀어낼 수 있는 자신만의 스토리를 만들기 위해 노력해야 한다. 지금의 자리에 어떻게 올랐냐는 질문을 받으면 '엄마가 하지 말라는 것은 다 했다' 라고 답한다. 다른 사람의 조언이 분명 필요할 때도 있지만 기대거나 고민 없이 받아들여서는 안 된다. 저는 컴퓨터 공학을 전공했지만 비영리단체 '배움을 나누는 사

람'을 만든 게 인생의 전환점이 됐다. 진짜 원하고 하고 싶었던 일을 주변의 반대에 상관없이 밀고 나간 것이다. 저는 정치인도 아니었고 의지도 없었지만 선거에 참여할 수 있었다. NGO활동 등 학생지도 교육에 대해 차별점을 갖고 있었기 때문이다. 창조경제는 주관식 같은 경제다. 창의적이어야 하며 감정과 직관을 믿고 나아가야 한다. 자신만의 차별점을 갖기 위해 어떤 준비를 하는지가 향후 성공을 결정할 것이다.

 알렉산드로 콜롬보

이탈리아 밀라노 성심회 가톨릭대에서 철학사 학위를 받았고 베로나대에서 경제사로 박사학위를 취득했다. 이후 영국 캐임브리지대에서 유럽학으로 석사를, 브리스톨대에서 정치학으로 석사학위를 받는 등 다양한 분야로 학문을 익혀왔다. 현 이탈리아 고등통계훈련원 원장으로, 정책연구와 통계, 직업훈련 등을 담당하는 국책연구기관이다. 현재 12개 주요 분야에서 정부정책 수립에 필요한 연구를 진행 중이며 300여 개 직업교육과정에서 연간 2만 3,000명을 교육시키고 있다.

 이준석

2007년 5월부터 저소득층 학생들에게 무료로 과외를 해주는 대학생 봉사단체인 '배움을 나누는 사람들(배나사)'를 이끌고 있다. 서울과학고를 졸업하고 미국 하버드대(경제학·컴퓨터과학 전공)에 입학했다. 졸업을 앞두고 서울과학고 동문 홈페이지에 '우리가 배운 지식을 사회에 환원할 수 있는 활동을 해보자'고 제안했고 동문 7명이 뜻을 함께해 '배나사'가 탄생했다. 처음엔 용산구청의 봉사단체로 중학생 20여 명을 상대로 무료 과외를 했는데, 1년 뒤에는 서울 4개 구청과 경기 고양, 대전 유성구 등으로 확대됐다. '배나사'는 2011년 특임장관실의 '공정사회 우수사례'로 선정됐다(이들은 부모의 학력과 경제력이 자녀에게 대물림되는 시대에 '교육 사다리'를 세운다는 것이 목표다). 그는 온라인 교재와 도구들을 직접 개발해 온라인 학습지도를 시작했고 교육용 애플리케이션을 개발하는 벤처 기업 '클라세 스튜디오'를 창업해 이끌고 있다. 나눔교육에 대한 뜻이 박근혜 대통령과 공감대를 형성해 2011년 말 새누리당 비상대책위원으로 선정됐다.

07 수월성 교육과 평준화 교육의 장벽

글로벌 영재학교의 인재육성법

세계에서 가장 많은 노벨상 수상자를 배출한 미국의 영재교육 역사는 무려 120년이나 된다. 전체 학생의 5%가 영재교육을 받고 있고 이를 위해 미 정부는 많은 재원을 투입 중이다. 이에 비해 우리나라 영재교육의 역사는 10여년으로 매우 짧다. 2000년 영재교육진흥법이 제정·공포되었고, 2003년 과학영재학교가 개교했으며, 제1차 영재교육진흥종합계획이 발표됐다. 현재 우리의 영재교육은 영재학급, 영재교육원, 영재학교 3단계로 진행되고 있다. 영재학급은 2,651개, 영재교육원은 335개, 영재학교는 25개로써 총 12만 1,433명이 참여하고 있고 이는 전체 학생의 1.87%에 해당한다.

모든 학생이 남에게 뒤처지지 않게 교육하는 것은 매우 중요한 일이지만 마찬가지로 영재성을 보이는 학생에게 높은 수준의 수월성 교육을 제공하는 것도 국가경쟁력 측면에서 필요하다. 〈글로벌 인재포럼 2013〉의 '글로벌 영재학교의 인재육성법' 세션에서는 리처드 싱클레어 노스텍사스대 수학과학아카데미(TAMS) 학장과 항킴후 싱가포르국립대학(NUS) 부속 수학과학고등학교 교장이 각각 수학·과학에 특화된 인재육성법을 소개했다. TAMS에서는 영재들이 16세부터 노스텍사스대 전공과목을 미리 수강할 수 있고, NUS 부속 수학과학고는 별도의 교과과정과 평가방법을 개발·운영하고 있다. 두 학교 모두 학생들이 심화연구 과제에 참여할 수 있는 프로그램을 통해 학습 동기를 높이고 연구역량을 키울 수 있는 기회를 제공하는 데 주력하고 있다.

미국과 싱가포르의 대표 영재학교의 인재육성법을 소개하기에 앞서, 이 세션의 좌장을 맡은 민경찬 연세대 수학과 교수는 경제위기를 비롯해 기후변화, 환경, 에너지, 질병, 식량, 물 등 국제적인 난제들을 해결하는 방법으로 우수인재 양성과 과학기술 발전의 중요성을 강조했다. 민 교수는 "OECD가 최근 발표한 한국의 2013년 잠재성장률은 연간 1%로, OECD 34개국 중 33위이며 가장 빠른 속도로 (잠재성장률이) 하락할 것이라고 경고했다"며 "지금 한국이 직면한 위기는 우리가 아이디어와 혁신이 절실한 창조경제 시대에 접어들었다는 것을 의미한다"고 말했다.

민 교수는 "저출산, 고령화로 생산가능 인구(15~64세)가 급격히 줄어드는 위기 국면에서 양보다는 질적으로 우수한 인재를 양성하는 것이 어느 때보다도 중요한 시대적 과제가 됐다"며 "문학, 역사, 철학과 같은 인문학적 지식은 물론 수학, 과학, 기술, 공학, 예술을 종합적으로 사고하는 창의융합 인재가 필요하다"고 강조했다. 그는 "위기의 시대에 더욱 역동적인 한국을 만들어가며 미래를 제대로 대비하기 위해서는 소수의 창의적인 핵심인재들을 양성해 나가야 하며, 이를 위해 이제 시작단계에 불과한 우리 한국의 영재교육 패러다임을 바꾸는 일은 시급한 과제다"라고 덧붙였다.

 | 강연 | ❶
우리의 목표는 영재들을 이공계 분야로 진출하게 하는 것
리처드 싱클레어(노스텍사스대 수학과학아카데미 학장)

1970년대 미국에 수학, 과학, 공학 등 이공계 전공자가 많지 않다는 인식에서 수학·과학에 특화된 기숙형 영재학교들이 미 동부를 중심으로 생겨나기 시작했다. 이후 미국 전역으로 퍼져나가 특정 주 전역의 학생이 입학할 수 있는 기숙형 영재학교들이 세워졌다.

노스텍사스대 수학과학아카데미(TAMS)는 1987년에 설립됐다. 1988년 1기 입학생 88명을 시작으로 1990년에 학생수는 학급당 200명으로 늘어났고, 현재는 374명의 학생이 재학 중이다. 남학생 55%, 여학생 45%로 구성돼 있다.

TAMS는 재학생 모두에게 등록금 전액, 수업료, 교재비 등을 장학금으로 지원한다. 학생들은 기숙사비, 식대, 용돈 등만 지불하면 된다. 정부 보조금에 의한 재정 지원을 받는 것도 가능하다. 또한

리처드 싱클레어 "TAMS는 학생들이 학업에 집중할 수 있도록 다양한 지원을 하고 있다."

TAMS 졸업생들은 고교 과정에서 대학 수업을 선행 학습하기 때문에 사실상 2년 조기졸업이 가능해서 시간뿐만 아니라 학비 절감의 효과도 있다.

　TAMS의 또 한 가지 큰 특징은 모든 학생들이 캠퍼스 건너편에 있는 기숙사에서 살아야 한다는 것이다. 체계적인 관리 하에서 어린 나이(16세)부터 부모와 떨어져서 독립적으로 생활하는 것의 부수적인 교육효과가 상당히 크다. 우선 고등학생에서 대학생으로의 성공적인 전환을 돕는다. 부모나 교사의 지시, 보호 하에 있던 고등학생이 대학생이 되면서 시간 관리에 실패하는 경우가 허다하다. 그런데 TAMS에선 16세에 혼자 공부하는 법, 교수와 소통하는 방법 등 학습 관리뿐만 아니라 빨래, 식사 등 스스로 '사는 법'에 대해서도 자연스럽게 배울 수 있는 기회를 제공하는 것이다. 또한 더불어 사는 법도 배우게 된다. 영재들이 서로 다른 배경을 가진 타인들과 어울려 사는 법을 배울 수 있는 기회를 가진다.

TAMS의 재학생들은 대학 정규수업을 받게 된다. 학생들은 일반 대학생들과 함께 대학교수의 수업을 듣는다. 학기당 57학점을 수강해야 하고 일부 선택과목도 들을 수 있다. TAMS는 교사들을 직접 고용하지 않고 노스텍사스대 교수진과 수업을 활용해서 운영비를 줄였다. TAMS의 학생들은 3만 5,000명의 노스텍사스대 학생들과 다양한 전공과목을 선택과목으로 수강할 수 있다.

커리큘럼은 인문과학과 자연과학의 균형을 맞춰 설계됐다. 생물학, 화학, 물리학, 공학, 미적분뿐만 아니라 문학, 작문, 미국역사, 정치학 등도 필수 과목이다. 특히 수학 교과는 입학 전 미적분 시험 결과에 따라 미적분Ⅰ·Ⅱ를 선수과목으로 듣게 된다. 미적분Ⅱ는 졸업 필수 이수과목이다.

첫 학기는 대학 시스템에 적응하는 기간으로 선택 과목을 수강할 수 없다. 학점은 4점 만점으로, 평균 학점(GPA)이 3.5 미만이면 1개의 선택 과목을, 3.5 이상이면 2개의 선택 과목을 들을 수 있다. 경제학은 일반적으로 인기 있는 선택 과목이다. 유기화학은 의대 진학을 목표로 하는 학생들이 주로 듣는다. 체육, 외국어, 음악, 미술, 고급 생물학 등도 학생들이 많이 수강하는 인기 과목들이다.

단 학생들이 TAMS에 계속 다니기 위해선 3.0 이상의 학점을 유지해야 한다. 3.0 미만의 학점을 받으면 일반 고등학교로 돌아가야 한다.

TAMS는 학생들이 학업에 집중할 수 있도록 다양한 지원을 하고 있다. 두 명의 상담사가 학생들을 지켜보면서 도움을 준다. 예를 들어, 학부모들에게 학생들의 성적이나 상태 등을 알리고 필요하면 과외 지도도 해준다. 특히 첫 학기엔 수학 과목의 보충 수업을 해 준다. 학생들이 배우는 수학 교과의 고등학교 과정과 대학교 과정 간에 수준 차가 있기 때문이다. 이 외에도 과목별로 교수들에게 도움을 청할수도 있어 학생들이 본인의 의지만 있으면 3.0 이상의 학점을 유지할수 있기에 충분한 학술적 지원을 제공하고 있다.

또 TAMS는 대학 교수들과 연구 과제를 진행할 수 있는 기회를 제공한다. 예를 들어, 텍사스에는 나노테크 등 첨단 과학 분야의 클러스터가 형성돼 있다. TAMS의 재학생들은 일반 대학교 1학년들보다더 똑똑하고 열정적이란 평가를 받는다. 따라서 교수들도 매학기 TAMS 학생들이 자신들의 연구에 참여하길 기대하고 적극 권장한다. 여름방학을 이용해 타 대학이나 의료센터, 해외 프로젝트 참여도 가능하다.

이러한 연구 프로젝트 참여를 통해서 과학에 대한 탐구심을 높일수 있을 뿐만 아니라, 과학 경시대회에 참여해서 가시적인 성과를 얻을 수도 있다. 예를 들어, 지멘스(Simens) 과학경시대회 준결승 진출자 중 TAMS 학생 수가 가장 많았다. 이러한 수상경력이 원하는 대학에 지원할 때 주요 경력이 된다.

일반적으로 영재들은 자살 충동에 사로잡힐 가능성이 높은 것으로 알려져 있다. 자의식이 강한 데다 평범한 또래 친구들과 정서적 교류가 어렵기 때문이다. 따라서 영재교육에 있어서 그들에게 사회·감성적인 지원을 하는 것도 중요하다. 각종 과외 활동을 비롯해 리더십 개발, 지역사회 봉사활동 등의 기회도 제공한다. 아이들을 가르치거나 노인 등 취약계층을 돕는 활동을 주로 한다. 청소년 전문심리상담가가 상주하면서 학생들에게 필요한 상담 서비스를 제공한다. 아이들은 전환기에 놓여 있기 때문에 이 시기를 통해 크게 성장해서 사회에 기여하거나 반대로 낙담해서 극단적인 선택을 할 수도 있다. 따라서 심리적인 안정을 유지할 수 있도록 돕는 것이 매우 중요하다.

TAMS 입학 자격은 텍사스주에 거주하는 10학년 학생들을 대상으로 주어진다. 대상 지역은 점차 확대해 나가려고 한다. 대학입학자격시험(SAT) 점수를 기준으로 수학, 과학 분야를 전공하길 희망하는 최상위 5% 학생들이 지원 가능하다. 경시대회 수상경력도 합격에 도움을 준다. 인터뷰와 교사들의 추천 등도 필수적인 입학 절차다. 인터뷰에서는 주로 학생들의 성숙도를 본다.

현재까지 3,600명의 졸업생들을 배출했다. 졸업생의 55%가 텍사스주에 있는 유수의 대학으로 진학하고 나머지 45% 정도는 아이비리그, 존스 홉킨스, MIT, 스탠포드 등 세계적인 명문 대학으로 진학한다. TAMS의 가장 중요한 목적 중 하나는 영재들을 이공계 분야로 진출하게 하는 것이다. 졸업생의 85% 정도가 STEM(과학, 기술, 엔지니어링, 수학) 분야를 전공한다.

현재 전국 단위로 과학수학아카데미를 운영하는 방침에 대해서 논의가 진행 중이다. 텍사스주 외의 다른 주에서도 지역 대학과 연계한 프로그램 도입을 검토 중이다. 한국에서도 TAMS의 운영 프로그램에 많은 관심을 갖고 두 차례나 방문한 바 있다.

리처드 싱클레어

오클라호마시립대학에서 생물학 전공했다. 오클라호마대학 보건과학센터에서 생리학
과 생물리학 박사학위를 받고 조교수로 근무했다. 1992년에 노스텍사스대 수학과학아
카데미(TAMS) 학장으로 부임했다.

 | 강연 | ❷

특성화 고등학교, 이렇게 육성하라
항킴후(싱가포르국립대학 부설 수학과학고등학교 교장)

싱가포르국립대학(NUS) 부설 수학과학고등학교는 싱가포르에 있는
일반 고등학교와 크게 두 가지 점에서 다르다. 첫째, 수학·과학 특
성화 고등학교라는 점이다. NUS 부설 수학과학고등학교는 수학·
과학 교과에 재능을 보이는 영재들을 교육할 목적으로 2005년 설립
됐다. 둘째, 국가에서 지정한 교과과정을 따르지 않고 별도의 교과과
정을 갖고 있다.

싱가포르 대부분의 학교 운영시스템은 O레벨, A레벨 두 차례의
교육자격검정시험(General Certificate of Education, GCE)을 시행한다.
통합 프로그램은 O레벨의 시험을 생략한 시스템이다. 국가적으로
시험을 줄여나가고자 하는 것이다. 하지만 NUS 부설 수학고등학교
의 경우엔 GCE가 아닌 별도의 교과과정과 평가시스템을 갖추고 있

항킴후 "교과과정과 평가과정을 자체적으로 운영하고 있기 때문에 졸업장을 인정받기 위해서 노력하게 된다."

다. 6년간의 NUS 자체 모듈을 통해 대학입학자격을 얻게 된다.

입학생 모집과 선발은 1학년과 3학년 두 차례에 걸쳐 이뤄진다. 우선, 1학년부터 NUS 부설 수학과학고등학교에서 수학하는 학생 정원은 170명이다. 두 가지 입학전형으로 학생을 선발한다. 총 1,800명의 지원자가 수학·과학 교과 시험에 응시한다. 그 중 400명의 지원자가 DSA(Direct School Admission) 캠프에 참여할 기회를 얻는다. DSA 전형을 통해 지원자들의 생물학, 화학, 물리학, 영어 등 과목의 학습역량을 파악해 153명을 최종 선발한다. 나머지 17명은 초등학교 졸업시험(Primary School Leaving Examination, PSLE)에서 우수한 성적을 받은 학생들을 선발한다. 따라서 NUS 부속 수학과학고등학교 재학생의 90%가 DSA 전형을 통해 선발되는 셈이다.

3번째 해에 70명의 학생을 충원하는데 이때 200명의 지원자가 수학·과학 교과 시험에 응시하고 시험에 합격한 학생들은 심층면접을 거치게 된다. 매년 25명 이하의 해외 학생들이 입학한다. 122명의 교사와 56명의 입학사정관 중 59%가 석·박사 학위를 갖고 있다.

수학·과학 교과과정은 크게 기초, 고급, 심화 3단계로 나뉜다. 1~2학년 기초단계는 전체 교육시간의 43%가 수학·과학 교과에 할당된다. 주당 9시간 중 50%가 실습으로 채워진다. 3~4학년 고급단계는 전체 교육시간의 54%에 해당하는 주당 14시간이 수학·과학 교과 수업시간으로, 선택과목을 수강할 수 있다. 5~6학년 심화단계는 전 교과과정의 66%인 주당 17시간이 수학·과학 연구과제로 구성돼 있다. 5학년부터는 심화 연구과제를 수행하기 위해서 반드시 기숙사에서 생활해야 한다. 1~4학년까지 속성과정을 거치는 학생들은 대학 과정을 미리 선행 학습할 기회도 주어진다.

1~4학년까지는 수학·과학 교과 외에 인문·사회·예술 관련 과목도 수강해야 한다. 영어, 중국어 등 언어 관련 과목도 6년 내내 수강하게 된다. 정서·인성교육도 병행한다. 체육이나 동아리활동 등 과외활동도 교과과정에 포함된다. 특히 연구·혁신 프로그램은 6년 내내 진행된다. 심화연구 프로젝트를 마치는 것은 졸업 필수요건 중 하나다.

이와 별도로 다빈치 프로그램을 운영해 과학적 연구방법을 가르치고 세미나 등을 열어서 연구 프로젝트를 보완할 수 있게 한다. 연구기관, 병원 등과 협정을 맺어 학생들의 연구활동을 지원하고 있다. 또 아이슈타인 플러스 프로그램을 통해 특출한 학생들에게 노벨상 수상자들이 특강을 해준다든지 특화된 교육 서비스를 제공하기도 한다.

이러한 연구 프로젝트를 통해 28건의 연구논문 학술지 게재, 25건의 학술컨퍼런스 발표 등의 성과를 거뒀다. 학생들이 《리더십 향상을 위한 50가지 수학·과학 게임》, 《브레인북》 등 책을 펴내기도 했다.

각종 국제 과학·수학 올림피아드에서도 괄목할 만한 성과를 얻고 있다. 2008년부터 2013년까지 올림피아드에 출전해 금메달 14개, 은메달 19개, 동메달 10개를 받았다. 현재 20개의 학교와 교환·연구프로그램을 공동 운영 중이고 22개국 45개 학교와 네트워크를 맺어 벤치마킹하고 있다. 카이스트, 서울과학고등학교와도 많은 교류를 하고 있다.

교과과정과 평가과정을 자체적으로 운영하고 있기 때문에 졸업장을 인정받기 위해서 노력했다. 싱가포르 4개 국립대는 물론 영국, 호주 상위권 대학을 방문해 NUS 부설 수학과학고등학교의 졸업장을 인정받았다. 2008년 처음으로 88명의 졸업생을 배출했다. 졸업생 중 455명은 싱가포르국립대학에, 166명은 난양공대에 진학했다. 이외에도 영국 런던대, 케임브리지, 옥스퍼드나 미국 하버드, 스탠포드 등 세계 유수의 대학으로 진학했고 졸업생의 절반 정도는 현재 박사학위과정을 밟고 있다. 2008년 졸업생 중 한 명은 IT 분야에서 창업을 해서 화제를 낳기도 했다.

 항킴후

난양공대에서 수학교육학과 석사 학위를 받고 싱가포르국립대에서 통계학 석사 학위와 수학 박사 학위를 받았다. 1994년부터 싱가포르 수학회 부회장을 역임하고 있다.

08 문·이과 칸막이 교육의 장벽

지능과 감성의 벽을 넘어 행복한 미래인재로

고교 교육과정이 지금처럼 문과와 이과로 따로 나뉘어서는 창의적인 인재를 기를 수 없다는 지적은 오래 전부터 제기돼왔다. 논리적 사고를 중시하는 학생은 이과, 감수성이 풍부한 학생은 문과로 나누고 교육과정마저 달리해서는 융·복합이 중시되는 현시대와 맞지 않는다는 지적이다. 문과와 이과로 구분하는 국가는 세계적으로 일본과 대만 정도에 불과하다. 한국 정부도 문·이과 구분을 없애는 통합수능안을 2021학년도에 도입키로 하고 교육과정은 2017년부터 개편할 예정이다.

〈글로벌 인재포럼 2013〉의 '지능과 감성의 벽을 넘어 행복한 미래인재로' 세션은 지능지수(IQ)와 감성지수(EQ)의 벽을 넘어 상상력과 논리력을 함께 갖춘 인재를 육성하는 방안을 토론했다. 발표자로 참석한

카타르지나 쿠바스카 경제개발협력기구(OECD) 애널리스트와 캐리 로제스 미시간주립대 교수는 입을 모아 인지역량과 비인지역량(cognitive and non-cognitive skills)의 조화로운 함양을 위한 사회·정서적 학습(Social-Emotional Learnign, SEL)의 중요성을 역설했다.

쿠바스카 박사는 "개인 역량은 개념적으로 인지영역과 비인지영역으로 구분된다"며 "비인지역량이 인지역량보다 다양한 삶의 성취에 더 광범위하게 영향력을 행사하는 것으로 나타났다"고 말했다. 인지역량은 지능지수(IQ), 학업성취도, 문자·숫자 활용능력, 문제해결 능력 등을, 비인지역량은 개성, 성격, 사회·감성적 능력 등을 포함하는 개념이다.

로제스 교수는 "SEL은 감정을 인식·조정하는 능력, 사회적 관계를 구축하는 능력, 사회적 문제를 해결하는 능력을 높이기 위한 학습여건을 마련하는 것을 목표로 한다"며 "학습 성과는 기존의 오해와는 달리 선천적인 자질보다는 후천적으로 주어지는 여건에 따라 바뀌는 것"이라고 지적했다. 그는 "상호의존성을 갖고 협력할 수 있으며 건설적으로 갈등을 해결할 수 있는 능력을 키우면 성과가 향상 된다"고 설명했다.

이 세션의 토론자인 김미숙 한국교육개발원 글로벌교육연구실장은 "학생들을 행복하게 할 수 있는 방향으로 교육의 정책기조를 바꾸고 있는 시점에서 시의성 있는 연구주제"라며 "우리나라에선 인지역량을 강조해왔기 때문에 인지와 비인지 역량의 조화를 이뤄야 한다는 것은 비인지역량을 높이기 위한 교육을 상대적으로 강화해야 한다는 것"이라고 강조했다. 그는 "쿠바스카 박사도 설명했듯이 인지

역량과 비인지역량은 연구 편의상 구분한 개념이다"며 "학생들을 전인적 존재로 이해하고 교육해야 한다는 것이 핵심"이라고 덧붙였다.

| 강연 | ❶

인지 역량과 비인지 역량, 어느 것이 더 중요한가?

카타르지나 쿠바스카(OECD 애널리스트)

경제개발협력기구 교육혁신연구센터(OECD CERI) 애널리스트로서 교육과 사회진보(ESP) 프로젝트를 진행 중이다. ESP 프로젝트는 '교육이 사회진보에 어떻게 기여하는가'라는 큰 주제 아래, 인지 역량과 비인지 역량의 개발을 위한 학습방법과 이들 역량이 개인의 사회적 지위와 역할수행에 미치는 영향 등에 초점을 맞춘 연구 과제를 포함하고 있다.

ESP 프로젝트 1단계에서는 개인 역량의 중요성에 대해 밝히는 것을 목표로 했다. 개인 역량을 인지영역과 비인지영역으로 구분하고 이들 영역의 역량이 각각 개인의 사회적 성과에 미치는 영향을 살펴보는 것을 연구의 주요 골자로 한다.

우선, 가족, 학교, 지역 공동체의 다양한 사회적 층위에서 개인 역량이 어떻게 발현되는지를 살펴보고, 고용, 보건, 시민사회 참여도, 신뢰, 안전(왕따 및 학교폭력 등으로부터의 안전) 등의 다양한 척도를 통해 개인 역량별 사회적 성취도를 밝혀보도록 하겠다.

카타르지나 쿠바스카 "인지와 비인지 역량은 서로 영향을 주고받으며 개인의 사회적 성취에 큰 영향을 미친다."

개인 역량은 개념적으로 인지와 비인지 역량으로 구분한다. 인지 역량에는 지능지수(IQ), 학업성취도, 문자·숫자 활용능력, 문제해결 능력 등이, 비인지 역량에는 개성, 성격, 사회·감성적 능력 등이 포함된다.

각각을 보다 자세히 살펴보면, 인지 역량은 사고와 경험을 통해 지식을 습득하는 정신적 능력을 가리키는 것으로 지식을 해석·반영·추론하는 능력을 의미한다. 이를 다시 기본인지 능력, 지식습득, 지식추론 등으로 구분할 수 있다. 기본인지 능력은 단편적 지식을 기억하고 패턴을 인식하는 사고 과정에서 발휘된다. 이런 판단속도를 측정해 기본인지 능력의 정도를 파악할 수 있다. 지식습득은 지식에 접근해 이를 축출·해석하는 능력을 포함한다. 마지막으로 지식추론은 지식을 현실에 반영하고 인과관계를 파악해 개념화할 수 있는 능력을 가리킨다.

비인지 역량은 좀 더 추상적인 개념으로 그 자체로 인지 역량에 영향을 미친다. 사고방식, 감정, 행동양식 등의 일정한 패턴을 의미하며 목표달성, 협력, 감정조절 등으로 나타난다. 예를 들어, 인내심, 자기통제력, 열정 등이 목표달성을 위한 비인지 역량에 속한다. 친화력, 상호존중, 배려심 등은 타인과의 협력을 가능하게 하는 역량이고, 평정심, 낙관주의, 자신감 등은 감정조절능력에 해당한다.

앞서 밝힌 바와 같이, 두 가지 유형의 역량은 서로 영향을 주고받으며 개인의 사회적 성취에 큰 영향을 미친다. IQ검사, 수학능력시험 등에서 주로 측정하는 능력은 인지 역량이다. 하지만 IQ 등 측정 검사 결과에는 동기부여, 문제 해결의지 등 비인지 역량의 영향도 포함돼 있다.

그렇다면 인지 역량의 함양을 동반하는 비인지 역량 육성방법에는 어떤 것이 있는가? 학교 등의 공식 교육기관에서 이뤄지는 정규 교육 외에 가정, 지역 공동체에서 이뤄지는 비공식적인 교육은 비인지 역량에 어떤 영향을 미치는가 등도 주요 연구대상이다. 이는 팀워크를 요구하는 교수법이 또래 집단에서의 어울림 등의 사회성에 어떤 영향을 미치는지 등의 연구 질문으로 구체화될 수 있다.

기존의 연구결과에 따르면, 비인지 역량이 인지 역량보다 다양한 삶의 성취에 더 광범위하게 영향력을 행사하는 것으로 나타났다 (Heckman, Borghans, et al(2008)). 양심이 가장 중요한 자질 중의 하나로 드러났는데, 여기서 양심이란 책임감, 배려심, 조직력, 끈기 등을 포함한 개념이다. 또 비인지 역량의 결과 예측력이 인지 역량보다 더 큰 것으로 나타났다. 즉 'IQ가 높으면 인생에서 성공한다'는 지능과 삶의 성공 여부 간의 상관관계보다 '질서의식이라든지 책임감이 높을수록 인생에서 성공할 확률이 높게 나타난다'는 가설의 모델검증력이 더 높다는 것을 의미한다.

또 비인지 역량은 인지 역량에 비해 후천적으로 개발할 수 있는 여지가 큰 것으로 나타났다. 인지 역량의 발달은 영유아기에 주로 이뤄지지만 비인지 역량은 사람이 살아가면서 계속 바뀐다는 것이다.

한국의 경우엔 13세에서 19세까지의 청소년들을 대상으로 한 패널조사(Korean Youth Panel Survey, KYPS)가 이뤄진 바 있다. 인지 역량은 학업성취도, 성적으로 측정했고, 비인지 역량은 책임감, 통제 소재 등을 변수로 했다(단, 통제 소재를 독립변수로 할 경우 통계적으로 유의미한 결과를 얻을 수 없었다). 이 패널조사에 사용된 모델에서 흡연, 음주, 우울증이 종속변수로 쓰였다. 조사결과의 일부를 소개하면, 19세 청소년들을 대상으로 했을 때 책임감이 높을수록 흡연·음주를 할 가능성이 낮은 것으로 나타났다.

이 연구를 통해 발견된 흥미로운 결과는 인지 역량이 흡연·음주 등의 생활습관과 우울증이란 심리상태에 미친 영향이다. 놀랍게도 인지 역량이 클수록 흡연할 가능성은 적지만 음주 가능성은 높게 나타나고 우울증에 걸릴 가능성도 큰 것으로 나타났다. 이러한 조사결과는 다각도로 해석이 가능하겠지만 인지 역량이 클 경우 진학률도 높아서 학업에 대한 스트레스 등으로 인해 우울증 발병 가능성이 높게 나타나고, 또 대학에 진학할 경우 동아리 활동 등에 의해 음주 기회가 늘어나는 것으로 볼 수 있다. 또 이러한 결과는 한국에만 국한돼 나타나는 것은 아니다.

ESP 1단계에서 이뤄진 연구결과는 주로 영미권에서 나온 자료를 바탕으로 했다는 한계를 가진다. 따라서 앞으로 진행될 ESP 2단계는 데이터 세트를 확장해서 동적 연구(시간의 흐름에 따라 데이터들 간의 상관관계를 밝히는 방법론)를 수행할 계획이다. 구체적인 연구 질문은 인지 역량과 비인지 역량 중 어떤 것이 더 중요한가, 이러한 역량을 육성하는 것이 가능한지 여부 등이다.

 카타르지나 쿠바스카

경제개발협력기구 교육혁신연구센터(OECD CERI)의 애널리스트다. 브레멘 국제대학에서 사회·인지심리학을 전공했고 암스테르담 자유대학을 쿰 라우데(우수)로 졸업하며 사회심리학 석·박사 학위를 받았다. 2011년부터 CERI의 애널리스트로서 교육과 사회진보(Education and Social Progress, ESP) 프로젝트에 참여하고 있다.

 |강연| ❷
자질이 아니라 환경이 중요하다
캐리 로제스(미시간주립대 교수)

1974년부터 기숙학교에서 교사로 일했다. 기숙학교였기 때문에 학

캐리 로제스 "사회·정서적 학습은 상호협력이 가능하고 건설적인 갈등 해결이 가능한 상황에서만 가능하다."

교 수업 외에 스키나 축구 코치 역할도 했다. 또 기숙사에서 학생들과 같이 살면서 학습지도뿐만 아니라 생활지도도 겸했다. 이러한 경험을 통해 학생들에 대한 몇 가지 오해를 풀 수 있었다.

첫째, 천재적인 인지 능력이 성공을 담보하진 못한다. 충분히 똑똑하지만 인생에서 성공하지 못한 예는 얼마든지 찾아볼 수 있다. 학생들이 자신의 잠재력을 발휘할 수 있는 여건이 담보되지 않으면 개별적인 재능으론 충분하지 않다는 것이다.

둘째, 항상 갈등을 피하고 조화를 유지하도록 해야 하는 것은 아니라는 것이다. 갈등 해결이 건설적인 과정이 될 수도 있다. 갈등이 현상을 새롭게 볼 수 있는 기회가 되고 새로운 아이디어를 내도록 자극하는 계기가 되기도 한다는 것이다. 이는 갈등을 어떻게 해결하는지 그 과정의 문제다. 상호협력이 이뤄질 수 있고, 건설적으로 갈등을 해결할 수 있는 조건이 마련되면 학생들은 갈등을 통해 좋은 결과를 낼 수 있다.

학습 성과는 학생, 교사의 개인적인 자질의 문제가 아니라 그들이 처해있는 환경에 의해 결정되는 경우가 많다. 예를 들어, 스페인어 수업에서는 시종일관 못하겠다며 짜증스러운 태도를 취하던 학생이 축구 연습에는 누구보다 성실하게 참여하기도 한다. 동일한 학생인데 왜 다른 태도를 보일까?

또 다른 예도 있다. 또래 집단별로 동일한 학생인데 어떤 학생들과는 잘 어울리고, 또 다른 학생 집단에서는 잘 어울리지 못하는 양상을 보이기도 한다. 따라서 교육여건을 바꾼다는 것이 무엇인지, 환경의 변화가 학생들의 인지적, 사회정서적인 성과에 어떤 영향을 미치는지 등에 대한 연구가 필요하다.

사회 · 정서적 학습(Social-Emotional Learning, SEL)은 세 가지 능력을 함양하는 것을 목표로 한다. 감정을 인식하고 조정하는 능력, 긍정적인 사회적 관계를 구축하는 능력, 사회적 문제를 해결하는 능력이 그것이다. 이 능력들을 향상시키기 위해서는 어떤 조건이 갖춰져야 하는지, 그리고 이 능력들이 학습 성과와 동기, 행태(교류, 결석, 파괴적 행동 등) 등에 어떤 영향을 미치는지 등이 연구과제다.

이와 관련해 몇 가지 쟁점이 있다. 우선, 사회 · 정서적 학습의 측면에서 봤을 때 학생들의 학습 성과, 동기, 행태 등은 그들의 고유한 '특성'인가, 아니면 당시 상황에 따른 '상태'인가? 동일한 학생이 모든 상황에서 일관된 반응을 보인다면 이는 그의 특성이나 자질로 볼 수 있을 것이다. 하지만 그렇지 않은 경우(그렇지 않다는 것은 교사로서의 경험을 통해 알 수 있었다), 학생의 특정한 상태일 뿐이라고 볼 수 있을 것이다.

그렇다면, 즉 학생이 어떤 특정한 상황에 처했을 때 보이는 상태일 뿐이라면, 상태를 개선하는 방법에는 어떤 것이 있는가? 교육, 연습, 보상 등에 의해서 상태를 바꾸는 것이 가능한가? 혹은 상황 자체를 바꾸면 저절로 상태가 바뀌는 것인가?

현실은 후자에 가깝다는 의견이 지배적이다. 결론부터 말하자면, 학생들이 현재 보이고 있는 성과는 불변의 특성에 기인한 것이라기보다는 가변적인 상태이고, 이는 상황에 따라 바뀌는 것이다.

사회 · 정서적 학습의 효과를 강화하기 위해선 학생들이 각자 고립돼 있거나 서로 경쟁하는 관계에 놓여 있어서는 안 된다. 달리 말해, 사회 · 정서적 학습은 상호협력이 가능하고 건설적인 갈등 해결이 가능한 상황에서만 가능하다.

먼저 상호협력이 가능한 환경에서 학습이 이뤄질 경우에 경쟁적인 상황에서보다 학습효과가 높아지는지 살펴보겠다. 여기서 말하는 협력은 사회적 상호의존성 이론을 전제로 한다. 우선 상호의존적 목표를 설정해야 한다. 그리고 서로에게 이익이 되는 구조가 마련돼야 한다. 즉 상대방의 성공을 통해서만 내가 성공할 수 있다는 신뢰가 구축돼야 한다. 예를 들어, 회사에서 상사가 부하 직원에게 일을 다 떠넘기고 보상은 본인이 독차지하는 것을 종종 볼 수 있다. 이런 경우 함께 일하지만 협력은 불가능하다. 따라서 각자가 상호의존성을 가질 때만 정보를 공유하고 서로의 일을 책임지게 된다.

2008년 발표한 연구논문에 게재된 메타분석 결과에 따르면 상호

의존적인 목표설정을 통한 협력이 학습 성과와 교우관계 개선에 큰 영향을 미친다. 협력 또는 경쟁관계가 학습 성과와 교우관계 개선에 미치는 영향에 대한 회귀분석 결과, 상관계수가 0.57로 나타나 상당히 큰 영향을 미치는 것으로 나타났다. 즉 협력 조건을 충족시키는 환경을 조성하면 학생들이 긍정적인 교우관계를 갖고 동시에 학습 효과도 높일 수 있을 가능성이 높다. 이는 11개국, 1,700여명의 학생들 중 30~50명으로 구성된 140개 표본을 통합한 메타분석 결과이기 때문에 일반화가 가능하다.

따라서 이러한 협력이 가능한 조건이 마련될 경우 엄청난 결과를 기대할 수 있다는 결론이 나온다. 하지만 이런 협력적 여건을 만드는 것은 쉽지 않다. 오히려 역효과를 내는 협력이 이뤄지는 경우도 다반사다. 예를 들어 사회적 태만이 나타나서 다른 사람에게 일을 미루는 경향이 집단 내에 퍼지기도 한다. 그러므로 상호 협력적인 상황에서도 개별적으로 책임을 묻는 체계가 갖춰져야 한다. 즉 팀 단위뿐만 아니라 개인별로도 성과를 측정하고 피드백이 있어야 한다는 것이다.

경쟁보다는 협력적 관계를 통해 학습 성과를 높일 수 있다는 것이 입증됐다. 한편 갈등은 사회·정서적 학습의 효과에 어떤 영향을 미치는가? 일반적으로 갈등이 있으면 조화롭게 일하는 것이 불가능하다고 생각하기 쉽다. 하지만 협력이 필요한 상황에서 갈등은 불가피하다. 갈등이 협력 관계를 파괴하지 않도록 관리하면 오히려 건설적인 갈등 해결을 통해서 협력이 강화되기도 한다.

때론 갈등이 사회·정서적 학습 효과를 높이기도 한다. 건설적인 갈등해결 방법이란 비슷한 갈등 요인이 향후 재발하면 이를 긍정적으로 해결할 수 있는 능력을 함양하도록 하는 것이다. 갈등의 건설적인 해소를 위해선 먼저 갈등 당사자 간에 갈등의 존재에 대한 동의가 있어야 한다. 즉 갈등이 실제로 존재하는지 여부를 파악하고 그것이 무엇인지 알아야 한다.

건설적인 갈등해결 과정을 정립해야 하는 궁극적인 목표는 갈등 상황을 평화적으로 해결하는 능력을 키워주는 것이다. 이러한 과정은 크게 5단계를 거친다. 예를 들어, 먼저 임의의 주제에 대해 무작위로 찬반을 나눈다. 일부 학생들은 찬성, 나머지 학생들은 반대로 배정한다. 그런 다음, 각자 자신의 입장에서 의견을 정리하도록 한다. 세 번째 단계로 자신과 반대 의견을 가진 사람을 만나서 서로의 의견에 대해 토론하게 한다. 네 번째로 찬반 입장을 맞바꿔 상대방의 입장에서 의견을 정리해 다시 토론하게 한다. 마지막 단계에 이르면 상대방 의견에 대한 상호 이해를 바탕으로 '우리의 의견'을 도출하도록 한다.

이러한 5단계의 과정을 거치면 다른 형태의 찬반토론보다 갈등해결을 위한 합의점에 도달할 가능성이 한층 높아지는 것을 볼 수 있다. 논쟁은 승자와 패자를 가른다. 하지만 이 같은 과정을 차근차근 밟아가게 하면 학생들이 평화롭고 건설적인 방법으로 갈등을 해결하는 길을 체득하게 된다. 갈등은 교실에서 뿐만 아니라 사회에서도 일어난다. 운동장이나 복도에서 싸움이 일어났을 때, 학교 폭력이 발생했을 때 학생들이 평화적인 중재자로서 역할을 하도록 가르칠 수 있다.

사회·정서적 학습에 의한 갈등해결방법 지도의 부수적인 효과도 있다. 학생 자신이 원하는 것이 무엇인지, 자신의 감정을 설명할 수 있는 능력을 키울 수 있다. 갈등이 생기면 원인과 해결책을 각각 세 가지씩 작성하고 그 중 가장 타당해 보이는 것을 고르게 한다. 이런 과정을 통해 갈등을 해결하도록 할 경우, 개별적으로 문제를 해결하는 것보다 상대방과 자신이 원하는 게 무엇인지 파악하는 능력도 향상된다는 것이다.

 캐리 로제스

다트머스대에서 스페인어를 전공했다. 1997년 졸업 직후부터 남녀공학 기숙학교인 킴벌 유니온 아카데미에서 교사로 일했다. 미네소타 대학에서 교육심리학 석·박사 학위를 받고 2007년에 미시간주립대 교수로 임용됐다. 로제스 교수는 교육심리학 분야에서 활발한 연구활동을 진행해 2012년에는 미시간주립대 '최고의 과정'으로 선정됐고, 2013년에는 우수교수·학자상을 수상하고 종신교수직을 부여받았다.

09 학문 간 장벽

영국의 창조산업-예술과 과학의 융합

지난달 교육부는 한국사를 2017학년도 대학수학능력시험부터 필수 과목으로 넣기로 결정했다. 그러자 다른 사회과목 학계가 일제히 반대하고 나섰다. 한국지리학회는 "독도가 한국땅이라는 것은 지리 문제이기도 하다"며 "역사학계가 걸핏하면 역사의식 위기론을 들고 나와 정부 지원을 독차지하고 있다"고 주장했다.

학계의 이 같은 분열은 학문 간 융합을 통해 창의적인 인재를 길러내야 하는 학계의 소명과는 거리가 멀다는 지적이다. "교수들이 자기 분야만 파다보니 다른 교수들과 같이 연구하는 방법을 모른다"(유기풍 서강대 총장), "교수는 1인 성주(城主)"(안국신 전 중앙대 총장) 등 대학 내 협업 부재를 비판하는 목소리가 높다.

〈글로벌 인재포럼 2013〉에서는 영국의 창조산업 발전을 선도한 영국 7개 대학의 총장을 초청해 라운드 테이블 세션을 가졌다. 예술과 과학의 융합을 통해 창조산업을 이끈 영국의 경험을 공유하기 위해서다.

영국 정부는 '창조산업'을 적극적으로 육성하고 있다. 창조산업은 '개인의 창의성을 이용해 지적재산권을 설정하고 활용해 부와 고용을 창출할 수 있는 산업'으로 영화, 광고, 소프트웨어, 출판, 음악, 미술 등이 여기에 해당된다.

이날 포럼에서 사회를 맡은 마틴 프라이어 주한 영국문화원 원장은 영국의 창조산업에 대해 "1990년대부터 개념 정립이 시작됐다"며 "현재 창조산업 분야에서 20만 개의 기업들이 150만여 명을 고용하고 있다"고 강조했다.

마크 스미스 랭커스터대 총장은 이 대학의 학제 간 교류 활동을 소개했다. 이 학교는 2008년 '창의연구소'를 설립해 무용, 영화, 음악 등 다양한 예술 분야를 산업과 접목시키고 있다. 특히 창의연구소 내 '이미지네이션 랭커스터'란 프로그램을 융합의 핵심으로 손꼽았다.

웨일스에 자리잡은 뱅거대의 존 휴즈 총장은 이 학교의 '폰티오 프로젝트'를 설명했다. 폰티오 프로젝트는 EU와 영국 예술위원회, 웨일스 예술위원회 등이 공동으로 4,500만 파운드를 투입해 설립한 예술과 과학의 협업을 위한 공간이다. '폰티오'는 '가교'란 뜻이다. 내년 완공 예정인 4,000여㎡ 크기의 이 센터는 공연과 과학 연구 등을 위한 장소로 구성돼 있다. 휴즈 총장은 "대학 내 아이디어를 탐색해 창의성과 발명 혁신을 꾀하자는 것"이라며 "아이디어에 그치지 않고 상용화, 창업까지 연계하는 데 중점을 두고 있으며 학생들에게 기업가정신을 강조하고 있다"고 덧붙였다.

패트릭 라우리 골드스미스대 총장은 '컴퓨터 산업'을 강조했다. 예술과 과학 모두 컴퓨터 기술로 연결돼있다는 것이다. 라우리 총장은 "컴퓨터를 통한 첨단 기술이 다양한 분야와 접목해야 한다"며 "마이크로소프트, 델 등 IT 기업들과 다양한 학제 간 협업을 진행하고 있다"고 말했다. 학생들에게 기업가정신을 심어주는 것도 필요하다고 강조했다. "어떻게 창업을 하고 기업을 운영해야 하는지 모든 학생들에게 기본적인 경영 수업을 듣도록 하고 있다"는 것이다.

| 토론 | ❶
창조산업에 기여하는 영국 고등교육
마틴 프라이어(주한영국문화원 원장)

한국과 영국은 공통점이 있다. 창조적으로 고등교육에 접근하려 한다. 디자인과 예술, 과학에 대한 융합을 시도한다. 영국 창조산업은 1990년대에 어느 정도 정립이 됐다. 현재 이 산업군에 10만 개의 사업체가 있으며 약 150만 명이 종사하고 있는 것으로 파악된다. 지난 10여 년간 꾸준한 성장을 해왔다. 영국은 150개 대학 등 다수의 고등교육 기관이 있다.

영국 대학은 특징이 있다. 탁월한 스킬을 중요하게 생각한다. 세계 100대 대학 중에서 9개가 영국 대학인 것이 이것을 증명한다. 200대 대학으로 범위를 넓히면 30개가 영국 대학이다. 6,000만 명이라는 영국 인구 규모를 감안하면 대단한 결과다. 대학들은 다양한 연구 및 교환 프로그램을 운영하고 있다. 또한 국제적으로 운영하고 있으며 다양한 결실을 맺고 있다. 전 세계에 설립된 영국문화원의 역할에 대해서도 잠깐 설명을 하고자 한다. 영국문화원은 창조산업과 창조경제를 지원하기 위해 여러 국가들의 경험을 영국과 나누고 있다.

영국이 지난 20년간 해왔던 여정은 역동적인 창조산업을 정립하는 과정이었다. 여러 성공사례들이 있다. 이를 보다 구체적으로 살펴보기 위해 일곱 명의 대학 총장을 한 자리에 모셨다. 대학들이 그동안 어떻게 인재를 키웠으며 혁신을 했는지 들을 수 있을 것이다.

 마틴 프라이어

캠브리지대와 코퍼스 트리스티대(석사)를 졸업하고 말레이시아중학교에서 역사와 영어를 가르쳤다. 1986년 영국문화원에 합류해 상파울루, 이스탄불, 바르셀로나, 부에노스아이레스, 이스탄불 등의 영국문화원장을 지냈다. 2013년 9월 주한영국문화원장으로 부임했다.

랭캐스터 대학의 학제 간 교류 활동

마크 스미스(랭캐스터대 총장)

영국의 대학들이 창의산업의 한 요소로서 어떻게 창의과제를 수행할까? 최근 제조 산업에서 지식기반 산업으로 이동하고 있다. 산업의 중요성이 늘어나고 있다. 랭캐스터 대학은 런던에 있진 않다. 영국은 곧 런던이라고 생각하면 안 된다. 런던에는 1,000만 명이 거주할 뿐이다. 랭캐스터 대학은 여러 가지 지표로 살펴보면 전 세계 150위권에 들어가는 대학이다. 전 세계 1%다. 영국의 대표적인 학교다.

여러 가지 학제 간 교류활동을 소개하겠다. 산학협력 활동도 설명하겠다. 먼저 '라이카(LICA) 창의 산업 연구소'를 설립했다. 무용과 디자인 등 디자인과 비디자인 부문 간 다양한 협업을 꾀하는 곳이다. 또한 실질적인 교류를 꾀한다. 라이카에는 '이미지네이션 랭캐스터(imagination Lancaster)'라는 표어가 있다. 일종의 콘셉트다. 디자인과 창의를 합치고 디자인과 과학을 합친 하나의 가상의 주체다. 이 접근법을 통해 다양한 학제 간 참여를 꾀한다. 의예과와 환경과학, 경영과 예술 등 말이다. 학문들이 상호 교류하는 게 실질적으로 쉽진 않다. 그래서 여러 분야의 사람들이 모이는 환경을 조성하고 있다. 외부 사람들도 함께 작업을 할 수 있다. 산업, 민간, 다른 대학 사람들이 대상이다. 현재 메사추세츠공대(MIT) 등과도 협업하고 있다.

대표적인 사례를 하나 소개하자면 '서비스 디자인'이 있다. 사람들에게 도움이 되는 서비스를 디자인하는 것이다. 현재 랭캐스터 성주변에 사람들을 위한 공공장소 설계를 진행하고 있다. 이처럼 대학들이 폭넓게 협업하면서 자원을 다양하게 활용하고 있다. 그리고 기업가정신을 바탕으로 많은 프로젝트를 진행하고 있다.

'크리에이티브 익스체인지' 사업도 좋은 사례다. 이것은 왕립예술대학, 뉴캐슬대학과 함께 진행하고 있다. 제품과 서비스를 공동으로 창조하고 교육하는 것이 목적이다. '콜드섬 프로젝트'라는 게 있었다. 일종의 환경보호 프로그램이다. 스마트폰 앱을 통해 차를 타고 샤워를 하는 등 자신이 하는 활동이 환경에 어떤 영향을 미치는지 확인해볼 수 있다.

'런던 퓨전'이라는 프로젝트도 있다. 랭커스터와 같은 북서부에서 갖고 있는 전문성을 남동부 대학들과 공유한 것이다. 비즈니스 전문성을 이용해서 기업들에게 보다 나은 사업을 할 수 있도록 도움을 줬다. 현재까지 1년 반 정도 진행했는데 중소기업 경영에 도움을 주고 있다는 평가를 받고 있다.

 마크 스미스

2012년 1월 랭캐스터대 총장으로 부임했으며, 이전에는 워릭대학교에서 부총장으로 재직했다. 서퍽(Suffolk) 지역에서 태어나 자랐으며 캠브리지대학교 처칠칼리지에서 자연과학을 공부하였고 워릭대학교에서 물리학 박사학위를 받았다. 1992년 켄트대학교에서 고체 상태 NMR 분야의 부교수로 일하다가 워릭대학교로 돌아와 물리학 교수가 되었다. 발표한 논문 수는 280건이 넘고 무기물의 고체상태 NMR에 관한 전문연구저서도 집필한 바 있다.

협업을 위한 폰티오 프로젝트

존 휴즈(뱅거대 총장)

우리 학교는 1884년 설립됐으며 긴 역사를 갖고 있다. 대학이 위치한 웨일스 지방 북서부에는 알루미늄과 구리 생산이 많았다. 오래 전부터 이 지역 사람들이 학교에 지원을 많이 했다. 최초에는 여성들을 위한 교육기관이었다. 현재는 남녀공학이며 총 1만 2,000명이 공부를 하고 있다.

대학교 위치는 웨일스 북서부이며 리버풀과 가깝다. 60km 가량 떨어져 있다. 웨일스 언어를 구사하고 문화유산이 풍부하다. 현재는 광산업 대신 첨단기술 산업이 등장했다. 재생에너지와 IT 산업이 발달했다. 연안의 주변 섬을 영국 정부가 '에너지 섬'으로 지정했다. 풍력과 조수간만의 차 등으로 전력을 생산한다.

우리 학교도 이 같은 IT 산업과 협업하기 위한 '폰티오 프로젝트'를 마련했다. 예술과 과학 협업을 위한 센터다. 4,500만 파운드(800억 원)을 투입해 설립했다. 유럽연합과 영국 예술위원회, 웨일스 예술위원회가 투자했다. 첨단산업이 발전함에 따라 지역 정부가 투자를 결정한 것이다.

이 프로젝트는 예술과 과학의 가교 역할을 할 것이다. 또한 대학과 사회, 대학과 기업 사이를 잇는 가교 역할을 할 것이다. '폰티오'가 '가교'라는 뜻이다. 폰티오를 보면 다양한 요소로 구성돼 있다는 것을 알 수 있다. 창의 공연과 예술, 과학 혁신 분야 등을 위한 공간이 마련돼 있다. 총 4,000㎡의 공간이다. 극장과 스튜디오가 있어서 공연도 할 수 있다. 영화관과 혁신 허브도 있다. 학생회관도 있고 교습, 강의를 위한 첨단시설도 있다. 지난 3년 동안 이를 건설하고 있으며 내년에 완공 예정이다.

이곳의 최종 목적은 대학 내 아이디어를 탐색해 개발 및 상용화하는 것이다. 기업까지 연계해 시장에 내놓는 것이다. 때문에 우리는 기업가정신을 중요시하고 있다. 전자공학, 컴퓨터공학 전공자들이 디자인 전문가들과 협업을 진행한다. 디자인과 공학의 협업이 한 곳에서 이뤄지는 것이다. 학생들이 디자인 프로젝트도 진행할 수 있다. 세미나룸에서는 자유롭게 공간을 변경해 사용할 수 있다.

우리 대학이 중점을 두고 있는 혁신 주제는 예술문화, 보건과학, 환경과학이다. 특히 의료기기와 예술, 의료, 심리학 등에 역량을 집중하고 있다. 환경과학도 중요하다. 재생 가능한 에너지의 활용도를 높이는 것이 중요하기 때문이다.

 존 휴즈

2010년 9월 뱅거대 7대 총장으로 임명된 그의 학문적 이력은 수학자 겸 이론물리학자로서 시작된다. 비엔나 소재 퀸즈대학교 및 국제원자력기구(IAEA) 재직 후, 1991년부터 2004년까지 얼스터대학교 정보시스템공학 교수, 학과장, 부총장 등의 직책을 역임했다. 그 후 2004년에는 아일랜드 메이누스국립대학교 총장으로 임명됐다. 산업부문과의 긴밀한 협력, 연구결과의 상용화 등에서 높은 평판을 얻고 있는 그는 유럽, 미국, 아시아 등지에서도 폭넓은 국제협력 네트워크를 구축해왔다.

런던 디자인 학교에는 총 1만 8,500명이 공부하고 있다. 우리 학교의 특징은 다문화 배경의 대학이라는 점이다. 전체 학생의 47%가 영국 이외 국가 출신이다. 이 중 700명이 한국인이다. 여러 문화권에서 모인 학생들로 인해 우리 학교에선 자연스레 다문화를 경험하게 된다. 다문화는 변화를 좋아한다. 변화를 포용하는 것이다. 이들은 나중에 여러 산업에서 변화를 이끌어낸다. 이와 같은 창의 분야가 중요하다.

우리의 가장 큰 목적은 예술가와 디자이너들이 혁신가가 될 수 있도록 트레이닝하는 것이다. 또 학생들도 혁신가가 될 수 있다고 믿는다. 이를 위해 학생들이 독립적으로 스스로 실험할 수 있도록 한다. 실패와 성공을 맛보는 것이다.

우리 학교는 2002년 '이노베이션 센터'를 설립했다. 연간 300만 파운드의 기금으로 지원된다. 디자이너 인큐베이터라고 할 수 있다. 지금도 300명의 젊은 디자이너에게 후원금을 주고 있으며 총 1,000명의 디자이너들이 이 센터에서 경력을 쌓았다. 그리고 지난 2년 동안 총 38명의 디자이너들을 배출했다.

우리 학교는 영국 고유의 과제를 고민한다. 영국은 제조비용이 높기 때문에 많은 영국 디자이너들이 영국 밖에서 제조를 한다. 상당량이 국가 밖에서 제조된 후 영국으로 역수입되는 것이다. 우리는 이를 해결하기 위해 투자를 받아서 '디자이너 제조업체 혁신 지원센터'를 지었다. 이는 지역사회를 위한 것이다. 다양한 기술, 시설 지원을 통해 영국 내에서 제조가 이뤄질 수 있도록 했다. 이는 큰 성공을 거뒀다. 성공적인 결과를 바탕으로 런던 전역에 지원센터를 더 늘렸다.

다른 학문과의 교류도 중요하다. 이를 위해 2년 전 대학원에 예술과 과학 석사 과정을 만들었다. 예술과 과학자들이 함께 프로젝트를 진행하도록 했다. 과학적인 아이디어를 실제적인 예술 활동에 접목하게 됐다. 혁신경영 석사과정도 있다. 혁신은 굉장히 우연한 것이다. 이렇게 나타난 혁신 과정을 관리하고 경영해 성공할 수 있도록 이끌어낸다. 예술은 물론 과학과 경영 분야 학생들도 참여하고 있다.

실제로 우리 학교에서 과학을 예술을 통해 활용하는 사례도 있다. 대표적인 것이 '반범죄 디자인'이다. 범죄심리를 분석해 범죄를 줄이는 데 디자인을 접목시킨 것이다. 처음엔 런던시와 작업을 했다. 런던은 사이클 도난이 심각한 문제다. 그래서 시민들이 자전거 타는 것을 기피할 정도다. 우리는 시와 계약을 체결하고 좀 더 안전하게 자전거를 고정시킬 수 있는 장치를 고안했다. 가방 도난 방지를 위한 의자도 디자인했다. 편안하면서도 가방이나 자전거를 잃어버릴 염려가 없는 것이다. 3년 전에 서울시에서 사람들이 찾아와 반범죄 디자인을 시찰하고 갔다. 서울 디자인 재단과 우리 학교가 협업도 했다.

두 번째는 '섬유 환경 디자인 그룹'이다. 의류 제조 시에 배출되는 화학물질들이 환경오염의 두 번째 배출원으로 지목된다. 이에 디자이너와 과학자들, 특히 섬유과학자들과 협력해 종이를 이용한 의복을 만들었다. 친환경적인 의류 재료를 만든 것이다. 예술과 과학을 접목해 미래를 좀 더 생각해볼 수 있도록 했다.

마지막으로 '바이오래스(Biolace)'가 있다. 이것은 2050년을 목표로 하고 있다. 깨끗한 식수와 자원 부족이 예상된다. 이에 합성생물학으로 극복방안을 모색하는 것이다. 유기농 온실을 이용해 식량을 생산한다. 그리고 뿌리에서 섬유를 배양할 수 있는 연구를 진행 중이다. 과학자들은 생물공학을 이용해 어떻게 지속가능한 섬유를 만들까 고민하고 있다.

이와 함께 현대 유전학에서 허용할 수 있는 범위가 어디까지인가도 고민한다. 유전공학을 위해 딸기를 생산하고 뿌리에서 검정색 드레스용 섬유를 만드는 게 가능한지 고민하고 있다. 이는 분명 세계 환경문제 극복을 가능하게 할 것이라 믿는다.

> ## 🍊 나이절 캐링턴
>
> 유럽 최대 규모의 종합예술대인 런던예술대(UAL)의 총장이다. 2008년 9월 UAL 부임 이전에 그는 민간영리부문에 종사하였으며, 특히 국제 로펌인 베이커앤맥킨지에 21년 간 근무하면서 런던 사무소의 매니징 파트너 및 유럽지역 회장직을 맡았고, 고성능 자동차 설계 및 제작 분야의 세계 선두주자인 맥라렌 그룹에서는 7년간 매니징 디렉터 겸 부회장으로 재직한 바 있다. 그는 UAL 직책 외에도 공공, 민간, 자선 부문에서 다수의 비상임직을 맡고 있다. 옥스포드대학교 세인트존스 칼리지에서 법학을, 커톨드 예술학교에서 미술사를 각각 수학했다.

미래의 알프레드 히치콕을 키운다

패트릭 라우리(골드스미스대 총장)

골드스미스대학은 런던에 있다. 137개국 출신의 학생들 9,000명이 공부를 하고 있다. 이들 중 200명이 한국인이다. 우리 학교는 디자인과 사회학에 특화돼 있다. 과학 분야는 다른 학교와 협업을 한다. 융합 과정이 교과과정에 있다.

우리 학교는 현대미술가 데미안 허스트의 고향이기도 하다. 그의 대표작인 'For the love of God'을 보면 얼마나 다양한 요소가 결합돼 있는지를 알 수 있다. 병리학은 물론 주얼리, 하이파이낸스, 미술 등이 융합돼 있다. 영국의 대학들은 누가 다니느냐에 따라 성격이 달라진다. 그래서 핵심 창조자들에게 공간을 마련해준다. 인재 확보가 중요하다.

알프레드 히치콕 감독은 1914년 우리 학교를 다녔고, 미술학교 학위를 취득했다. 가장 관심 있는 졸업생은 메리 콴트다. 여성들의 의복을 획기적으로 바꾼 장본인이다. 미니스커트와 핫팬츠 등 영국 패션산업 혁명을 이끈 사람이다. 학교를 다니면서 "패션이 마음에 들지 않는 모든 사람들의 옷을 가위로 잘라버리겠다"고 말한 사람이기도 하다.

창조예술에 대해서도 말하겠다. 영국도 결합하고 있다. 런던 올림픽 개막식에도 잘 나타나 있다. 산업혁명의 모습과 예술의 창조적인 결합을 잘 보여줬다.

나뭇가지 끝에서의 소소한 활동이 변화를 이끈다. 대학에서 가위를 들고 다녔던 메리 콴트와 같은 사람들의 활동을 지원해야 한다. 논문이 전부가 아니다. 이런 활동이 결실을 맺도록 지원해야 하는 것이다.

핵심요소는 창조적인 컴퓨터 기술에 집대성 돼 있다. 미술과 디자인, 음악이 모두 현대 컴퓨터 기술로 연결돼 있다. 컴퓨터의 기술력이 다양한 분야와 접목해야 한다. 델, 마이크로소프트 등과 협업이 필요하다. 각기 다른 학제들과 협업도 고민해봐야 한다.

마지막은 '창조 문화 예술을 위한 연구소' 다. 이곳에서 우리 학교는 학생들에게 경영마인드를 심어주고 있다. 골드스미스는 기본적인 경영 학습을 할 수 있다. 어떻게 창업을 하고 중소기업을 운영하는지 등을 말이다. 우리 학교는 어떻게 하면 학생들이 미래의 히치콕, 메리 콴트가 될 수 있을지 고민한다.

🌐 **패트릭 라우리**

골드스미스대 총장 취임 전 그는 BBC에서 PD로 재직하면서 스코틀랜드, 웨일즈, 북아일랜드 및 12개 영국 지역에 대한 BBC의 텔레비전, 라디오, 인터넷 프로그램 및 서비스를 총괄하는 업무를 맡았다. 영국 전역의 50여 개 센터에서 근무하는 6,500여 명의 직원을 이끌었다. 1997년 얼스터대학에서 '우수졸업상'을 수상했으며 2009년 리즈메트로폴리탄대학교 명예박사학위를 받았다. 현재 얼스터대학교 저널리즘학과 방문교수로 재직 중이다.

글래스고대학의 디자인 협업 사례

토마스 인스(글래스고예술대 총장)

디자인 협업에 대해 두 가지를 말하겠다. 영국정부가 디자인 연구 사업을 다학제적 접근법으로 어떻게 접근하냐에 대해 말하고 글래스고대학에 대해 말하겠다. 영국의 창의산업은 2001~2002년 정부의 중점 대상이었다. 디자인계 종사하는 사람과 디자인 예술대 전문가들이 과학, 공학, 의료분야 전문가들과 사업을 진행하는 것에 대한 관심이 쏟아졌다. 이에 자연과학연구회와 예술연구회가 '21세기 연구회'를 만들게 됐다. 2005년까지만 해도 다른 분야와의 협업사례가 없었다.

21세기 연구회는 100만 파운드의 기금을 조성했다. 1,000명 이상의 학계 사람들이 참여했다. 105개의 관련 워크숍이 행해졌고 54개 영국 대학이 참여했다. 이들은 디자인 관련 의제들을 만들었다. 2005년에 1단계 작업이 시작됐다. 2단계 작업에서 20개 추가 프로젝트가 기금을 받게 됐다. 케임브리지, 던디 대학 등도 참여했다. 협업 네트워크가 21세기 연구회를 통해 만들어진 것이다.

21세기 연구회는 사람들을 한데 모으는 디자인의 힘을 깨닫게 됐다. 미국 애플사가 이것을 잘하는 것으로 정평이 나 있다. 여러 가지 기술적 문제를 시각화 할 필요가 있었다. 이를 통해 문제해결을 효과적으로 할 수 있었다. 우리 프로젝트에 참여했던 분들은 디자인의 방법론과 기법에 대해 어떠한 것이 유용했는가 조사했다. 패션, 보석 등 예술 분야의 방법론에도 이 같은 방법은 유효했다.

두 번째로 글래스고예술대에 관해 설명하겠다. 글래스고는 서울에서 봤을 때 런던보다도 가까운 곳이다. 영국의 대표적인 건축 디자이너인 매킨토시가 다녔던 학교로 그가 직접 디자인한 건물로도 유명하다. 1906년 세워진 매킨토시 빌딩을 보기 위해 오는 사람이 많다. 한국에서 온 30명 학생들은 대부분 건축 공부를 하고 있는데, 학위는 글래스고예술대학에서 모두 인증을 하고 있다. 순수 예술과 건축 등 예술 전반을 다루고 싱가포르에 분교가 있다.

글래스고는 다학제적 접근법을 연구 중이다. 디자인 연구에 있어 중요한 것은 전에 디자인 경험이 없던 사람들이 이와 같은 예술과 디자인에 접근하도록 유도하는 것이다. 논의해서 새로운 해결책을 찾게 된다. 시각화도 디자인의 중요한 부분이다. 디자인 스튜디오가 있다. 빌딩 등을 시각화하는 데 중점을 두고 있다. 호주 시드니의 오페라 하우스를 시각화 했었고 미국 러시모어산 조각도 시각화 했었다. 인간의 골격을 시각화하기도 한다. 치과 의사들은 이 기법을 소개하고 있다. 디자인이라는 것은 마법같이 일어나는 게 아니다. 여러 가지 방법론이 있다. 다른 분야와 접목시키는 방법도 그렇다. 중국 상해에서는 디자인 트렌드 연구소와 협업해 중국 브랜드와 협업하고 있다. 보석 명품 같은 럭셔리 브랜드를 어떻게 디자인할 것인가 제안했다.

토마스 인스

2013년 9월 총장으로 취임한 그는 취임 전 던컨 오브 조던스톤 칼리지 오브 아트 앤 디자인(DJCAD) 학장, 던디대학교(Art Science & Engineering) 학부 학장 등의 직책을 맡았다. 그는 브리스톨대학교 공과대학을 졸업하고 왕립예술대학교(RCA)에서 산업디자인공학을 전공했다. 1990년 브루넬대학교의 디자인 연구센터 공동창립자였던 그는 1996년에 센터장이 됐다. 2004년에는 5년간 영국 각지 대학의 과학·공학 학부에 디자인 요소를 도입하면서 41개 연구 프로젝트의 작업을 조율해내는 650만 파운드 규모의 사업을 이끌었다. 그 후 2010년 DJCAD의 학장으로 부임했다. 그는 디자인의 미래 및 디자인적 사고가 학제 간 논의에 어떤 도움을 줄 수 있는지에 큰 관심을 가지고 있다. 던디대학교와 세인트앤드류스대학교에서 전략적 디자인 강의를 맡고 있으며, 유럽 각지의 연구기관 및 혁신 담당 기관과의 지식공유 행사 및 워크숍을 정기적으로 기획하고 추진하고 있다.

 | 토론 | ❼

기술과 디자인의 접목을 통한 시너지

폴 톰슨(영국왕립예술대 총장)

영국왕립예술대(RCA)에는 1만 4,000명의 학생이 다니고 있고, 80%는 2년 석사프로그램을 이수한다. 이 중 건축 관련 전공이 80%를 차지한다. 55개국 학생들이 공부하고 있고, 한국 학생은 70명 정도다. 한국은 EU를 제외한 나라 중에서 유학생이 가장 많다. 영국 대학들이 어떻게 학문 융합을 하는지 언급하겠다. 영국 대학들은 과학과 예술을 어떻게 결합할지에 대해 관심이 많다. RCA는 공과대학으로 유명한 임페리얼칼리지와 함께 경영대학원을 운영한다. 임페리얼칼리지는 세계 10대 대학 중 하나다. 디자인 공학 석사과정 파트너십도 25년째 운영하고 있다. 디자인 관련 공학기술을 상용화함으로써 기계 공학 전공자들을 모을 수 있다. 이 프로그램을 이수하려면 4년제 공학 학위를 이수해야 한다. 이 프로그램을 전 세계로 확대할 계획이다. 한국과 중국 등 대학들과 파트너십도 모색 중에 있다.

RCA는 보건 분야에 특히 관심을 가져왔다. 차량과 보건 분야의 결합이라면 앰뷸런스 생각할 수 있다. 영국은 딱히 독창적인 앰뷸런스 디자인이 없다. 기존 차량 디자인을 수정해왔다. 임페리얼칼리지에는 의과대학이 있다. 그곳 전공자들과 응급차 후송 전문가들과 함께 어떻게 더 나은 앰뷸런스를 만들까 연구했다. 이어 앰뷸런스를 디자인했다. 적절한 치료를 받으며 병원으로 이송될 수 있도록 디자인했다. 이 디자인은 다음 달 열릴 '보건 정상회의'에서 제시될 예정이다.

개도국은 너무 높은 수준의 기술이 아니더라도 크게 경제에 영향을 미치는 기술이 있다. 이 같은 기술을 디자인과 접목시키면 큰 시너지 효과가 나올 수 있다. 인도의 타타 모터스나 미국의 아이디오라는 디자인 업체와도 협력하고 있다. 차량과 관련해 유명 디자이너인 피터 슈라이어도 우리학교 졸업생이다. 기존에 있는 택시 디자인도 바꿀 필요가 있어 런던 교통시 당국과 협업하고 있다.

과학과 디자인의 관계에 대해 말하겠다. 많은 디자이너들이 합성생물학자와의 협업에 관심을 가지고 있다. 박사프로그램 프로젝트인 3D로 출력한 장기가 한 사례다. 하버드대 의학박사도 참여한 이 프로젝트는 장기를 줄기세포를 이용해 3D 프린팅으로 만들었다. 케임브리지 대학과는 박테리아를 배양해 자연 염료 색소를 만드는 프로젝트도 진행했다. 논란의 여지가 있지만 식물을 적절히 조작해 소리를 내게 하는 '음성 생물학' 같은 프로젝트도 있다.

 폴 톰슨

세계에서 가장 오래된 전통 있는 예술학교이자 영국 내 유일한 석·박사과정 중심의 예술·디자인 대학인 RCA의 총장이다. 2001년부터 2009년까지 뉴욕 소재 스미스소니언 쿠퍼–휴잇 국립 디자인 박물관 관장으로 재직했다. 1993년부터 2001년까지는 런던 디자인뮤지엄 관장으로 재직했다. 빅토리아 앨버트 박물관 이사 겸 애슈몰린 박물관 이사회 임원이며, 또한 웰컴재단 웰컴 컬렉션 자문위원회 회원이기도 하다. 2012년 12월에는 180명의 전직 교직원 및 학생들이 만든 3500여 점의 작품을 모아 평단의 극찬을 받은 전시회 'The Perfect Place to Grow: 175 Years of the Royal College of Art' 공동 큐레이터로서 산업디자인에서 회화에 이르기까지 분야별 경계를 넘어서는 전시회를 기획했다.

 | 토론 | ⑧

분야를 넘나드는 학제 간 협업
피트 다운즈(던디대 총장)

던디대학교는 1만 7,000명의 학생을 가진 종합대학이다. 이 중 25%는 해외학생이다. 의학, 토목, 인문학, 예술, 디자인 전공이 있다. 다른 연사들과 마찬가지로 디자인은 다학제적인 프로세스라고 생각한다. 디자인 발전에 촉매제 역할을 하는 프로세스라고 생각한다.

디자인과 컴퓨팅, 디자인과 생명과학 및 해부학과의 협업 사례에 대해서 말하겠다. 식물의 특정 염색체를 선정해서 아티스트들은 이것을 구조화해 식물의 각종 염색체라든지 구조를 다시 살펴볼 수 있게 됐다.

우리 대학에는 '디자인 인 액션(DESIGN IN ACTION)' 이라는 400만 파운드의 자금을 지원받는 프로그램이 있다. 마이크로소프트 등 대기업으로부터 지원을 받았다. 디자인 기반의 비즈니스를 연구하고 지식을 활용하는 방안을 찾는다. 다양한 학문 분야에서 공통적인 비전을 찾는 과정이다. 기본적 철학 토대는 디자인이 계속 진화해 나간다는 것이다. 프로젝트에서 파괴적 혁신과 대변혁을 꾀하고 있고, 6명의 박사 후 과정 연구원과 5명의 박사과정 학생들도 참여하고 있다. 다양한 기관의 연구 작업에 관여하고 있다. 글래스고예술대 등과도 작업한다.

스코틀랜드 연구대학들은 여러 학제 작업을 적절하게 조합하고 협업한 사례가 많다. 이렇게 하는 것이 연구의 우수성을 높일 수 있다. 심리학, 웰빙, ICT, 스포츠, 지역개발 등 과거 디자인 요소가 접목되지 않은 분야에 진출한다. 디자인 인 액션의 전체 틀은 이러하다.

스코틀랜드에서 창조산업은 엄청난 잠재력을 갖고 있다. 창조산업이 차지하는 비중은 72억 파운드로 추산된다. 문화적 경제적으로도 가시성이 높아지고 있다.

디자인 인 액션의 절차는 '키아즈마(CHIASMA, 염색체 교차)' 라고 부른다. 난자, 정자에서도 그런 현상이 나타난다. 자녀와 부모가 다른 것도 이런 이유 때문이다. 파괴적인 혁신으로 새로운 개체를 만들어 낸다. 이 절차를 통해서 놀라운 결실을 맺는다는 것이 중요하다. '웰빙 키아즈마'는 당뇨병을 주제로 연구한다. 섬유에 관련된 키아즈마 프로세스도 있다. 모든 프로그램에는 한 명의 디자이너가 있어야 한다는 원칙이 있다. 여러 가지 아이디어 브레인스토밍을 하게 된다. 그 중 가장 유망한 아이디어를 뽑아내게 된다. 이 아이디어를 참석자에게 제안하고 채택된 아이디어는 2만 파운드의 지원을 받는다.

지금까지 디자인 인 액션은 468개 학계 및 기업계 조직이 참여해 700개의 개별 계약이 체결됐다. 보다 많은 사람이 관심을 갖고 있고 이를 통해 창업을 할 수 있다. 비즈니스와 디자인을 연결하는 게 핵심이다. 앞으로 3년 동안 이 프로그램을 통해서 새로운 사업 모델이 탄생될 것이라 기대한다.

| 토론자 |
패트릭 라우리(골드스미스런던대 총장), 마크 스미스(랭캐스터대 총장),
토마스 인스(글래스고예술대 총장), 피트 다운즈(던디대 총장), 존 휴즈(뱅거대 총장),
나이절 캐링턴(런던예술대 총장), 폴 톰슨(왕립예술대 총장), 마틴 프라이어(주한영국문화원 원장)

▶ 청중 1: 창조는 나뭇가지 끝에서 변해야 한다는 말이 인상적이다. 구체적인 예와
함께 설명을 좀 해달라.

▶ 라우리 총장: 현대 과학기술은 어떻게 보면 작은 수학이라는 잔가지에서 비롯됐다.
그리고 점점 커졌다. 사회학의 잔가지에서 현대 사회학이 커졌다. 어떻게 보면 작
은 것들이 싹을 틔우면서 훨씬 더 많은 학생들을 유인할 수 있게 된다는 것이다.
마찬가지로 대학에서 핵심이 되었던 교과목들도 감소하는 경우가 있다. 추운 겨
울을 보내는 경우도 있다. 대학이 어떻게 학생들의 열정에 대응하고 충족을 시켜
주느냐가 중요하다. 지속적으로 혁신하고 변화하는 게 중요하다. 하나의 학제와
다른 학제 간 교집합, 연결 지점이 중요하다. 접점을 형성해야 한다.

▶ 청중 2: 예술과 과학 간의 협업을 얘기했다. 실제 사례를 들어줬으면 좋겠다. 예술
과 과학 협업이 사회에서 적용됐는지 말이다. 특히 서비스 디자인에 대해서 추가
적으로 말씀해달라.

▶ 스미스 총장: 전통적으로 과거에는 각각의 영역을 지켰지만 이제는 아니다. 서비스
디자인은 예를 들어서 병원과 소통을 할 때 기술과 예술, 문화 등을 접목해 병원
과 일을 하기도 한다. 사람들에게 어떤 디자인을 줄 것인가를 고려한다. 특정 서
비스 개발에 있어서 기술 자체가 기술적인 문제를 해결하지 못하는 경우가 있다.

세션에 참여한 영국 대학 총장들(왼쪽부터 토마스 인스 총장, 패트릭 라우리 총장, 나이절 캐링턴 총장, 존 휴즈 총장, 마크 스미스 총장, 마틴 프라이어 원장, 폴 톰슨 총장, 피트 다운즈 총장).

예를 들어 에너지 사용에 있어서 사람들의 사용 양태가 바뀌지 않는다. 그렇다면 과학자가 심리학자의 조언에 따라 다시 설계를 하면 된다. 이렇게 다학제가 실질적으로 효과를 내고 있다.

▶ 청중 3: 예술–과학, 예술–경영 융합이 언제부터 일어났나? 누구의 주도로 어떤 조직, 정부에 의해 일어났나? 성공사례를 설명했는데 실패사례는 없는지도 알려 달라.

▶ 인스 총장: 기원을 살펴보면 이집트로 올라갈 수 있다. 그들은 종교와 건축을 융합시켰고 레오나르도 다빈치는 엔지니어링과 예술을 융합시켰다. 인간의 본성이 아닌가 한다. 다양한 사례들을 통해서 우리는 개개인들이 이런 융합을 시도한 것을 볼 수 있었다. 글래스고예술대 같은 경우 20년의 역사가 있고, 다른 대학에선 25년 전부터 이런 융합을 시작했다. 정부 정책이 특정 이니셔티브에 참여를 하지만

대학들이 자치권을 갖고 있다. 마스터플랜보다는 개별 대학이 주도권을 갖고 있다. 물론 실패로부터 교훈을 얻는다. 우리는 21세기 연구회 디자인과 관련해 41개의 펀딩을 받았다. 실패로 끝난 사업도 있다. 배의 곡선을 예로 들 수 있다. 이유는 다학제적 접근으로 모였지만 상호 신뢰를 구축하지 못했고, 공통된 접근과 이해관계를 구축하지 못해서 개별 틀을 깨지 못했다.

▶ 다운즈 총장: 과학의 초기엔 질문만 했다. 19~20세기에 과학자들이 특정한 학제의 일원이 됐다. 학제의 이름을 붙이게 됐다. 특정한 분야의 전문가라고 스스로 라벨링했다. 지금은 질문들이 복합적인 질문이기 때문에 여러 아이디어와 다양한 배경을 결합해야 한다는 것을 알고 있다. 협업 환경에서 하는 작업이다. 디자인이야말로 중요한 촉진 역할을 할 수 있다고 생각한다. 종합대학도 동시에 적극적으로 하면 좋겠다. 수백 개의 아이디어에서 시작해서 보통 95% 실패를 맛본다. 그 자리에서도 많이 배운다. 디자인 작업을 하면 실패는 초기에 보지만 유망한 것을 고를 수 있다. 재정적 지원을 받는 디자인 인 액션 프로그램은 대부분 실패하지만 몇 개의 성공을 거둘 수 있는 것이다.

▶ 휴즈 총장: 수의사가 있었다. 이 사람이 수의사로서 동물의 장기에 바람을 넣어서 자전거를 타는데 장기가 튼튼하지 않아서 공기가 바로 빠졌다. 동물 내장보다 튼튼한 게 필요하다고 생각해서 고무를 발견했다. 이 사람의 발명품은 실패를 통해 나왔다. 실패한다고 좌절하지 말라.

▶ 청중 4: 한국이 영국보다 협업 네트워크를 형성하는 데 뛰어나다 생각한다. 대학 기업체 정부관련 기관이 모여서 협업하게 하는 원동력이 무엇인지 말해 달라.

▶ 캐링턴 총장: 사실 쉽지 않은 것은 분명하다. 대부분 본인들의 행동을 바꿔야 성공하는 경우가 많다. 적절한 정책 환경을 정부가 마련하는 게 필요하다. 그런 환경이 있으면 다양한 방면에서 협업이 수월하다. 서로 간에 경쟁을 하려는 본능이 있

고 협업하고자 하는 본능도 있다. 대학의 경우 학제별로 어느 정도 심층적으로 파고드는지에 대해 보상한다면 행동할 것이다. 우리가 갖고 있는 특별한 비결이 있다기보다는 정부가 적절한 인센티브를 유도했던 게 적절했던 것 같다.

▶ 청중 5: 저개발국의 경우 디자인 연구를 통해서 환경이 개선될 수 있는가? 디자인이 범죄나 리사이클링(재활용)과 접목되는 것을 봤다.

▶ 톰슨 총장: 디자이너들이 그 분야에 관심이 많은 것 같다. 웹사이트를 보면 상위 90%를 위한 디자인, 휴머니티를 위한 디자인과 같은 게 많다. 학계와 NGO 등이 협업을 통해서 새로운 디자인을 만든다. 간단한 일화를 소개하겠다. 제가 참여했던 자선활동이다. 가나에서 어린이, 여성들이 학교를 가지 못했는데, 부모가 막았기 때문이다. 이를 개선할 서비스 디자인에 대해 요청받은 적이 있다. 학교가 여아들 집에서 7km 떨어졌고 도보밖에 방법이 없었다. 학교 가는 시간이 오래 걸려 가사 돕는 시간이 너무 부족해 부모가 학교에 가지 못하게 했던 것이다. 여기에 우리는 자전거를 지원했다. 아이들이 학교에 갈 때 걸리는 시간이 4분의 3이나 줄었고 보다 쉽게 가게 됐다. 최종 수혜자들과 협업해 놀라운 결과를 도출한 사례다.

▶ 청중 6: 예술과 과학 융합이 어린 학생들의 창의력 개발에 있어 실제로 도움이 됐나?

▶ 인스 총장: 창의력을 높일 수는 있다. 생산성과는 다르다. 예술가들이 과학 실험에 참여할 수 있고 특정 분야에서 과학과 발명에 예술을 사용할 수 있겠지만 강제적으로 할 수는 없다. 몇 세기 전으로 올라가면 예술은 자기표현이고 소통의 수단이었다. 소통을 위해 다양한 플랫폼이 생겨났다. 플랫폼이 늘어났다고 창의력이 향상됐다고 볼 수는 없지만 기회가 늘어났다는 것이다.

10 인재육성과 활용을 가로막는 기관 이기주의의 장벽

조직 내 창의성 끌어내기

〈글로벌 인재포럼 2013〉의 '조직 내 창의성 끌어내기' 세션은 역사가 오래된 대기업과 아이디어로 무장한 신생기업이 조직 내 획일성의 장벽을 뛰어넘어 직원들의 창의성 발휘를 위해 어떤 노력을 하고 있는지 소개하는 자리로 꾸며졌다.

대기업의 대표주자는 미국의 항공기 제조사인 보잉이다. 보잉이 강조한 것은 다양한 배경과 국적의 직원들을 편견 없이 채용하는 인사 시스템이었다. 첫 강연자로 나선 스콧 드라흐 보잉 HR총괄 부사장은 "보잉은 70개 국가에서 17만 명에 달하는 다양한 국적의 직원을 채용하고 있다"며 "다양성 속에서 창의적인 제품이 나올 수 있다"고 설명했다. 드라흐 부사장은 고객의 의견을 제품에 적극 반영하는 것도 조직 내 경직성을 깨는 방안이 될 수 있다고 설명했다. 그는 "차세대 여객기인 보잉787은 최초에 음속으로 날 수 있는 빠른 비행기로 설계됐다"며 "하지만 고객들은 빠른 것보다 효율적인 제품을 원한다는 것을 알게 됐고 결국 무게가 20% 정도 가볍고 소음이 줄어든 비행기로 바뀌면서 더 좋은 결과를 가져오게 됐다"고 말했다.

미국의 IT 기업인 플립보드는 2010년 설립된 신생기업이다. 플립보드는 사용자들이 뉴스 등을 직접 편집해 볼 수 있는 매거진 앱으로, 창의적 발상을 통해 설립한 지 3년 만에 글로벌 업체로 성장했다는 평가를 받고 있다. 두 번째 연사로 참여한 에릭 알렉산더 플립보드 국제담당 사장은 "창의적인 인재를 끌어들이고 유지하기 위해서는 직급과 상황, 시간에 구애받지 않는 소통의 환경을 만들어야 한다"고 강조했다. 소통을 활성화할 수 있는 모임과 공간은 다양하게 운영하고 있다. 알렉산더 사장은 "사내에 커피바를 설치하고 격식 없는 '산책회의'나 '맥주회의' 등을 만들어 인턴사원부터 사장까지 자유롭게 의견을 나누고 있다"며 "플립보드에 오면 마르코스 웨스캄프 같은 유명 디자이너와 자유롭게 의견을 나눌 수 있다는 점도 많은 창의적 인재들이 플립보드에 들어오고 싶어 하는 이유로 꼽힌다"고 설명했다.

작업을 진행하면서 맞닥뜨리는 문제점도 직원 간 소통을 통해 해결한다. 알렉산더 사장은 "미식축구 경기 중간에 팀원끼리 '작전회의'를 하는 것처럼 직원들이 프로젝트 중 문제를 만났을 때 개선방안을 찾는 '위클리 허들'이 도움을 주고 있다"고 말했다.

그는 창의성 계발을 위해 한국의 수직적 기업 구조를 개선해야 한다는 당부도 잊지 않았다. 알렉산더는 "현안에 대한 젊은 직원들의 비판(챌린지)을 끊임없이 수용해야 조직의 획일성을 깰 수 있다"며 "한국 경영자들도 직원들과의 커피 브레이크나 산책 같은 가벼운 소통부터 시작해야 획일적인 문화를 바꿔나갈 수 있을 것"이라고 조언했다. 세션에서는 이밖에도 민희경 CJ 부사장, 이원호 신한은행 부행장이 함께 창의적 기업문화에 대해 의견을 나눴다.

| 강연 | ❶

획일성을 뛰어넘는 보잉사의 인재전략
스콧 드라흐(보잉 HR총괄 부사장)

오늘 이 자리에 오게 된 것을 영광으로 생각한다. 보잉회사를 개괄적으로 설명하고 협업을 통해서 글로벌 시장에서 어떻게 사업을 하고 있는지 말하겠다. 보잉은 창업 100년이 되어가는 기업으로 200년의 이정표를 향해 나아가고 있다.

보잉은 민간 항공기 제조회사이고 1916년에 설립됐다. 17만 명의 직원들이 70개 국가에서 일하고 있다. 주가가 133달러로 상한선에 도달했고 시가총액도 1,000억 달러를 넘어섰다. 올해 매출도 8,000억 달러를 넘어섰고 계속 증가할 것으로 예상된다. 보잉은 글로벌 시장에서 어느 위치에 있는가? 우리는 대기업이다. 경쟁력을 유지하기 위해서 전 세계에서 가장 우수한 인재를 유치한다. 그들이 자신의 주장을 피력할 수 있다고 생각하게 해야 한다. 다양한 배경을 포용하게

스콧 드라흐 "사측은 직원들의 얘기에 귀를 기울여야 한다."

될 때 진정한 경쟁력을 키우게 된다. 모든 사람의 목소리가 피력될 수 있도록 하고 있다. 아이디어가 있으면 제시하고 질문이 있으면 제기할 수 있도록 말이다.

오랜 역사를 가지고 있다고 하면 그리 혁신적이지 않다고 말하기 쉽다. 하지만 보잉사의 본질은 그렇지 않다. 민간 수주는 밀린 수주가 7년치가 있다. 5~6년 전에 주문해서 기다려야 한다는 얘기다. 방위 부문은 미국에서 방위예산을 삭감하면서 비용 압박을 받고 있다. 방위 · 안보 부문은 굉장히 활성화된 산업이다. 비용 절감에 대한 압박이 있지만 조사에 따르면 직원들의 몰입도가 4% 정도 증가한 데 주목하고 있다. 방위 산업 쪽에서는 5만 9,000명의 직원이 일하고 있다. 직원 조사에서 2만여 개의 의견을 직원들이 임원진에 제출했다.

적어도 우리 회사 일을 하면 자기계발의 기회가 많음을 강조한다. 나도 24년 전 보잉사에서 대학 인턴으로 처음 일하기 시작했다. 직원 몰입도는 중요하다. 사측은 직원들의 애기에 귀를 기울여야 한다. 지도자들은 의견을 받아 반영되도록 하는 게 중요하다. 보잉사는 직원 웰빙도 중시한다. 직원들 건강이 좋으면 비용을 절감할 수 있다. 직원들이 지역사회 활동에도 참여하도록 독려한다. 서울, 남아공 어디서 일하든 보잉 직원들은 좋은 시민으로서 일해야 한다고 생각한다.

실례를 들어보겠다. 보잉787기에 대해 말하겠다. 맨 처음 개발하게 됐을 때 많은 엔지니어들은 처음에 빠른 항공기를 만들고 싶어 했다. 소닉크루저를 만들었다. 음파의 속도로 비행하는 거다. 고객에게 이런 제품을 설명했더니 우리가 원하는 비행기는 빠른 게 아니라 효율적이라는 애기를 들었다. 그래서 787기를 다시 설계했다. 중량이 기존 비행기에 비해 20% 가볍고 소음이 절감됐다. 내부가 알루미늄 대신 합성물질을 사용해 쾌적하다. 비행기 내부 압력도 줄었다. 그래서 787기는 내부 피로감이 덜하다. 787기는 직원들이 고객 애기에 귀를 기울여 만든 것이다. 747는 1969년에 도입됐고 1970년에 비행을 하게 됐다. 1,500대의 747기를 제조했다. 787기는 이제 제조를 시작했다. 현재 850대를 만들었고 아직 초기 단계다. 획일성을 뛰어넘은 좋은 예라고 볼 수 있다.

비용 문제도 고객 의견을 듣는다. 시장에 기반을 둔 합리적 가격 프로그램이 있다. 더 적게 내고 더 많은 성과가 나오길 원하는 것을 알고 있다. 어떤 일을 할 때 가치를 창출 못하면 어떻게 할 것인가? 3~4년간 고객의견을 반영해 디펜스(방위산업) 부문 비용을 절감했다. 330억 달러 규모 방위산업에서 30억 달러 비용을 절감할 수 있었다.

스콧 드라흐

루이지애나주립대를 졸업했고 루이지애나공과대에서 '산업 연관성' 관련 논문으로 석사학위를 받았다. 졸업 후에는 6년간 루이지애나 주방위군으로 복무한 경력도 있다. 2013년 4월에 취임한 이후 보잉사의 인사를 총괄해 책임지고 있다. 보잉사는 미국 미주리 주 세인트루이스에 본사를 두고 있는 군용 및 민간 항공기 제조사다. 전체 사업 규모는 330억 달러에 이른다. 그는 이곳에서 보잉의 각종 사업성과를 최상의 상태로 끌어올릴 수 있는 인력 배치 및 작업환경 조성을 맡고 있다. 부사장 취임 전 그는 미국 밖의 보잉사 직원들을 위해 HR서비스를 제공했다. 보잉사에는 세계 70개국에서 5만 9,000명의 직원들이 일하고 있다.

 | 강연 | ❷
플립보드의 창의적 인재들
에릭 알렉산더(플립보드 국제담당 사장)

보잉의 훌륭한 발표에 감사한다. 우리는 보잉과 다른 극단에 있는 기업이다. 설립된 지 3년밖에 안 된 신생기업이다. 플립보드는 1억 명에 가까운 사용자를 기록 중이다. 하지만 매우 초기단계의 기업이라고 할 수 있다. 드라흐 부사장과의 공통분모도 있다. 제가 간단하게 플립보드를 시연해보겠다. 그전에 플립보드가 어떻게 시작됐는지 얘기하겠다. CEO인 마이크 매큐는 해결하고 싶은 문제가 있었다. 웹이 너무 재미없다는 것이었다. 그는 웹이 예쁘지 않다고 생각했다. 과거 인터넷을 할 때 넷스케이프를 사용하던 시절이 있었는데 웹브

에릭 알렉산더 "직원이 행복하지 않으면 결코 창의적일 수 없다."

라우저를 보면서 퍼블리셔(출판자)가 수익을 얻기 어렵고 소비자도 멋지지 않다는 생각을 했다. 많은 수요자가 휴대전화로 콘텐츠를 소비하는 상황이 되자 더욱 그렇게 됐다. 하나의 예를 봐 달라.

이것은 타임지 커버스토리였다. 보면 앞의 표지 커버는 아름답다. 잡지사에서 훌륭한 헤드라인을 달았다. 아름다운 배치가 가능하다. 하지만 동일한 콘텐츠를 웹브라우저로 보자. 툴바가 있다. URL을 넣는 바도 있다. 수익을 내야하기 때문에 광고가 붙게 되고 아름다운 뉴스는 아래로 밀리게 된다. 소비자 입장에서 좋은 게 아니고 퍼블리셔에게도 그렇다. 독자를 위해 뭔가 나은 걸 만들어야겠다고 해서 개인 매거진을 구상한 것이다. 휴대전화에서도 멋지게 알아볼 수 있도록 만드는 게 플립보드다.

그래서 모든 것을 아름답게 구현하려는 게 목적이 됐다. 그러기 위해선 창의성이 많이 필요하다. 간단하게 보이지만 구현하기는 어려웠다. 어떻게 창립했고 난관을 어떻게 극복했는지 말하겠다. 훌륭한 인재가 첫 단계다. 매년 미국에는 추수감사절이 있다. 오찬 때 모든 직원들과 함께 식사를 한다. 다른 나라 국적 직원이 50%나 됐다. 다양한 배경의 직원을 채용한다. 우리가 채용할 때 주변에 스탠포드, 버클리 등 명문대가 가깝다. 많은 엔지니어를 스탠포드에서 채용하지만 그밖에 다양한 사람들이 필요하다고 생각했다.

'A+' 인재를 채용하기 위해선 적절한 환경을 마련해야 한다. 창의력을 발휘할 수 있도록 해야 한다. 플립보드는 작은 아트갤러리에서 시작했다. 벽이 없는 공간이 필요하다고 생각해 사무실에 벽이 없었다. 직원들이 사용하는 컴퓨터에 소프트웨어 하드웨어를 강요하지 않는다. 모든 직원에게는 헤드셋을 준다. 애플스토어에서 랩탑을 구매하고 헤드폰을 구매해서 소음을 관리한다. 사무실에서 헤드폰을 쓰면 사무실 문을 닫는 것과 마찬가지다. 헤드폰 끼면 "방해하지 마세요"란 의미가 되는 것이다. 우리 IT부서는 정말 작다. 직원들이 원하는 바를 할 수 있도록 하는 게 대기업과의 차이다. 젊은 인재들이 플립보드에서 일하겠다는 이유 중에는 스톡옵션도 있다. 물론 구글처럼 많은 스톡을 줄 수는 없다. 구글도 훌륭한 회사다. 인턴과 엔지니어가 학습을 할 수 있는 환경을 마련하려 한다. 더불어 상급자가 기꺼이 가르치는 문화를 만들려 한다.

이 사진은 젊은 인턴들의 모습이다. 회사 내 커피바다. 지역사회 공간처럼 만들려 노력했다. 언제든 방문할 수 있다. 아침에는 다양한 음식을 제공한다. 사람들이 여기 가서 쉽게 커피를 마실 수 있는 공간이다. 저는 국제담당 사장이다. 사무실 아닌 다른 곳에서 많이 일한다. 하지만 사무실에 오면 커피바를 방문한다. 회의를 소집하기보다는 직원들과 함께 '이런 퍼블리셔와 제휴하는 게 어떤가'와 같은 얘기를 에스프레소를 마시며 할 수 있다. 이런 공간이 없으면 해결이 어려울 수도 있다. 회의 소집은 어려운 것이다. 공간 있다는 게 큰 차이를 낳는다. 탁구대도 만든다. 모든 사람들이 항상 일하고자 하는 공간을 만들려 하기 때문이다. 스포츠 동호회도 만들고 있다. 직원이 행복하지 않으면 결코 창의적일 수 없다. 우리 회사는 창의성이 없으면 아무것도 아니다.

플립보드는 관습의 벽을 넘기 위해서 '오픈도어 정책'을 중시한다. 대기업은 직원이 본인의 상사의 상사와 직접 연락을 취하지 못하는 경우가 있다. 우리는 모든 관리자에게 접근할 수 있다. 조시 쿠트너는 전형적인 퍼블리셔 출신인데 플립보드 원년멤버. 그분이 말하길 플립보드가 좋은 이유가 CEO를 비롯해 누구든 쉽게 얘기할 수 있다는 것이다. 신입사원이 문제를 해결하는 데 있어 획기적인 방법을 제시하기도 한다. 마이크 매큐는 항상 웃고 있다. 누구나 쉽게 다가갈 수 있다. 잡스처럼 걸어다니면서 문제를 해결하려 한다. 마이크와 저는 산책하며 회의한다. 몇 시간 하는 회의가 아니라 15분 정도 산책하며 더 많은 것을 해결한다. 짧은 회의를 장려하고 있다. CEO 책상을 보면 다른 사람과 거의 같다. 여러 직원 중 한 명일 뿐이다. 사장실 문이 닫혀 있다면 젊은 직원이 다가가기 어렵다. 누구나 다가갈 공간에서 일하고 있다.

창의력에 대해 좀 더 말하겠다. '디자인월'이다. 소프트웨어 기업이지만 종이 사용을 좋아한다. 말코스 웨스케인은 정말 유명한 디자이너다. 다양한 정보 배치의 귀재다. 그가 이 디자인월을 공개했다. 은폐하는 게 아니라 공개한다. 이것을 우리 경쟁사가 볼 수 있게 창문에 붙이진 않지만 말이다. 말코스가 젊은 엔지니어와 얘기한다. 차기 버전이 어떻게 될지 말코스가 설명하는 것이다. 사업을 운영하는 저와 같은 사람도 물어보면 더 깊이 파고들어 이후 훌륭한 것으로 탄생시킨다. 디자인월이 없었다면 우리 결과물도 많이 달라졌을 것이다.

우리는 짧은 회의도 중요하지만 협업도 중요하게 생각한다. 인턴에게 어려운 문제를 제시했다. 인턴이 훌륭한 컴퓨터 전공자였는데 잘했다. 그들이 아니었다면 그렇게 하지 못했을 것이다. 젊은 층은 매우 순수한 아이디어를 제공했고 우리는 그것을 상용화했던 것이다. 상품 포럼 미팅도 개최한다. 누구나 참석할 수 있다. 마케터, 엔지니어 등 누구나 참여한다. 모든 상품 매니저들이 우리가 준비하는 게 뭔지 발표하고 이야기하는 자리다.

강조하고 싶은 또 하나는 회사에 계속 도전적인 질문을 하길 요구한다. "이 기능이 더 낫지 않을까요?" 같은 질의를 하도록 해야 한다. '먹어클락(mock'o clock)'이라는 회의가 있다. 맥주를 준다. 금요일 오후에 한다. 이 회의에서는 회사 내 누구나 아이디어를 제안할 수 있다. 테이블에는 CEO, CTO가 앉아 있다. 수많은 직원들이 있다. 여기서는 엔지니어들이 와서 원하는 프로토타입을 제안할 수 있다. 일반적으로 기업들은 관리자에게 아이디어를 보내고 관리자가 맘에 들지 않는 경우가 있다. 포럼에서는 누구든 쉽게 나서서 본인이 하고자 하는 것을 제안할 수 있다. 숨겨진 아이디어가 생명을 얻을 수 있는 자리이기도 하다. 정말 많은 사람이 참여하는 인기 있는 회의다.

또 하나 있는 것이 주별 소모임(위클리 허들)이다. 15분이면 된다. 모든 직원이 일어서서 간단하게 진행 중인 작업을 말하고 어떻게 할지 말한다. 허들이라 말한다. 미식축구 작전회의처럼 어떻게 행동에 옮길지 말하는 회의다. 마지막은 월별 모임(monthly all hands)이다. 플립보드가 회사구조를 어떻게 구성하고 어떻게 창의성을 키우는지 말했다.

 에릭 알렉산더

플립보드의 국제 사업을 총괄해 개발 및 관리하고 있다. 플립보드의 경영에 있어서도 주요 사업 결정에 핵심적인 역할을 하고 있다고 알려져 있다. 그는 플립보드의 해외 주요 파트너들과 관계 구축에도 깊이 관여하고 있다. 현재 플립보드가 파트너십을 맺고 있는 기업들은 삼성전자를 비롯해 야후재팬, 버라이즌, 마이크로소프트 등이다.

플립보드에 합류하기 전 알렉산더는 마이크로소프트 자회사인 텔미네트웍스의 전략·영업담당 부사장이었다. 넷스케이프 사업개발 디렉터를 맡기도 했다. 그는 1990년 말 넷스케이프가 인터넷 광고시장에 성공적으로 진출할 수 있도록 이끌었다. 이후 1999년 미국 대형 인터넷 업체인 AOL(아메리카온라인)이 넷스케이프를 인수할 당시 주도적 역할도 수행했다.

| 토론자 |
이희성(인텔코리아 사장), 민희경(CJ 부사장),
이원호(신한은행 부행장), 에릭 알렉산더(플립보드 국제담당 사장)

▶ 이희성 사장: 플립보드는 어떻게 우수인재를 초빙해 열린 공간에서 창의력 발휘하는지 설명했다. 여기서는 오픈 공간과 환경이 가장 중요했던 거 같다. 인텔은 40년이 넘었지만 문화가 유사하다. 인텔은 CEO와 직원의 사무 공간이 동일하다. 큐비클도 없다. 작은 벤처기업 같은 환경을 갖고 있다. 창의라고 하면 많은 사람이 엔터테인먼트 산업을 떠올린다. CJ는 전통적으로 제조업에서 시작했다. 식품 음료 제조 이외에 홈쇼핑 엔터테인먼트 업체도 운영 중이다. CJ의 인재관리는 어떠한가?

▶ 민희경 부사장: 알렉산더의 발표를 듣고 가서 일하고 싶어졌다. 우린 갈 길이 멀다는 생각도 했다. CJ는 식품에서 시작했지만 콘텐츠 제공업체로 인정받고 있다. 콘텐츠 제공은 20년의 역사를 갖고 있다. 엔터테인먼트는 연극, 음악, 연극, 뮤지컬 등을 갖고 있다. 광범위한 분야에서 일한다. 식품 같은 전통 분야에서도 혁신은 중요하다.

기업이 성장하고 변화를 꾀할 때 어떻게 해야 할까? 한국의 전통 기업문화가 걸림돌이 될 수 있다. 우리는 성공을 위해 다양성, 개방성 등 수평적 문화를 만들려 노력했다. 하지만 한국 문화와 상반되는 부분이 있었다. 이를 해결하기 위해 체계적으로 접근했다. 그래서 실리콘 기업의 접근법을 모방하기로 했다. 직원 중 수줍은 젊은 직원이 있다. 이런 직원은 뛰어난 아이디어가 있어도 문화 때문에 혹은 소심해서 적극적으로 제안을 못한다. 튀는 것을 원하지 않았다. 그래서 직원에게 모든 아이디어를 중시하겠다는 강한 메시지를 전달했다. 또 그 메시지를 더 강력히 하기 위해 우수 아이디어에 대한 보상시스템을 견고하게 만들었다. 4종류의 대회를 하고 있다. 2개는 크게 성공했는데 1개는 실패했다.

우리는 매년 1,000명을 채용한다. 연수를 받은 후 한 달간 아이디어 경쟁대회에 참여토록 하게 한다. 다른 분야의 소속 직원들, 유통, 영화 등의 직원들이 팀을 구성해 아이디어를 만들고 발표하게 한다. 신입사원에 국한된 것은 아니다. 임원도 참여할 수 있다. 아이디어도 자기 속한 분야에 국한될 필요가 없다. 대회 우승자는 금전적 보상을 받는다.

CJ는 조직 문화도 바꾸려고 노력했다. 호칭을 바꿨다. 직책 대신에 '님'이라고 부른다. 외부에서는 부사장으로 불리지만 사내에서는 나도 님이다. 때로는 이런 접근법이 어렵고 한국 기업들도 시도했다가 포기했다는 사례도 있다고 들었다. 우린 계속 추진하고 있다. 나는 조직 밖의 아이디어를 안으로 가져오는 역할을 한다. 예를 들어 젊은 시나리오 작가의 작품을 검토한 후 영화화하고 극장에서 상영한다.

▶ 이희성 사장: 보통 은행이라고 하면 혁신과 거리가 멀게 느껴진다. 안정적인 조직이라고 생각한다. 하지만 신한은 오랫동안 혁신을 주도해 왔다. 새로운 시스템을 도입해 일터에서 창의력을 발휘할 수 있게끔 했다고 알려졌다. 아이콘적 은행으로 볼 수 있다. 내부조직의 탈바꿈 경험을 알려달라.

▶ 이원호 부행장: 신한은행은 1982년 창립했다. 30년 정도 됐는데 총자산은 350조 원이다. 전 세계 15개 도시에 거점을 가진 글로벌 기업으로 성장 중이다. 시작의 모토가 '새로운 금융문화 창조'였다. 과거의 전통은행에서 벗어나 글로벌하게 갈 수 있는 은행이 되고자 했다. 그래서 이름도 뉴코리아(신한)다.

은행은 기본적으로 효율성을 추구한다. 예대 마진으로 푼돈영업을 하기도 한다. 보잉은 787처럼 큰 제품을 하나 잘 만들면 큰 이익을 얻고 플립보드는 참신한 아이디어로 수익을 창출하지만 은행은 좀 다르다. 하지만 영업 속에서 창의성이 발휘되지 않으면 경쟁우위에 설 수 없다. 초기부터 창의성을 미션으로 삼았다. '평범한 사람이 만든 비범한 조직'을 만들고자 했다. 우리 직원들은 평범하다. 이들을 어떻게 비범하게 만들 것인지가 과제였다. 이질적 요소를 모아 신한이란 용광로 속에서 새로운 문화를 이뤘다. 각자 다양한 경험이 신한의 새로운 문화를 창조했다고 본다.

오늘 발표를 들으며 창의성에 대해 생각했다. 다양성은 구성원의 차이에서 나온다. 두 가지로 정리할 수 있다. 하나는 인종, 국가 간 남녀 연령 등 표면적인 것이고 또 하나는 높은 수준의 지식과 경험차이다. 보잉이 전자, 플립보드가 후자를 잘 관리하는 것 같다. 우리 조직에서는 그 다양성이 혁신에 영향을 준다. 하지만 그게 성과에 얼마나 도움이 되느냐는 다른 문제라고 생각한다.

그래서 다양성으로부터 성과를 내기 위해 두 가지 조건이 필요하다. 첫째는 지식정보를 어떻게 발산할 수 있는가의 문제다. 플립보드의 오픈형 열린 문화가 예다. 둘째는 이 같은 메커니즘을 어떻게 수렴하느냐의 문제다. 조직이 커지고 다양해질수록 수렴의 메커니즘을 어떻게 작동시킬 것인가가 중요한 것 같다. 비전과 가치를 어떻게 공유할 것인가? 신한은 수평적 조직문화를 중요시한다. 우리는 의도적으로 조직 위계질서를 깨는 프로그램을 운영 중이다. 호프데이, 등산 등 행사를 꾸준히 개최한다. 운영 면에서는 수시로 TFT를 구성해 유연한 조직을 만든다. 수십 개의 TFT가 돌아가고 있다. 다양한 출신 경험을 가진 사람들이 참여하고 있다.

신한 직원들은 모여서 얘기하면 '입만 살았다'는 말이 나올 정도로 토론문화에 강하다. 다른 은행서 온 간부 한 명이 '밖에서 봤을 때 특이하고 혁신적인 데라고 생각했다'고 말했다. 토론의 문화가 완전 다르다. 싸우면서 토론해도 나갈 때 웃으면서 나가는 게 독특하다고 말씀하더라. 위아래가 없이 질서를 깬 토론을 진행한다.

열린 문화의 사례로 서울 숭례문 옆에 신한 건물이 있다. 15층 전 층을 사용한다. 이곳 한 층에는 둥그런 방, 네모난 방, 신발 벗는 방, 영화 보는 방 등 다양한 형태의 방들이 있다. 디베이트 공간도 따로 있다. 주말에도 직원들이 자발적으로 와서 방을 꽉꽉 채운다.

수렴 메커니즘과 관련해서는, 예를 들어 연초에 종합 업적평가대회를 연다. 1만 3,000명이 올림픽 체조경기장에 모여 지난 성과를 평가하며 시상하고 축하하는 자리다. 배우자 초청 행사도 갖고 직원 간 팀워크 강화 프로그램 등도 마련돼 있다. CEO, 리더 간 소통도 중요한 것 같다. 온라인 광장에는 올해에만 1만 2,000건의 창의적 아이디어가 올라왔다. 이걸 경영에 반영하고 있다.

▶ 청중 1: 에릭 알렉산더 사장에게 묻고 싶다. 한국 상황을 설명하겠다. 일반적으로 한국 사람들은 민족 동질성을 유지하며 살아왔다. 미국은 종교, 인종이 다르다. 다양한 사람들이 살고 있다. 제가 생각하기에 다양한 사람들과 함께 협업하기 위해서 미국 사람들은 다양한 문화와 교육상황 등을 이해해야 됐다. 한국은 이런 것이 상대적으로 중요치 않다. 일반적으로 한국인들은 연장자 말을 따라야 한다고 교육받았다. 거스르는 것은 예의에 어긋난다. 또 많은 한국인들은 자신의 의견을 공개적으로 얘기하는 것에 두려움이 있다. 저도 학생일 때 일방적으로 지식 전달 수업을 받았다. 학생으로서 다른 학생들과 토론할 기회가 많지 않았다. 교사, 교수로부터 지식을 전달받게 되는 교육이다. 이 같은 문화 관습이 한국에서 조직 내 창의성 개발에 장애물이 됐다. 플립보드라는 기업에서 구체적인 베스트 프랙티스를 소개한다면 무엇이 있는가?

▶ 알렉산더 사장: 한국에서는 과제가 많다. 한국에서 여러 기업과 일하다보면 종종 느낄 때가 있다. 현장에서 일하는 분들 중 아이디어가 뛰어난데 상사와 생각이 다르기도 하다. 이런 아이디어를 전달하고 공유하기에 어려운 부분도 있다. 비단 한국만의 상황이 아니라 다른 곳도 그렇다. 실리콘밸리는 특수하다. 직원들이 '에릭 그거 말도 안돼'라고 할 때 기분 나쁠 수도 있지만 맞는 말일 때도 있다. 경영자가 정책을 어떻게 하는지가 중요하다. 챌린지를 회사에 제시할 수 있도록 하는 게 중요하다. 잘 모르기 때문에 오히려 이야기하는 것이 정답일 때도 있다. 동일한 업무를 20년 동안 하면 어떨까? 칭찬만 받아왔다면 챌린지하는 분위기가 필요하다. 플립보드 사례에서 말했지만 우리 회사에는 20개국이 넘는 곳에서 온 직원들

이 근무한다. 한국인, 중국인들도 있다. 서로 이해하는 게 필요하다. 우리는 회사의 모든 조직원을 가족으로 생각한다. 점심시간에 크게 바비큐 파티를 벌이기도 한다. 다들 한국 갈비를 좋아한다. 이처럼 서로 간 문화를 공유하는 자리가 중요하다. 일하는 방식도 달라지게 된다.

▶ 이희성 사장: 신한은행 부행장님은 개방적인 토론을 통해 혁신을 이끌었다고 했는데 실제 어떤 프로세스를 통해서 리더와 직원들이 소통할 수 있었는지 궁금하다.

▶ 이원호 부행장: 시작은 교육프로그램이다. 연수원에 들어오면 동등한 입장으로 들어온다. 교육생에 강조하는 것은 토론과 의견을 수렴하는 것이다. 창립 초기부터 계속 해왔다. 연수원에 가면 선생님이라 호칭하는 문화가 있다. 의견을 교류하게 하는 것이다. 그것이 현업에 와서 고객 응대 과정과 지점 운영 과정에 스며들도록 하는 노력을 해왔다. 상사 지시에 익숙하다 보니 대기 상태에 있는 직원을 가장 경계해 왔다. 직무의 오너십이 핵심가치다.

| 제2부 |

글로벌 기업의
인재 경영

01 글로벌 CEO의 성공 경영학

'리터당 200km를 달리는 자동차.'

라즐로 보크 구글 수석부사장이 〈글로벌 인재포럼 2013〉의 기조 세션1에서 제시한 화두다. 그는 "리터당 20km를 가는 자동차를 만들 때와 200km를 가는 자동차를 만들 때 엔진 디자인은 근본적으로 달라야 한다"며 "설령 그런 차를 못 만들어도 괜찮다. 불가능해 보이는 일, 무모하고 엉뚱한 일을 추구하도록 조직원을 격려하는 것이 구글 혁신의 원동력"이라고 강조했다.

자율성 줘야 인재 모인다

보크 부사장은 이런 일을 달에 사람을 보내는 것에 빗대 '문샷(moon shot, 달을 쏘다) 프로젝트'라고 불렀다. 그는 "1950년대 달에 사람을 보내자는 구상은 허황되게 들렸겠지만 10여년 만인 1969년 실현할 수 있었다"며 "설령 목표를 달성하지 못하더라도 그 과정에서 조직의 구성원이 새로운 아이디어를 실험해보고 창의적인 접근을 시도할 수 있다"고 설명했다.

구글의 인재전략을 총괄하는 그는 "모든 사람은 자율성을 추구한다"며 "직원에게 자율성을 주는 기업이 더 좋은 인재를 끌어들일 수 있다"고 말했다. 구글의 말단 엔지니어도 소프트웨어 코드를 거의 대부분 알 수 있다는 점을 들어 "직원들을 믿어야 한다"고도 역설했다.

좋은 대학, 좋은 배경을 가진 사람을 뽑는 게 중요치 않다고도 했다. 그는 "학점이나 시험 점수, 학력 정보가 직원의 성과와 얼마나 관련 있는지를 봤더니 초기 1~2년 업무성과에는 차이가 났지만 그 후에는 큰 의미가 없었다"고 말했다.

한국 기업, 인재 다양성 갖춰야

기조세션 첫 강연자로 나선 한스 파울 뷔르크너 보스턴컨설팅그룹(BCG) 회장은 다양한 인종·성별·배경을 가진 인재를 확보하는 것의 중요성을 설파했다.

뷔르크너 회장은 독일 출신으로 미국계 글로벌 컨설팅 그룹의 최고경영자 자리에 오른 인물이다. 그는 "글로벌 기업들 중에는 여전히 외국인을 잘 믿지 않고 본국에서 지사장이나 대표를 파견하는 경우가 많다"고 지적했다. 이어 "세계화는 모두 단일한 문화를 갖는 게 아니라 '다양한 지역화(multi-local)'를 추구하는 것"이라며 "진정한 글로벌 팀을 꾸리기 위해 기업들이 더 노력할 필요가 있다"고 했다.

그는 "한국인들이 (열심히 일하기 때문에) 다른 나라 사람을 게을러 보이게 한다는 이야기를 들었다"며 "그렇더라도 한국 기업들은 지금보다 외국인을 더 많이 받아들일 필요가 있다"고 말했다.

뷔르크너 회장은 훌륭한 리더의 자질과 관련해 "내가 뭘 했다고 강조하지 말고, 팀원과 공동으로 성과를 내야 한다"고 했다. 또 "카리스마가 있을 필요는 없지만 직원들이 '우리 리더는 무슨 생각을 할까' 궁금해 하면 문제가 있는 것"이라고 설명했다.

좋은 관리자 자질 가진 사람은 10%

래리 이몬드 갤럽 아시아태평양(APAC) 사장은 관리자의 자질을 가진 사람은 제한돼 있다는 주장을 펼쳐 청중의 관심을 끌었다. 그는 갤럽에서 부하직원을 둔 관리자를 대상으로 조사한 여러 통계를 바탕으로 "대체로 조직에서 10%는 좋은 관리자가 될 수 있고, 10%는 괜찮은 관리자가 될 수 있으며, 나머지 80%는 관리자의 자질이 부족하다"고 분석했다.

그는 "따라서 관리자를 키우는 승진 경로와 그렇지 않은 이들을 위한 승진 경로를 분리해 운영하는 것이 기업 성과 향상에 효율적"이라고 주장했다.

자신만의 특별한 리더십을 가져라

한스 파울 뷔르크너(보스톤컨설팅그룹 회장)

사회적으로나 경제적으로나 한국인들은 자신을 칭찬하는 데 조금 인색한 것 같다. 외부에서 보면 꽤 성공한 것처럼 보이는데도 그렇다. 전 세계 출장을 다녀보면, '더 이상 진정한 리더십은 없다'는 말들을 많이 한다. 이전이 좋았다는 것이다. 하지만 이런 표현은 틀린 것이다. 또 성공으로 가는 단 한 가지의 공식(a silver bullet)이 있는 것도 아니다. 우리는 모두 자신만의 특별한 방법으로 리더십을 가져야 한다. 따라서 리더십을 어떤 하나의 모양으로 일반화하는 것은 쉽지 않다. 하지만 어떤 공통점은 있다. 이에 대해 설명하려 한다.

리더십은 당신의 지위가 아니다

좋은 리더는 상황과 환경에 따라 접근법을 달리하는 리더다. 어떤 환경에서는 매우 적절한 리더십이 다른 환경에서는 완전히 망하는 지름길일 수도 있다. 어떤 특별한 상황에서 취한 특별한 행동이 다른 상황에서는 관계를 망치는 행동일 수도 있다. 사람에 따라서도 달라진다. 당신은 오직 자기 자신일 수밖에 없다. 장기적인 관점에서 본다면 무리해서 잭 웰치가 되려 하는 식으로 행동하는 것은 맞지 않다.

사람들이 리더십에 대해서 오해하고 있는 것들도 있다. 리더십은

한스 파울 뷔르크너 "리더십에는 속임수도 없고 해결책을 알려주는 조언도 없다."

'당신'이 아니다. 리더십이란 당신의 지위도 아니고, 당신의 봉급도 아니고, 당신의 명성도 아니다. 어떤 회사의 문화가 한 사람의 유명한 CEO에 의해 만들어지고 그 사람의 스타일이 너무나 강조된다면 그 결과는 대개 과대망상(megalomania), 물질주의(materialism), 오만(arrogance)으로 이어지게 마련이다.

리더십의 조건을 몇 가지 이야기하겠다. 첫째는 통합능력(integrity)이다. 리더는 시장과 경쟁에서 오는 압력을 받는다. 또 내부 주주나 노조, 이사회로부터도 압력을 느낀다. 정부나 일반 대중도 리더를 압박한다. 이런 것들을 극복하고 성과를 내려면 스스로에게 몇 가지 질문을 던져야 한다. 예를 들어, 고객이나 부하들에게 나는 지금 과장된 약속을 하고 있는 게 아닐까? 우리는 지금 약속을 지키고 있는 걸까? 수준 이하의 성과를 그냥 받아들이고 있는 중이지 않을까? 실수를 부인하고 있지 않나? 데이터를 조작하고 있지 않나? 실수를 감추지 않나? 현실보다 더 그럴듯하게 뭔가를 꾸미는 게 중요해진 것 아닌가?

엔론 사태를 생각해 보면 이 같은 질문의 중요성을 이해할 수 있을 것이다. 가치에 충실한 것이 중요하다. 우리가 반드시 지키려는 가치가 무엇이며, 언행일치가 이뤄지는지를 생각해야 한다.

규제가 없어도 원래 가치를 지켜라

두 번째 조건은 '목적과 미션(purpose and mission)', 그리고 이를 이루려는 의지를 갖는 것이다. 여기에 딸려오는 질문은 이런 것들이다. 우리 조직, 부서, 회사의 존재 목적은 무엇인가? 사명은 뭔가? 핵심 업무는 뭔가? 그것을 어떻게 확신할 수 있나?

예를 들어 BCG그룹의 경우 창업자 브루스 핸더슨(Bruce Henderson)은 1953년 설립 초기부터 '우리는 세상을 바꾸고 싶다(we want to change the world)'며 나섰다. 그리고 고객이 가장 문제라고 느끼는 것을 지목하고 고객이 이 문제를 해결할 수 있도록 변화하는 것을 지원한다는 구체적인 목표를 세웠다.

글로벌화 과정에서 목표와 미션을 되새기는 것도 중요한 문제다. 예를 들어 아시아, 아프리카, 남미 등에서는 여러 인프라나 정부 규제가 갖춰져 있지 않다. 이런 상황에서도 원래의 가치를 지키기 위해 좋은 지배구조를 유지하고, 인프라를 갖추고, 현지 커뮤니티에 기여할 수 있도록 노력해야 한다.

세 번째 조건은 '사람(people)'이다. 컨설팅회사든 제철소든 모든 업무는 사람을 가지고 해야 하는 일이다. 리더는 이 문제와 관련해 나는 사람들(직원들)을 좋아하는가 자문해야 한다. 또 이들에게 흥미를 가지고 있는지, 이들의 웰빙에 관심이 있는지, 이들에게 봉사할 의지가 있는지 물어야 한다.

'그렇지 않다'고 답할 수도 있다. 그래도 위대한 사람이 될 순 있다. 하지만 위대한 리더가 될 수 있을까? 아마도 어려울 것이다. 리더십은 나 혼자만의 성과가 아니다. 잭 웰치 GE 전 회장을 비롯한 많은 훌륭한 리더들은 자신의 업적을 내보이며 '나는(I), 나는(I), 나는(I)~'이라고 하지만 사실은 팀의 성과다.

네 번째 조건은 '미래(future)'다. 리더십은 미래에 관한 것이다. 조직의 미래가 달린 문제다. 미래에 관해 이렇게 질문하라. 앞으로 다가올 기회와 도전은 무엇인가? 우리는 기회를 활용할 능력이 있는가? 우리는 도전에 대응할 능력이 있는가?

그리고 미래는 그냥 '일어나는 일'이 아니다. 미래는 당신이 '일어나도록 만드는 일'이다. 모든 조직은, 특히 성공적인 것은 변화를 거부하게 마련이다. '뭔가 고장 나지 않았는데 왜 고쳐야 하지?' 이런 의문이 생기게 마련이다. 하지만 모든 성공은 후반전이 있다. 또 성공한 모델은 더 성공적인 모델에 위협을 받는다.

글로벌 인재를 써야 글로벌 회사다

한국 기업들을 보면 글로벌 회사가 되고 싶다는 의지는 강력한데 그 구성원은 거의 대부분 한국인인 것을 볼 수 있다. 해외에 지사를 내도 지사장을 한국인으로 파견한다.

한국인은 다른 나라 사람과 같이 있으면 다른 나라 사람들을 게을러보이게 만든다. 워낙 열심히 일하기 때문이다. 그러나 진짜 글로벌 회사라면, 진짜로 글로벌한 팀이 필요하다. 서로 다른 배경을 가진 사람들을 길러내야 한다. 그러려면 지금 당장 시작해야 한다. 안 그러면 적어도 10년을 기다려야 할 것이다.

미래를 만들어가고, 미래에 집중하려면 '지속성(persistence)'을 가져야 한다. 또 최종적으로 '커뮤니케이션(communication)'을 리더십의 조건으로 꼽을 수 있다. 꼭 카리스마 있는 리더가 될 필요는 없는 것이다. 리더십에는 속임수도 없고 해결책을 알려주는 조언도 없다. 원하는 게 무언지 파악해서 끈기 있게 추구하는 것이 왕도다.

🌐 한스 파울 뷔르크너

1952년 독일 파렐에서 태어났다. 1981년 보스턴컨설팅그룹(BCG)이 독일 뒤셀도르프 지사를 열 때 BCG 멤버로 합류해 32년째 이 회사에 몸담고 있다. BCG 그룹은 파트너들이 한 표씩 행사해 최고경영자(CEO)를 선출한다. 글로벌 재무서비스 부문장 및 수석부사장을 지낸 뷔르크너 회장은 2004년에 CEO로 선출됐으며, 한 차례 연임해서 총 9년간 BCG를 진두지휘했다. 임기 동안 단 한 번도 회사의 수익이 줄지 않았고, 대규모 직원감축도 하지 않았다. 2012년부터는 CEO 자리에서 물러나 파트너들의 회의 기구를 이끄는 회장으로 일하고 있다. 독일 프랑크푸르트, 인도네시아 자카르타, 러시아 모스크바에 본인이 직접 관리하는 사무소를 두고 고객 지원에 활용하고 있다. 주로 기업의 경영전략, 글로벌 확장정책, 조직운영 등에 관해 조언한다. 해마다 43개국에 있는 BCG의 지사 중 상당수를 방문하는 데 많은 시간을 할애한다. 독일 보훔대 등에서 경제학, 경영학, 중국어 전공 학사를 받았으며 미국 예일대에서 석사를, 영국 옥스퍼드대에서 로즈 장학생으로 철학박사학위를 받았다.

▶ 청중 1: 한국기업에 글로벌 인재를 더 채용해야 한다고 생각하는 이유는?

▶ 뷔르크너 회장: 한국기업 뿐 아니라 독일, 일본, 프랑스 등 많은 나라의 기업들이
본국 출신을 선호한다. 이미 익숙하고, 잘 알고, 말이 통하니까 그렇다. 다른 나라
에 진출할 때 본국 출신을 내세우는 것은 독일도 마찬가지다. 하지만 커뮤니케이
션 부문에서 장기적으로 성공하려면 현지에 밀착된 조직이 필요하다. 다국적 리
더십 팀을 만들면, 관점 자체가 달라진다. 예를 들어 BCG 본사에 한국인을 채용
하는데, 미국에서 나고 자란 사람을 쓰면 의미가 없다. 새로운 특성을 더해주는
사람을 찾아야 한다.

모두가 성공할 수는 없지만
결국 누군가는 성공할 것

Q **한국의 주요 기업을 방문해서 느낀 점은 무엇인가요?**

A 지난 수년간 한국 기업에는 빠른 성장이 절대적인 화두였는데 요즘은 '균형'이 화두인 것 같습니다. 재무구조, 지배구조 등을 두루 고민하며 내실을 기하려는 분위기가 느껴집니다. 글로벌 전략도 전에는 빨리 따라잡는 것 위주였는데, 지금은 글로벌 경쟁사들과 직접 시장에서 부딪치면서 자신만의 강점을 고민하는 것이 보입니다.

Q **주로 어떤 질문을 받았습니까?**

A 세계 경제 전망에 대해 많이 물어보더군요. 특히 중국, 인도 등 신흥국의 경제성장이 둔화할지와 북미지역 성장이 계속될지 등에 관심이 높았고 글로벌화에 박차를 가하기 위한 방법을 묻는 이들이 많았습니다. 일본 기업과 경쟁 관계인 곳이 많다 보니 엔화 전망에 대한 질문도 자주 나왔습니다.

Q **내년 경제 전망은 어떻게 답하셨나요?**

A 중국의 경제성장률은 연 7.5% 안팎을 유지할 것이고 인도도 5~6% 성장이 가능할 것 같습니다. 유럽은 1~1.5% 정도 성장을 예상하는데 잘하면 2%도 될 수 있다고 봅니다. 미국도 올해보다 높은 3% 정도가 되지 않을까 합니다. 문제가 없는 것은 아니지만 세계 경제는 살아나는 중입니다.

Q **미국의 양적완화 축소 시기가 예상보다 늦어지고 있습니다.**

A 내년 봄 정도에는 이뤄지지 않을까 합니다. 유동성이 과도해 부동산이나 원자재 등의 가격이 상승하고 있습니다. 양적완화가 일부 축소되면 성장통이 좀 있겠지만 긍정적인 효과를 낼 것입니다. 그러나 미국은 (이후에도) 계속 많은 유동성을 공급해야 합니다. 일본과 유럽도 오랫동안 저금리 기조를 유지할 것입니다.

Q 글로벌 금융위기가 이제 거의 끝났다고 봅니까?

A 아닙니다. 절반 정도 왔다고 봐야죠. 5년 정도는 더 있어야 위기의 여파에서 완전히 벗어날 것입니다. 그리고 각국에서 구조적인 변화가 일어나야 합니다.

Q 어떤 변화가 일어나야 한다는 건가요?

A 10가지 변화의 방향을 얘기할 수 있습니다. 교육 투자, 이민자 수용, 기업가정신을 강조하고 기업이 존경받는 사회를 만드는 것, 연구개발(R&D) 및 인프라 투자, 시장 개방, 보조금 · 복지 축소, 투명한 세금 징수, 민 · 관 협력을 강화하는 것 등입니다. 그리고 이런 변화를 위해 국민을 설득하는 커뮤니케이션이 이뤄져야 합니다.

한스 파울 뷔르크너 회장이 꼽은 각국 10대 변화 과제

교육 투자	교육 및 직업훈련을 강화해 스스로 자기 삶을 책임질 기반을 형성해야 함
이민자 수용	고령화 문제 해결, 숙련된 이민자 계층에 개방적인 사회가 돼야 함
기업가정신 강조	창업 독려, 기업들이 존경받는 환경 만들어서 일자리를 제공하도록 해야 함
연구개발(R&D) · 인프라 투자	도로, 항만, 통신 등에 대한 투자가 확대되야 함
시장 개방	더 많은 경쟁이 일어나 기업 경쟁력이 강화되야 함
보조금 축소	경쟁 제약, 부정부패 증가 요인
복지 축소	유럽의 높은 복지수준이 경쟁력 약화 요인
투명한 세금징수	세율을 낮추고 단순화해서 지하경제를 양성화해야 함
민관협력 강화	관치 대신 민간의 역량을 최대한 활용해야 함
커뮤니케이션	변화를 받아들일 수 있도록 지도자가 설득해야 함

Q 한국은 저성장 국면에 대한 우려가 많습니다.

A 어느 정도가 '저성장'인가요? 낮은 성장률은 상대적인 개념입니다. 한국은 인구 증가가 정체되고 있습니다. 그렇다면 성장률이 낮아질 수밖에 없습니다. 선진국 가운데서 한국은 상대적으로 높은 성장률을 기록하고 있습니다. 그리고 기업들은 전혀 걱정할 필요가 없습니다. 한국 기업들이 저성장 기조에 대응하는 방법을 물으면 제 답은 간단명료합니다. '글로벌 회사가 돼라'는 것입니다. 선진국의 다른 기업들도 다 해외에서 경쟁하고 해외에서 돈을 벌고 있습니다.

Q 한국 기업들은 '재빠른 추격자(fast follower)'에서 '시장 선도자(first mover)' 로 전략을 바꾸는 데 어려움을 겪고 있습니다.

A 시장을 선도하려면 새로운 실험을 하는 것 외에는 답이 없습니다. 실패할 수 있음을 인정하고 여러 가지 시도를 다 해보도록 격려해야 합니다. 모두가 성공할 수는 없지만 결국 누군가는 성공할 것입니다.

Q 해외 인수합병(M&A)을 고려하는 경우도 많습니다.

A M&A를 할 때는 절대로 막연하게 해서는 안 됩니다. 목표가 무엇인지, 왜 하는지가 뚜렷해야죠. 어떤 시장에 침투하기가 쉽지 않을 때 M&A를 고려하는데 잘못되면 스스로의 목줄을 죄는 일이 될 수도 있습니다. 장·단점을 잘 따져봐야 합니다.

Q 글로벌 금융위기를 잘 극복한 기업을 소개해주세요.

A 다른 나라를 볼 것 없이 삼성이나 현대·기아자동차를 예로 들 수 있습니다. 삼성은 잘 하고 있습니다. 휴대폰 시장도 있지만 에너지 산업이나 헬스케어 산업에 투자하며 사업 분야를 다각화하는 것이 인상적입니다. 현대·기아차가 북미와 유럽 시장에서 점유율을 높여가는 것도 평가할 만합니다. 불황이 오면 침체되고 성장하지 않는 게 당연하다고 생각하는 사람이 많은데 불황기에도 성장하는 기업이 있습니다. 애플은 성장했습니다. BCG도 2004년부터 매해 실적이 늘

었습니다. 불황은 '정말 좋은(very good)' 회사와 '괜찮은(OK)' 회사를 구분할 수 있는 시기입니다. 소비자가 진짜로 원하는 것을 제공하는 창의적인 회사가 불황에 성장하는 진짜 좋은 회사입니다.

Q **한국은 경제민주화를 요구하는 목소리가 큽니다.**

A 유럽에서도 연금이나 보조금, 복지를 늘리라는 요구가 많습니다. 하지만 이는 장기적인 침체를 불러올 뿐입니다. '평등한 기회'를 주는 시스템을 만드는 것은 중요합니다. 그러나 모든 사람은 자기 자신을 스스로 부양할 수 있어야 합니다. 교육과 훈련받을 기회를 줘서 일자리를 갖게 해야 합니다.

Q **경쟁을 제한하려는 경향도 나타납니다.**

A 한국은 상당히 폐쇄적인 경제입니다. 여러 어려움이 있겠지만 더 많이 경쟁해야 궁극적으로 기업의 경쟁력이 커집니다.

Q **박근혜 정부가 주창하는 지하경제 양성화가 '경기 부양' 기조와 상충한다는 지적이 있는데요?**

A 전혀 어긋나지 않는 문제입니다. 세금은 단순해야 합니다. 세제를 간소화하고 세율을 낮춰야 지하경제를 양성화할 수 있습니다. 경기 부양 기조와도 맞아떨어집니다.

Q **고령화로 경제 활력이 떨어지는 것도 문제입니다.**

A 이민자를 받아들여야 합니다. 인구 문제를 해결하기 위해서는 해외의 숙련된 인재들을 받아들이는 것이 가장 좋은 전략입니다.

최고의 인재가 구글에 모이는 이유

라즐로 보크(구글 인사총괄 수석부사장)

한국 방문은 이번이 처음인데, 벌써 불고기와 김치를 아주 많이 먹었다. 미국 캘리포니아에서 출발해 여기 한국까지 오던 중 기내에서 승무원이 어디에서 일하는지 물었다. 구글에서 일한다고 답하며 "유튜브도 구글 것"이라고 덧붙였더니 "유튜브랑 K팝을 좋아한다"는 답변이 돌아왔다. 며칠 전 유튜브에서 세계 최고의 걸그룹으로 소녀시대가 꼽혔다.

구글은 전 세계 40여 개국에서 70여 개 지사를 보유하고 있다. 한국 사무소는 구글이 나스닥에 상장되기 전인 2004년에 열었다. 구글이 해외 사무소를 한국에 일찍 연 이유는 한국이 그만큼 모바일 기술 분야에서 배울 점이 많다고 생각했기 때문이다. 한국 엔지니어의 기술은 매우 뛰어나다. 지난 1년간 에릭 슈미트 회장 등 임원진들이 한국에 방문했다. 정부 당국자들은 한국 문화를 세계에 알리는 데 구글에 도움을 요청했다.

전 세계에서 구글 제품을 많이 사용하고 있다. 매일 눈 깜짝할 사이에 수십억 건의 검색이 구글에서 이뤄지고, 매달 40억 시간에 달하는 동영상이 유튜브를 통해 재생되고 있다. 10억 건의 조회수를 달성한 최초의 가수가 싸이인 것은 모두 알고 있을 것이다. 강남스타일은 18억 건의 '좋아요'가 눌러졌다. 전 세계 20%의 인구가 싸이를 좋아

라즐로 보크 "불가능해 보이는 일, 무모하고 엉뚱한 일을 추구하도록 조직원을 격려하는 것이 구글 혁신의 원동력이다."

한다는 것은 놀라운 사실이다.

그만큼 책임도 따른다는 것을 알고 있다. 구글은 다른 기업처럼 사람에 의해 운영되므로 실수할 수 있고, 실수하면 배우려 하고 있다. 항상 새로운 일을 하려고 노력하고, 실패하더라도 빠르게 실패해서 이로부터 배워 개선하려 한다. 창업자인 래리 페이지와 세르게이 브린의 철학이다.

구글이 15년 전 창업한 뒤 한동안 에릭 슈미트가 페이지, 브린과 함께 회사를 운영해 왔는데 얼마 전 브린이 최고경영자가 됐다. 슈미트, 페이지, 브린이 한 일은 CEO로서 권한을 내려놓은 것이다.

구글이 상장했을 때 브린은 "구글은 일반적인 회사가 되고 싶지 않다"고 했다. 구글은 가장 흥미롭고 궁금증 많은 인재를 어떻게 유치할 수 있는지 집중해왔다. 리더십의 모델은 상당히 다양할 수 있지만, 특정 리더십 스타일이 최고 인재를 유치할 수 있는 스타일이라고 생각한다. 인재는 자신의 운명을 개척하고 창조하길 바란다. 그것도 30~40년 후가 아니라 지금 당장 하고 싶어 한다. 그런 사람을 영입하려 하고 있다. 회사의 운영 방식도 다양하지만, 시간이 흘렀을 때 가장 성공적으로 살아남는 기업은 자유롭게 일하고 영향력 미칠 수 있는 사람을 유치하는 기업이라고 믿는다.

구글은 돈을 벌기 위한 기업이 아니다. 다른 기업에서는 시장점유율을 높이자고 말하는 것이 일반적이지만, 우리는 세상의 정보를 잘 정리해서 유용하게 만들자는 미션을 갖고 있다. 이 같은 미션이 사람들에게 유의미한 일을 하고 싶어 하는 사람들을 유치하는 배경이 된다. 이곳에서 직원들은 점심도 공짜로 먹고, 아이들과 함께 살 집을 봉급을 타 마련하지만 영리보다 미션에 더 집중하고 있다.

구글은 투명성 확보에도 노력을 기울이고 있다. 구글 직원은 회사 정보를 거의 다 볼 수 있다. 엔지니어는 입사하는 순간부터 구글 소프트웨어 코드의 99%를 볼 수 있다. 물론 이는 기밀이고 굉장히 중요하다. 구글의 미래 성공을 위해 핵심적인 부분이고 새어 나가면 치명적인 내용이다. 하지만 우리는 직원을 신뢰한다. 구글이 가정하는 바는 모두가 '선하다'는 것이다. 슈미트, 페이지, 브린은 사람이 선하다는 가정 하에 회사를 시작했고, 사람들이 선하다면 그들을 선한 사람으로 대우해야 한다고 생각했다. 정보를 공유하고, 목소리를 낼 수 있게 해줘야 한다고 생각했다.

구글은 일주일에 한 번 모든 직원을 초대하는 회의를 열고 있다. 바로 'TGIF' 미팅인데, 미국에서는 목요일에 열린다. 미국의 목요일 저녁은 아시아의 금요일 오전이기 때문에 모두가 함께할 수 있는 목요일 저녁에 여는 것이다. 이 회의에서 페이지와 브린은 일주일간 있었던 좋은 일과 나쁜 일을 다 공유하고, 30분간 질의응답 시간을 가진다. 이 회의에서는 어떤 질문이든 할 수 있다. 중국에서의 구글 전략과 같은 민감한 문제에 대해 질문할 수도 있고, 자신의 의자가 불편하다는 문의도 자유롭게 할 수 있다. 어떤 질문을 받아도 대답하는 것이 원칙이다. 이 모든 질의응답이 사람이 선하다는 가정을 통해 이뤄지는 것이다. 이로 인해 모두가 아이디어를 공유할 수 있는 문화가 생겨난다.

구글 직원은 '구글러'라고 부르는데, 새로운 구글 직원은 '뉴글러'라고 부른다. 오래된 직원은 '그레이 구글러'라고 한다. 이들 모두가 직원으로서 목소리를 낼 수 있다. 연간 조사를 통해 큰 목소리를 낼 수 있고, 직원들이 여러 문제를 스스로 해결하는 그룹도 만들 수 있다. 한국과 일본의 사무실에서는 일과 가정의 양립이 어렵다는 얘기를 많이 한다. 한국과 일본인은 성실하기 때문에 피곤하다는 얘기도 자주 나오는 것이다. 이 문제를 해결하기 위해 한국 사무실에서는 명상을 통해 일과 생활의 양립을 해보자는 제안이 나왔다. 구글 본사에서는 부모님을 모시고 출근하는 날도 만들었다. 45살 직원의 80대 어머니도 회사에 와서 "네가 무슨 일을 하는지 알겠다"며 좋아했다. 한국에서도 몇 달 전 같은 행사를 열었다. 이런 목소리를 낼 수 있게 하는 출발점은 사람들이 선하다는 것이다.

재미있는 회사를 만들기 위해서도 노력하고 있다. 재미있게 회사를 다닐 수 있도록 직원들이 자기표현을 자유롭게 할 수 있도록 한다. 이것이 가능한 이유는 CEO와 임원들이 직원들 스스로 표현하고 목소리를 낼 수 있는 분위기를 만들기 때문이다.

구글에 취직하는 것은 예일대에 입학하는 것보다 두 배는 어렵다. 구글은 채용위원회를 두고 지원자들을 가려내는데, 학점이나 시험점수만 보는 것은 아니다. 물론 학점, 시험점수, 학력도 보긴 했다. 최고 교육기관인지 중간급 교육기관인지 확인할 수는 있다. 이 같은 정보는 구글에서 1~2년 일하는 성과는 잘 예측한다. 하지만 그 다음의 큰 변화를 알아낼 수는 없다. 어찌 보면 너무 당연한 일이다. 나는 18세 때의 나와는 다른 사람이다. 나는 그때와 마찬가지로 여전히 만화책과 애니메이션을 좋아하지만, 다른 경험을 쌓았고 그때 없었던 결정력도 생겼다.

구글에서는 학문적인 부분이 강조되고 있기는 하다. 하지만 20명, 50명, 1,000명 정도만 고용할 땐 학력에 의존하는 것이 상당히 효율적이지만, 수천 명의 인재를 고용하게 되면 최고 인재가 명문 학교에서 나오지는 않는다는 점을 알게 된다. 경제적 이유나 지역사회 분위기 등에 의해 명문대에 가지 않은 인재들이 많다는 것을 알게 된다. 이 때문에 학력만 보지는 않는다. 인재는 모든 성별, 모든 국가에 있기 때문이다. 객관적으로 채용하기 위해 피드백은 해당 직군, 상사뿐만 아니라 다양한 사람으로부터 받는다. 구글은 최고의 인재를 고용하고 싶지만 누구의 조카, 누구의 베이비시터를 고용하려는 것이 아니다. 낙하산 인사를 받아주고 싶은 것도 아니다. 이런 객관적인 채용 과정을 거치고 입사한 사람들은 정말 좋은 인재들과 일하게 된 사실을 기뻐한다. 홀푸드 등 구글처럼 채용하는 회사들은 늘어나는 추세다.

직원들에게는 자율성을 부여한다. 도덕적으로 우수하고 능력이 있으면 강의도 잘한다. 3,000명 정도의 구글러는 강의를 제공하고 있다. 교수나 컨설턴트로부터 배우는 것도 중요하지만, 내가 일하는 직장 동료로부터 배울 때 가장 효과적이라는 걸 알 수 있다. 실제 일과 네트워킹을 가르치기 위해서는 동료가 유용한 것이다. 가르치는 일은 보람도 느낄 수 있다.

달에 누군가를 보낸다는 발상은 처음에 상당히 엉뚱한 생각이었다. 하지만 1969년 달에 실제 사람이 갔다. 이처럼 엉뚱하고 불가능해 보이는 프로젝트를 구글에서는 달 탐사 프로젝트에 빗대어 '문샷 (Moon shot)' 프로젝트라고 부른다. 이 프로젝트는 말도 안 되는 목표를 설정하는 것이 특징이다. 예컨대 리터당 200km를 가는 자동차를 만드는 프로젝트 같은 것이다. 리터당 20km를 가는 자동차를 만들 때와 200km를 가는 차를 만들 때 엔진 디자인은 근본적으로 달라야 할 것이다. 설령 그런 차를 못 만들어도 괜찮다. 불가능해 보이는 일, 무모하고 엉뚱한 일을 추구하도록 조직원을 격려하는 것이 구글 혁신의 원동력이다.

스스로 운전할 수 있는 무인자동차를 개발하는 프로젝트도 문샷 프로젝트다. 이 차의 개발 계기는 매년 4~5만 명이 교통사고로 죽는데, '자동차가 충돌할 이유가 없다'는 발상에서였다. 이 차를 이용해 10년간 운전을 하지 못했던 시각장애인이 차를 몰고 나가기도 했다. 그가 운전해서 처음으로 한 일은 패스트푸드점에 가서 햄버거를 사 먹은 것이다.

검색 시장 초창기에는 검색 기술을 구현하는 것이 불가능하다고 들 했었다. 그 이후에는 검색으로 돈을 벌 수 없다고 했다. 검색을 통해 성장할 수 없다는 말도 들었다. 하지만 구글은 다 이뤄 왔다. 몇 년 동안 수십 개의 제품도 폐기했다. 실패를 통해서도 배운 것이다. 어리석은 실수나 도덕적 실패가 아니면 실패는 우리를 강하게 한다고 믿는다.

 라즐로 보크

글로벌 컨설팅 회사 휴잇과 맥킨지의 관리자를 거쳐 제너럴일렉트릭(GE)의 상용 장비 파이낸싱 사업부에서 보상 및 인사관리 부사장, GE 캐피털 솔루션즈에서 인사 총괄 부사장을 역임했다. 현재 구글에서 인사 정책과 관련된 총괄 업무를 담당하고 있다.

인재관리는 '결혼'과 비슷하다

Q 자율성을 강조하는 것은 좋지만 도덕적 해이가 생길 수도 있을 듯한데요.

A 구글의 채용 시스템은 매우 보수적이어서 방만하게 일할 것 같은 지원자는 채용 과정에서 걸러진다. 보수적이라 함은 (조직에) '나쁜 사람'을 들이는 리스크를 떠안느니 차라리 몇몇 우수한 지원자를 뽑지 않아 채용 성공률을 100%에 가깝게 높인다는 뜻이다. 구글러들의 자정 노력도 도움이 된다. 예컨대 야근을 할 때만 가져갈 수 있는 공짜 음식을 누군가 지나치게 많이 가져가면 '(야근할 때만 가져갈 수 있는 음식인데) 세 끼 식사를 한꺼번에 가져갈 만큼 길게 야근하는 거야?'라는 농담을 던지는 식이다. 감시하는 것이 아니라 동료가 더 나은 행동을 하도록 돕는 것이다.

Q 입사한 직원을 회사에 머무르게 하는 비결은 무엇인가요?

A 인재관리는 '결혼'과 비슷하다. 식을 올렸다고 마음을 놓으면 안 되고, 배우자가 헤어지고 싶어 하지 않도록 최선의 노력을 다해야 하는 것이다. 남들보다 쉽고 재미있게 회사생활을 하는 우수 직원을 붙들기 위해 구글은 주식이나 보너스 등 금전적 보상을 제공할 뿐 아니라 남들을 가르칠 기회를 준다. 주인의식은 회사에 오래 남게 하는 비결이다. 구글에서 주는 20%의 자유시간을 이용해 다른 직원들에게 기술 자문을 해주는 '엔지니어링 어드바이저' 그룹이 대표적이다. 뒤처지는 직원에게는 그와 같은 눈높이에서 사실을 알리고 도움을 주기 위해 노력한다.

Q 사회성이 떨어지거나 다른 문화권에서 왔기 때문에 능력이 과소평가되는 직원
은 없나요?

A 구글은 '오타쿠(마니아)'가 일하기에 좋은 직장이다. 영업사원과 정반대 성격을
가진 수학자, 물리학자, 공학자가 많고 이들을 존중한다. 채용 단계에서도 내성
적이거나 영어가 모국어가 아니라는 이유로 불이익을 받지 않도록 칠판에 아는
것을 써보라고 한다. 성격유형검사인 MBTI와 같은 전통적 방식이 아니라 주황,
파랑, 초록, 노랑 등 색깔로 성향을 분류해 사회성이 없는 직원을 이상하게 여
기는 대신 '이 사람은 주황색 성향이니 말로 설명하는 것보다 데이터를 제시하
는 것이 낫겠다'고 판단할 수 있게끔 한다.

Q 길었던 채용 단계가 짧아졌는데 어떤 의미인가요?

A 처음에는 반년 동안 14~15회에 이르는 면접을 봐야 구글의 신입사원이 될 수
있었지만 최근에는 약 두 달 동안 4~5회에 이르는 면접만 보면 된다. 데이터
분석 결과 네 번 이상의 면접을 거쳐 봤자 판단의 정확도가 고작 1% 올라가는
것으로 나타났기 때문이다. 오랫동안 채용을 진행하는 것은 회사뿐 아니라 지
원자의 시간도 낭비하는 일종의 '고문'이나 다름없다는 것을 알게 됐다.

Q 구글이 관료적이 됐다는 평가에 대해 어떻게 생각하시나요?

A 결코 아니라고 생각한다. 그런 느낌을 받는 이유는 회사가 커졌기 때문일 것이
다. 직원들에게 끊임없이 가르치는 것 중 하나는 '하고 싶은 대로 하고, 사람들
과 대화를 나눠라'는 것이다. 하루는 제프 휴버 수석부사장에게 한 직원이 찾아
와 '구글이 너무 관료적이어서 일을 할 수 없다'고 불평한 적이 있다. 하지만
그가 할 수 없다고 주장한 20가지 일 중 담당자와의 대화를 통해 고칠 수 없는
것은 단 하나뿐이었다. 예컨대 특정 정보에 대한 접근 권한은 담당자에게 요청
하면 바로 얻을 수 있는 것이었는데, 그는 한 번도 물어보지 않았던 것이다.

모든 사람에게 관리자의 자질이 있는 것은 아니다
래리 이몬드(갤럽 APAC 사장)

개인적으로 첫 글로벌 경험이 한국과 관련된 것이다. 나는 캘리포니아 남부 애너하임에서 자랐다. LA에서 한 시간 정도 걸리는 곳이고, 디즈니랜드도 가까운 곳이다. 기아자동차의 북미 본사와도 가깝다. 이곳에서 5학년에 재학 중일 때 한국 전학생이 한 명 왔다. 부모님이 LA 한인타운에서 여성 의류사업을 하는 친구였다. 처음에 이 친구는 영어도 못하고 친구도 못 사귀었다. 그가 마음에 들어서 친하게 지냈는데 이제는 가장 친한 친구가 됐다.

당시 친구네 집에 처음 갔을 때 모든 것이 특별했던 기억이 난다. 명상을 할 수 있는 공간이 따로 있었고, 부모님은 영어는 별로 못 하셨지만 사업에는 크게 필요치 않은 것 같았다. 어머니가 집에서 직접 김치를 담그셨는데, 나와 지미라는 다른 친구가 함께 놀러가서 수영장에 있는 5~6개 김칫독 중 한두 개를 깨곤 했다. 그때 한국 어머니가 화를 내면 얼마나 무서운지 알게 됐다(웃음). 그런 사고를 치고, 한국 친구와 친하게 지내며 아시아 지역에 대한 관심이 높아진 것 같다. 자라면서 아시아 역사와 한국 역사 등을 배웠다. 일본어도 배웠다. 한국 덕분에 아시아 문화에 매료된 것 같다.

한국에 처음 방문한 것은 25년 전이다. 한국 기업이 점점 글로벌화 되는 모습을 목도했다. 한국 자동차 산업을 처음 알았을 당시에는

래리 이몬드 "리더는 자신이 어떤 사람인지 인식할 수 있게 도와주고, 그 방향으로 경력을 발전시킬 수 있도록 도와줘야 한다."

일본보다 20년 뒤처져 있었다. 이제는 현대자동차, 기아자동차 등이 일본 자동차 못지않은 브랜드 파워를 가지고 있다. 애플과 삼성 수준으로 한국 자동차 산업도 발전한 것이다. 한국 기업들이 엄청난 성공을 구가하고 있으며, 훌륭한 브랜드와 상품을 선보이고 있지만 아직도 도전과제가 있다면 바로 사람 관리다.

갤럽은 전 세계적으로 고객사를 두고 있으며, 데이터베이스에 2,500만 명의 직원을 관리하고 있다. 매년 140여 개 국가에서 근로자 조사를 하는데, 해당 국가의 근무양상에 대해 파악하고자 하는 것이 목표다. 직원 몰입도를 측정하는 설문인 'Q12 프로세스'가 이 조사의 핵심이다.

조사 결과를 살펴보면, 한국은 안타깝게도 만족하는 근로자의 비율이 12%밖에 안 된다. 이 두 배 정도에 달하는 근로자들은 불행하게 느끼고 있다. 한국만 그런 것이 아니라 상황은 주변국도 비슷하다. 중국은 3대 1, 일본은 4대 1의 비율로 만족하는 근로자 비율이 낮다. 미국은 몰입하는 근로자가 3대 1 비율로 더 높다. 왜 이런 일이 생길까?

직원의 몰입도 분포를 살펴보자. 직원들의 몰입도는 정규 곡선 형태로 분포가 되어 있다. 이들에게 관리자 비법 등을 전수하면 전반적으로 곡선이 오른쪽으로 옮겨진다. 몰입도 개선이 일어난다는 것이다. 특히 몰입도 효과가 높아지는 관리자들은 원래 잘하고 있었던 사람들, 즉 천성적으로 훌륭한 관리자로 타고난 사람들이다. 주변 그룹도 오른쪽으로 움직이긴 한다. 눈여겨봐야 할 것은 하위 25%에 해당하는 사람들이다. 이들은 곡선이 크게 움직이지 않는다. 별로 발전이 없다는 것이다. 애당초 관리자 역할에 적합하지 않은 사람들이다.

이들이 잘못됐다는 게 아니다. 그들도 열심히 하긴 했겠지만, 천성이라는 게 있다 보니 교육을 시켜도 효과가 나지 않는다는 것이다. 여기서 얻을 수 있는 교훈은, 단순히 인재가 진급으로 만들어지는 게 아니라는 점이다. 한국 기업들이 위대한 기업이 되기 위해서는 이 점을 인지해야 한다.

운동선수도 그렇지만, 다른 업무에서도 현장을 아는 사람이 훌륭한 관리자가 될 수 있느냐는 별개의 문제다. 관리자와 현업자 사이의 공통점보다는 관리자끼리의 공통점이 더 크다. 글로벌 기업 가운데 세계적 수준에 오른 기업은 경력 경로(Career path) 자체를 바꾼 기업들이다. 자기 업무는 잘하지만, 관리자감이 아닌 것 같은 직원이 있으면 관리자가 되지 않는 다른 경력 경로를 따를 수 있게 돕는다. 그 분야에서 진급해나가면서 인정받을 수 있게 하는 것이다.

좋은 관리자가 될 자질이 있는 사람은 고작 10%에 불과하다고 한다. 10%는 그럭저럭 괜찮은 관리자가 될 수 있는 사람들이고, 나머지 80%는 관리자 자질이 없다고 한다. 부하 직원을 거느린 사람을 살펴보면 이들 중 18%만이 천부적으로 관리자 자질이 있다고 한다. 다시 말해 관리자 자질과 업무 사이에 부조화가 일어나고 있는 것이다.

기업 컨설팅을 하다 보면 면담 과정에서 애초에 관리자 역할을 원치 않았다는 관리자들이 많다. 업무 담당자로의 역할을 즐겼고, 관리자 역할을 원치 않았는데 어느 순간 관리자가 되어 있더라는 것이다. 자신들이 잘하는 일을 진행할 수 있게 하는 경력 경로 개발이 필요한 이유다.

좋은 관리자의 정석이나 비결, 공식은 없다. 관리자 역할을 하면 관리자인 것이다. 하지만 훌륭한 리더십이라는 것은 존재한다. 어떤 사람은 관리자이자 리더다. 훌륭한 리더십이란 어떤 것인가? 부하 직원들이 원하는 것을 관찰하면 알 수 있다.

존경하는 리더에 대해 조사를 해봤더니 사람들이 가장 원하는 리더 특성은 "저 사람이 정말 나에 대해서 신경을 쓰는 것을 느꼈으면 좋겠다"는 것이었다. 이른바 연민을 기대했다. 안정감과 희망도 기대했다. 리더를 양성하고자 하는 HR 부서에서는 이러한 요구를 어떻게 충족시킬 수 있을지 고민해야 한다.

리더십은 크게 4개의 부류로 나눌 수 있다. 사람들과의 관계 구축을 중요하게 여기는 리더, 영향력을 행사하는 리더, 전략적인 사고를 하는 리더와 실행가적 기질을 지닌 리더가 그것이다. 전 세계 리더 중 다 갖춘 리더는 없다. 리더별로 자신이 어떤 사람인지 인식할 수 있게 도와주고, 그 방향으로 경력을 발전시킬 수 있도록 도와줘야 한다.

팀의 중요성도 고려해야 한다. 다양한 특성을 가진 사람들을 섞는 작업이 필요하다는 것이다. 실행가와 관계 구축 전문가 등이 고루 섞인 팀이 좋다. 누군가가 이직하거나 은퇴하면 팀의 구성이 갑자기 달라지게 되는데, 이는 관계 구축이나 실행 부문이 흔들리게 될 수 있다는 의미다. 고객사에 늘 추천하는 것이, 후진 양성을 하고 차후 리더를 육성하는 데 있어서 이러한 특성을 잘 고려해야 한다는 것이다. 교육이나 배경도 중요하지만 네 가지 카테고리 중 하나의 특성을 잘 가지고 있는지, 우리 팀에 필요한지 따져 보는 것이 필요하다.

한국기업은 지금보다 인재관리 분야에서 더 발전할 여지가 충분하다. 한국은 정형화된 틀에 사람을 끼워 맞추는 특성이 있는데, 이런 틀을 벗어나지 못하면 직원과 관리자가 역량을 잘 발휘하지 못하게 된다. 자신의 장점 살리는 경력 경로 개발이 필요하다. 적합한 자질을 지닌 사람이 리더로 자랄 수 있게 도와야 한다.

 래리 이몬드

1992년 갤럽 도쿄지사 대표, 1998년 갤럽 최고마케팅책임자(CMO)를 거쳐 갤럽 아시아미국서부지역 사장을 역임했다. 갤럽 APAC 사장을 맡고 있으며 갤럽 이사회에서 이사로 활동하고 있다.

02 우수인재 감별과 활용법

글로벌 기업으로 성장하기 위해서는 무엇보다 인재가 중요하다. '우수인재 감별법'을 주제로 마련된 〈글로벌 인재포럼 2013〉의 트랙B-세션1에는 줄리 게바우어 타워스왓슨 인사관리총괄 사장과 레지날드 불 두산 글로벌HR총괄 부사장이 참석해 인재 선발, 양성, 활용에 관한 노하우를 소개했다.

게바우어 사장은 앞으로 한국에서 인재 부족 현상이 벌어질 가능성이 크다고 지적했다. 2021년이면 한국의 일자리 10개 중 1개는 적절한 인재를 찾기 어려울 것이라고 경고했다. 이런 인재 부족 현상을 방지하기 위해선 기업들이 지금부터라도 인재육성을 위해 빠르게 움직여야 한다는 게 게바우어 사장의 조언이다.

우선 각 기업은 어떤 인재가 필요한지를 스스로 파악하는 것이 중요하다. 또 새로운 인재 유치를 위해 다양한 채널을 활용할 필요가 있다. 고령화를 감안하면 이미 퇴직을 한 사람도 다시 활용할 수 있다. 특히 고등교육을 받고도 일을 하지 않는 여성의 비율이 높은 점을 감안해 고급 여성 인재를 노동시장으로 끌어들이는 것이 중요하다. 조직 내 교육을 통해 직접 원하는 인재를 키울 수도 있다.

앞으로 인재를 영입하기 위해선 급여나 안정된 고용 환경 이상의 것이 필요하다. 회사에서 인정을 받고, 승진할 수 있는 기회, 경력을 계발할 수 있는 기회를 만들어주고 이를 알려야한다. 향후 인재들은 평생직장보다는 미래 전망이 밝은 기업을 찾을 것이라는 예상이다.

인재의 이직을 막는 것도 중요한 일이다. 최근 인재들은 특히 상사와의 관계를 중요하게 생각한다. 업무에 따른 스트레스는 피할 수 없지만, 회사는 직원들이 스트레스를 적절하게 관리할 수 있는 환경을 제공해야 한다. 직원들이 회사에 대한 애정을 가지고, 에너지를 낼 수 있도록 도와줘야 한다. 업무에 대한 직원들의 몰입도가 큰 조직은 그렇지 않은 조직에 비해 영업마진이 세 배 이상 높다는 조사 결과도 있다.

기업의 인사 담당자들은 사람이 시간이 지나면서 달라진다는 점에 주목해야 한다. 오늘날 젊은 세대는 부모 세대에 비해 더 미래의 모습을 예측하기가 쉽지 않다. 사람이 변하는 모습의 방향을 알아야 미래 인재를 얻을 수 있다. 5~10년 후 이 사람의 모습을 그려볼 줄 알아야 한다는 말이다. 인사 담당자들은 직원들에게 어떤 일을 하고 싶은지를 묻는 것보다 어떤 사람이 되고 싶은지를 물어야 한다.

한국의 직장인들은 애사심이 큰 편이지만, 평생직장만을 바라며 현재 속한 조직에 대한 헌신이 부족하다. 이는 특히 한국에 뿌리 깊은 연공서열제 때문이다. 개인이 한 번에 변화하는 것은 어렵다. 이런 문제를 해결하기 위해 조직이 변화할 필요가 있다.

| 강연 | ❶

21세기 기업의 인재 유치를 위한 조건
줄리 게바우어(타워스왓슨 인사관리총괄 사장)

인재 선별과 양성이 기업의 최우선 과제로 꼽히고 있다. 타워스왓슨은 인재 문제가 오늘날 왜 부각됐는지 알아봤다. 31%의 응답자가 인재를 유치하는 것이 어렵다고 말했다. 특히 핵심적인 기술을 보유한 사람을 구하기 어렵다고 응답한 경우가 72%였다. 향후 가장 중요한 스킬이 무엇인지를 물었을 때 네 가지로 압축됐다.

첫 번째 '민첩한 사고'다. 각기 다른 시나리오에 적응할 수 있는 인재를 원한다는 것이다. 두 번째는 글로벌 스킬이다. 다양한 문화와 다양한 언어를 사용하는 국제시장을 이해할 수 있는 인력이다. 세 번째는 릴레이션십 빌딩, 즉 조직 능력이다. 조직을 이끌고 체계를 잡을 수 있는 사람을 말한다. 조직 외부의 다른 기업과의 관계도 중요하다. 마지막으로 디지털 기술 활용 능력을 보유한 사람이다.

옥스퍼드대와 향후 인력 수요-공급 시장에 대해 공동 조사를 했다. 여기서 인재를 요구하는 일자리는 대학 학위를 원하는 일자리로 정

줄리 게바우어 "직원이 주어진 업무를 완수할 수 있도록 충분한 자원과 지원이 있어야 한다."

했다. 조사 결과, 북미와 서유럽은 공급보다 수요가 크다. 일본과 한국도 수요가 더 많다. 일본이 2021년 공급 부족률이 15%에 달한다. 100개 일자리 중 85개만 채울 수 있다는 의미다. 한국은 9%다. 조사 결과는 우리가 10년 안에 인재를 더 많이 육성해 공급을 맞출 수 있도록 해야 한다고 시사한다.

이를 위해 기업은 어디서 인재를 데려올 수 있는지 알아야 한다. 한국의 평균수명은 81세다. 정년 때문에 퇴직한 후 일을 하지 못하는 고령층을 활용하면 공급 부족 문제를 해결할 수 있다. 또 고등교육을 받고도 집에 있는 여성들이 많다. 이들을 활용하면 된다. 기업이 직접 교육기관을 세워 필요한 인력을 교육시킬 필요도 있다.

인재를 끌어오기 위해 월급은 물론 승진 기회 등을 제공하는 것이

2021년 대졸 인재 공급 부족률

나라	공급 부족률
타이완	16.1%
일본	14.9%
폴란드	12.7%
칠레	10.4%
영국	9.5%
한국	9.3%
캐나다	9.2%
이탈리아	8.3%
미국	8.2%
터키	7.2%
그리스	7.1%
프랑스	7.0%
독일	6.2%
싱가포르	6.1%
태국	6.0%

※ 자료 : 타워스 왓슨 2012

중요하다. 특히 기업에서 어떤 업무를 진행하고, 어떤 경험을 쌓을 수 있으며, 누구와 일하는지, 어떤 문화를 가지고 있는지 등을 인재들에게 알려야 한다. 이것이 직원가치 제안서다.

물론 기본적으로 급여가 중요하다. 이와 함께 고용 안정도 중요하다. 고용 안정이란 무조건적인 평생직장이 아니라 전망이 밝으면서도 안정적으로 운영되는 기업을 원한다는 것이다. 또 경력을 쌓고, 커리어를 발전시킬 수 있는지도 중요하다.

직원들의 이직을 방지하기 위한 노력도 기울여야 한다. 특히 상관과의 관계가 중요하다. 한국은 업무에 의한 스트레스도 큰 요인이다. 중요한 것은 이를 효과적으로 관리할 수 있도록 유연한 환경을 조성해야 하는 것이다.

앞으로는 많은 것들이 바뀐다. 글로벌 경제가 역동적이었던 과거에는 고용 안정이 지금보다 중요하지 않았다. 그러나 고용 안정은 현재 매우 중요한 요소다. 이런 변화를 알아야 인재를 유치할 수 있다.

경력 관리도 중요하다. 경력 개발의 개념 자체가 바뀌고 있다. 과거에는 단순하게 한 단계씩 위로 올라가는 것을 말했다. 오늘날은 개인들이 조직 안에서 광범위하게 역량을 구축하고, 복합적인 경력을 개발하는 것을 원하고 있다.

인재 유치와 이직 방지와 함께 중요한 주제가 또 있다. 단순하게 일을 하는 직원들이 모두 평범한 성과를 얻고 있다면 문제다. 정말로 뛰어난 성과를 내는 직원들이 필요하다. 이는 조직에 필요한 것이 무엇인지를 알고, 조직에 대한 애착이 있어야 가능하다.

직원이 주어진 업무를 완수할 수 있도록 충분한 자원과 지원이 있어야 한다. 이런 환경이 갖춰져야 에너지가 충만한 상태에서 일을 할 수 있다. 직원의 몰입도가 높은 조직은 그렇지 않은 조직보다 영업이익이 3배나 더 높다.

직원들의 몰입 수준은 그리 높지 않다. 직원의 26%가 전혀 몰입하지 못하고 있다는 조사 결과도 있다. 그렇지만 처음부터 직원들의 몰입도가 높을 수는 없다. 이를 회사가 높이는 것이 중요하다. 지속가능한 몰입을 위해선 리더십이 필요하다. 스트레스 관리, 일과 가정의 양립, 기업의 목표와 개인의 목표 일치 등이 갖춰져야 한다. 많은 직원들이 일과 가정의 양립이 힘들다고 한다. 건강관리 프로그램도 중요하다.

 줄리 게바우어

HR분야 세계 최대 컨설팅사인 타워스왓슨에서 인사관리총괄 사장직을 맡고 있다. 1983년 미국 네브라스카대 수학을 전공했다. 휴잇에서 컨설턴트로 커리어를 쌓았다. 1986년부터 2009년까지 타워스페린에서 인사 담당 업무를 역임했다. 저서로는 《몰입: 직원의 잠재력을 여는 위대한 기업의 열쇠》 등이 있다.

조직이 변하는 것 이상으로 개인의 변화가 필요하다
레지날드 불(두산 글로벌HR총괄 부사장)

왜 한 분야에서 업무 능력이 뛰어난 사람이 다른 분야로 옮겼을 때 실패하는 경우가 종종 발생할까? 일을 잘하던 좋은 인재가 상사가 바뀐 후 실패하는 경우는 왜 생길까? 조직에 따라 인재도 달라지기 때문이다. 시장은 늘 움직인다. 개인도 성향과 실력이 시간과 여건에 따라 달라진다. 브레드 피트도 태어났을 때부터 지금의 브레드 피트가 될 줄을 몰랐을 것이다.

우수 인재를 감별한다는 것은 상대방에 대해 아무 것도 알지 못한 상태로 소개팅에 나가는 것과 같다. 시간이 갈수록 진화하는 상품처럼 사람도 여건에 따라, 생애주기에 따라 달라진다. 특히 부모 세대에 비해 요즘 젊은이들이 미래에 어떤 모습일지 예측하는 것은 더 어렵다. 과거와 크게 달라질 가능성이 더 높다.

인재는 지속적으로 바뀌고, 새로운 환경에 적응한다. 하나의 플러그는 모양이 제각각인 다양한 콘센트에 연결할 수 없다. 그래서 여러 콘센트에 꽂힐 수 있는 멀티탭처럼 적응력을 갖춘 인재가 필요하다. 이는 스스로를 끊임없이 혁신할 수 있는 사람이다. 물론 평생 만들어온 지금의 모습을 갑자기 바꾸는 것은 쉽지 않은 일이다.

상사에게 원하는 것을 당당하게 요구할 수 있는 인재가 필요하다. 부하가 때로는 상사보다 뛰어날 수 있다. 직원들의 자유로운 의견 개

레지날드 불 "한국은 한강의 기적을 일으킨 노하우를 다음 세대에 어떻게 전달할 수 있을지 고민해야 한다."

진을 통해 더 나은 조직으로 발전할 수 있어야 한다. 우수한 인재일수록 자의식이 더 강해야 한다.

행동하는 사람이 돼야 한다. 미래에 어떤 인재가 되고 싶나? 그것은 자신의 행동에 달려 있다. 쉬운 길만 선택하는 사람은 발전이 없다. 쉬운 길에만 익숙해질 것이다. 그러나 어려운 길을 걷는 사람은 그 고통을 극복한 순간 큰 환희를 맛볼 수 있을 것이다.

한국의 기업과 근로자들을 보면 몇 가지 특징이 있다. 구직자들은 우선 대기업에 고용되기를 원한다. 또 퇴직 때까지 한 직장에서 일하고 싶어 한다. 그러나 유럽은 평균 근속년수가 4.6년에 불과하다. 은퇴까지 보통 7~8개 기업에서 일을 하는 것이다.

한국 기업에서 임원을 포함한 경영진은 주로 50대다. 서양은 30대중후반이면 임원이 된다. 이런 격차는 어떻게 만들어진 것인가? 한국 근로자들의 역량이 부족해서가 아니다. 합당한 대우를 받지 못한 채 너무 오랜 시간을 보내는 것이다.

흔히 서양인들은 애사심이 적은 것 같다고 얘기한다. 그럴 수도 있다. 그러나 '헌신'의 자세가 있다. 서양인들은 한 회사에 평생 있을 것이라고 생각하지 않는다. 대신 있는 동안 만큼은 최선을 다한다. 그러나 한국인들은 애사심을 중요하게 생각하면서도 '헌신'이 부족하다. 앞으로 한국의 기업과 조직원들도 변하게 될 것이라고 생각한다.

앞으로 상품이 변화하는 주기가 더 짧아질 것이다. 그렇다면 과거에 역량이 있었던 사람들이 얼마나 그 역량을 유지할 수 있을지에 대해 고민해봐야 한다. 한국은 한강의 기적을 일으킨 노하우를 다음 세대에 어떻게 전달할 수 있을지 고민해야 한다.

한국의 기업들은 조직원이 적응력을 높일 수 있도록 지원해야 한다. 한국은 불확실성을 회피하려는 경향이 매우 큰 국가 중 하나다. 그러나 미래는 변한다. 조직이 변하는 것 이상으로 개인의 변화도 필요하다. 어디에나 적응할 수 있는 인재는 없다. 앞으로 10~20년 후 인재상을 고민해야 할 필요가 있다.

 레지날드 불

영국 브래드퍼드대에서 문학, 철학을 전공했다. 1983년부터 2008년까지 25년간 유니레버에 근무하며 중국 상하이법인 인사 관리 부사장과 본사 HR담당 수석부사장을 거쳤다. LG전자 최고인사책임자(CHO)를 지냈고, 현재 두산그룹 글로벌HR총괄 부사장을 맡고 있다.

03 기업의 별, 임원 어떻게 키우나

기업의 임원은 '별'이다. 반짝반짝 빛나며 기업의 가치를 창출하기 때문에 별이기도 하고, 높은 곳에 떠 있어 쉽게 누구나 잡을 수 없기 때문에 별이기도 하다. 기업으로서는 CEO를 보좌하고 아랫사람들을 통솔하는 실질적인 '팔·다리' 역할을 하는 임원을 잘 키워내는 것이 회사의 역량의 절반 이상을 차지한다고 할 수 있다.

임원을 발탁하는 방법은 크게 두 가지다. 필요한 임원을 노동시장에서 그때그때 스카우트 하는 전략(buy)과 내부 구성원을 키워내 임원을 맡기는 전략(make)이다. 이번 세션에서는 기업의 임원에게 요구되는 조건이 무엇인지, 내부 육성과 외부 채용 전략의 장·단점은 무엇인지, 임원에 대한 평가 방법은 무엇인지 등을 알아봤다.

3~5년 후를 예상해 CEO를 뽑는다

톰 페더슨(일본 콘페리 인터내셔널 리더십&탤런트 부문 대표)

이곳에 앉아있는 사람 대부분은 상당히 젊어 보인다. 왜 다들 CEO 나 임원 진출에 대해 관심이 있는지 호기심이 생긴다. CEO를 찾고 리크루트하는 과정에 대해서 설명하겠다. 이는 어찌 보면 과학이고, 어찌 보면 예술의 경지이기도 하다.

콘페리와 같은 헤드헌팅 회사를 찾을 경우, 대부분 '변화를 성공시키기 위한 리더'가 필요하다고 말한다. 사실 많은 조직은 어떠한 리더가 필요한지 스스로 알고 있다. 또 어떤 인재가 더 높은 지위로 올라갈 수 있는지도 알고 있다. 그럼에도 불구하고 우리를 찾아오는 것은 '새로운 인재'가 필요하기 때문이다. 기업을 확장하거나 새로운 경험을 통해 조직에 변화를 가져올 사람이 필요한데 지금 조건에 맞는 CEO 후보자가 없으니 찾아달라는 것이다.

CEO를 스카우트할 때는 현재의 상황이 아니라 조직의 '미래'를 겨냥해 사람을 뽑으려고 한다. 조직의 3~5년 뒤를 내다본다. 조직이 어떻게 되고, 거기 필요한 조건이 무엇인지 따진다. 예를 들어 수직적인 기업에서 수평적 · 글로벌한 기업이 되려는 것인지 등의 요구사항을 찾아낸다. 그 다음에는 견고한 후보군을 찾는다. 37개국 80여 곳 이상의 사무소 네트워크를 가지고 80만 명의 C레벨(최고위 경영자)과 수백만 명의 후보군 가운데서 임원들을 스크리닝해 후보자 목록

274

톰 페더슨 "현재의 상황이 아니라 조직의 '미래'를 겨냥해 사람을 뽑아야 한다."

을 작성한다.

그리고 엄격한 테스트와 인터뷰를 거쳐서 이 사람이 실제로 조직 문화와 잘 맞는지를 본다. 임원들에게 피드백을 제공하기도 한다. 후보뿐만 아니라 최종 후보에 들어갔다가 실제로 CEO가 되지 못한 사람들에게도 마찬가지다. 채용 서비스를 제공하는 기업들은 대부분 이러한 과정을 거친다.

콘페리가 특별히 제공하는 서비스는 심층적인 온라인 평가다. 리더의 결정능력, 인지능력 등 190여 개 산업·기업·직급별 데이터다. 임원의 역량을 볼 때는 사고방식, 리더십, 정서적 동기, 커리어 동기 등을 살핀다. CEO는 실행력과 지적능력은 기본이고 '사교적이고, 직접 참여하려는 성향'이 매우 중요한 역할을 한다.

또 '민첩·유연성(agility)'을 본다. 알고 있는 것을 특정 상황에서 얼마나 잘 적용하는가, 잘 모르는 상황에서 어떻게 대응하는가 등이다. 내부적으로 인재를 육성할 때 저희와 같은 과학적 방법 사용하길 권한다.

손쉬운 성장 리더십에서 스마트한 성장 리더십으로

한국을 비롯해 대부분의 국가의 성장률은 연 1~3%대로 수렴하고 있다. 10~15년 후엔 전 세계적으로 성장이 둔화될 것이다. 이런 상황에서 어떤 지도자가 필요한가? 저성장 시대에 어떤 지도자가 스마트한 성장을 가능하게 할 것인가?

손쉬운 성장 리더십이란 것이 있다. 시장이 성장하는 만큼 기업도 성장하는 것이다. 리더가 별로 큰 역할을 안 해도 성장할 수 있다. 하지만 스마트한 성장은 시장이 성장하지 않을 때도 사업을 성장시킬 수 있는 것이다.

저성장기에 필요한 스마트 리더십

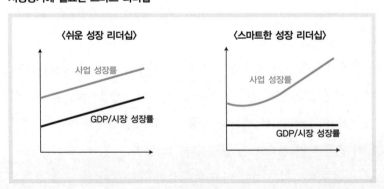

시장이 성장하고 있을 때는 리더의 '성숙도'가 떨어져도 된다. 하지만 성장이 둔화되면 IQ보다 EQ가 중요하다. 민첩성이 떨어지면 상황이 어려울 때만 변화를 생각한다. 스마트한 성장은 그게 아니다. 성장 국면이 아닐 때에도 사업이 성장할 수 있도록 초심자의 마음을 가진 사람이 필요하다.

 톰 페더슨

미국 메릴랜드대에서 아시아학으로 학사 학위를, 채프먼대에서 인사경영으로 석사학위를 받았다. 모건스탠리에서 아시아부문 인사관리팀을 이끌었고 일본 신세이은행에서 커뮤니케이션과 교육부문을 담당했다. 이후 싱가포르 은행의 인사관리를 담당하는 등 직장 경력의 대부분을 아시아에서 보냈다. 일본 게이오대 국제센터에서 글로벌 기업의 역할에 대해 강연을 하기도 했다.

 | 강연 | ❷

'WHAT' 보다 'HOW'가 중요하다

강성욱(GE코리아 사장)

GE는 토머스 에디슨이 1892년에 설립한 회사다. 잭 웰치 회장에 이어 제프리 이멜트 회장이 이끌고 있는데, 리더십 방향이나 포트폴리오에 대한 변화가 많이 있었다. 최근 GE는 인프라스트럭처를 제공하는 회사로 변화를 꾀하고 있다.

GE의 리더십을 이해하려면, GE가 가진 철학과 가치의 기반을 아

강성욱 "'어떻게'가 중요하다. 'how'는 'what'을 지속가능하게 하기 때문이다."

는 것이 필수적이다. GE의 리더십에는 세 가지 축이 있다. 협력적인 (collaborative) 태도, 실험적인(experimental) 태도, 성과위주(meritocracy) 문화다.

협력은 수많은 인수·합병(M&A)을 통해 성장한 회사로서 복잡한 조직이 가져야 하는 덕목이다. 실험이라는 것은 '말보다 행동'으로 설명할 수 있다. 실질적인 경험을 통해 배우는 것이 수업이나 프로그램을 통해 얻는 것보다 낫다는 가치관이다. 또 성과위주는 본인이 아무리 누구와 좋은 관계라 해도 성과를 내고 유지할 수 있는 능력이다.

리더를 개발·육성·유지하기 위한 세 가지 틀도 있다. 첫째는 무엇이 목표인지 분명하게 정해줘야 한다. 둘째는 사람들이 그것을 할 수 있도록 방법을 제시해야 한다. 셋째는 목표를 이뤘는지 여부에 대해 책임을 져야 한다. 여기에 덧붙이자면, 세상은 계속 변한다. 우리가 필요한 리더의 양상도 계속 바뀌어야 한다.

첫 번째 항목과 관련해 '무엇'을 '어떻게' 달성할 것인지가 중요하다. GE 내부에서 나와 같은 경우 '무엇(목표의 what)'은 성장, 특히 이윤을 남기는 성장이다. 또 단순화도 필요하다. 국제적으로 여러 복잡성이 있지만 한국에서 이를 어떻게 빠르게 정리하고 고객에게 다가갈 수 있도록 만드느냐.

목표의 how에 대해서는, 예를 들어 100이 목표였는데 120을 달성했다면 물론 칭찬받아야 하겠지만 그 과정을 봐야 한다는 것이다. GE 리더들에게 기대되는 다섯 가지 핵심 가치가 있다. 명쾌한 사고 (clear thinking)-많은 불확실성에도 불구하고 이에 대한 전략을 세울 수 있는 능력, 외부 초점(external focus)-시장 지향적인 사고방식, 상상&용기(imagination&courage)-독창적인 사고방식을 실현하고 변화를 시도하는 리더십, 포용성(inclusiveness)-협조 체계로 나아가는 포용적인 리더십, 전문성(expertise)이다. 이런 조건들을 맞춰서 달성했느냐도 중요한 부분이다.

그러면 '무엇'이 중요한가, '어떻게'가 중요한가? 양적 성과가 중요한가, 가치 달성이 중요한가? 둘 중 하나가 빵점이면 어느 쪽이 더 나은 것인가? GE의 답은 명백하다. '어떻게'다. 이유는 'how'는 'what'을 지속가능하게 하기 때문이다. 외부 고객의 요구에 집중하다 보니 실적이 안 좋았다면 나중에 이를 만회할 기회가 있다. 가치에 충실하려다 보면 실패할 수 있는 법이다. 하지만 한순간, 예컨대 어느 분기 실적이 아무리 좋았다 해도 잘못된 방식으로 달성했다면 지속할 수가 없다.

리더의 시간 50%, 인재관리에 할애

두 번째 항목과 관련, 목표를 정했다면 회사는 이를 달성할 수 있도록 도와줘야 한다. 이것이 리더십 교육이다. 나는 GE에 온 지 2년이 안 됐다. 시니어 경영자들이 가야 하는 리더십 트레이닝이 있는데 1주는 미국 외 다른 나라에서, 1주는 미국 크로톤빌 리더십센터에서 받았다. 나는 아부다비에서 현지 국부펀드 사람들과 함께 GE의 당면 과제를 풀어가는 교육을 받았다.

교실에서 배우는 것도 있다. 뉴욕에서 차로 한 시간 거리에 있는 크로톤빌 연수원은 GE가 리더십 탤런트 개발을 위해 만든 교육 메카다. 일종의 사내 대학이다. 지금은 5개의 하부 센터를 만들어서 다양한 리더십 트레이닝을 하고, 협력업체라든가 고객사 임원들까지 교육을 제공한다.

세 번째 항목은 평가다. GE의 직원이라면 예외 없이 거쳐야 하는 인사고과시스템(EMS)이 있다. 또 우리 내부에는 '세션 C'라는 것이

 용어설명 |

GE의 인사고과시스템(Employee Management System, EMS)

지난해에 세운 목표를 GE의 5가지 가치를 지키며 달성했는지 일정 양식에 따라 스스로 평가해 상사에게 제출하는 것. 성과(accomplishments)가 무엇인지, 강점(strengths)이 무엇이고 보완점(development needs)은 어떤 것인지를 판단해 적게 된다. 커리어 관심사(career interests)와 리더십 가치에 대한 자신의 평가 등도 적는다. 상사는 제출된 서류를 바탕으로 평가하고, 그 결과를 당사자에게 설명하며 향후 계획(development plan)을 짠다. 이 자료는 성과 평가와 경력 개발을 위한 논의자료이며 공석이 생겼을 때 내부에서 적임자를 뽑는 자료로도 쓰인다.

있다. EMS와 9개 블록, 후계양성 계획을 포함한다. 이멜트 회장이 쓰는 시간 중 50% 가량을 인력관리에 쓴다. 이멜트 회장뿐 아니라 나를 포함한 많은 리더들이 그렇게 하고 있다.

이런 것이 시스템으로 정형화돼 있지만 모든 이론은 상황과 시대의 논리에 따라 달라진다. 계속적인 연구 과제를 갖고 어떤 리더십이 필요한가를 연구해야 한다.

 강성욱

서울대에서 학사학위를 받고 미국 MIT대 슬로언경영대학원에서 MBA를 취득했다. IBM코리아, 컴팩코리아, 휴렛팩커드코리아 등 한국에 진출한 외국계 기업을 거쳐 시스코시스템에서 아시아태평양지역 부사장을 지냈다. 2012년부터 GE코리아가 36년 만에 처음으로 영입한 외부 출신 CEO를 맡고 있다.

 | 강연 | ❸

삼성의 임원 조건은 '지행용훈평(知行用訓評)'
정권택(삼성경제연구소 인사조직실장)

삼성의 경영진을 어떻게 선발·육성할까? 우리나라 기업의 인사 체계는 상당히 베일에 가려져 있었다. 2000년도 이후 외환위기를 겪고 글로벌 성장을 하기 시작하며 '글로벌 리더'에 대해 고민을 하게 됐다. 콘페리, GE, IBM 등에서 많이 배우고, 벤치마킹도 했다.

정권택 "삼성은 '인재제일'이라는 문화를 강하게 가지고 있다."

삼성은 '인재제일'이라는 문화를 강하게 가지고 있다. 이병철 선대 회장의 경영이념이다. 1973년에 만든 경영이념, 지금은 '창업이념'이라고 하는데, 이를 보면 '사업보국·인재제일·합리추구' 3항목이 쓰여 있다.

1993년 삼성이 '신경영'을 주장한 것을 기억할 것이다. 마누라와 자식 빼고 다 바꾸자는 것이었다. 사업보국을 지금의 상황에 맞게 다시 해석한다면, 인재와 기술을 바탕으로 최고의 제품과 서비스를 창출해서 인류에 기여하는 것이라고 할 수 있다.

2005년에 다섯 가지 가치를 다시 선정했다. 삼성의 DNA가 무엇인가에 대해 많은 논의를 거쳤다. 그렇게 해서 선정한 첫 번째가 '사람(people)', 곧 인재다. 그 외에 '뛰어남(excellence)', '변화(change)',

'통합(integrity)', '공동 번영(co-prosperity)'이 있다.

삼성의 인사원칙 세 가지를 말씀드리면 첫째가 능력주의(meritocra-cy)다. 두 번째는 신상필벌이다. 신경영 때는 신상필상이었다. 채찍보다 상을 통해서 사람을 키우자는 취지로 바꾼 것이다. 세 번째는 적재적소다. 삼성은 다른 한국기업들보다 조금 더 학연·혈연·지연을 타파하고자 노력해 왔다. 또 청결한 조직문화, 통합을 기반으로 하는 깨끗한 조직문화를 위해 노력했다.

이병철 회장은 '의인물용 용인물의(疑人勿用 用人勿疑)'라고 했다. 의심하면 쓰지 말고, 썼으면 믿으라는 얘기다. 삼성은 각사의 비즈니스 CEO에게 책임과 자율경영을 강조한다. 대신 이 CEO들은 이건희 회장이 신경영 때 이야기한 일류 경영자의 조건에 맞게 비전을 제시하는 리더가 돼야 한다.

또 '지(知)·행(行)·용(用)·훈(訓)·평(評)'이라는 5가지 임원 덕목을 잘 실천하는 종합 예술가가 돼야 한다고 했다. 이 가운데 知는 전문성이다. 조직이 필요로 하는 역량이 무엇인지 아는 것이다. 行은 아는 데 그치지 않고 실행하는 것이다. 用은 사람을 쓸 줄 아는 것이다. 후배들을 잘 육성하고 코칭하는 능력이다. 리더로서 인격적으로 성숙한 것도 우수한 경영자의 조건이다. 전통적인 인재 판단의 기준인 신(身)·언(言)·서(書)·판(判)도 등용의 참고 기준으로 활용했다. 身은 용모, 言은 스피치, 書는 지식, 判은 판단·실행력이라 할 수 있다.

삼성의 인재전략 – 지행용훈평

알고 (知)	업(業)의 개념, 기반 기술, 필요한 인재 등 조직이 필요한 핵심역량을 잘 알아야 한다는 뜻
행동하며 (行)	단순히 아는 데서 그치지 않고 아는 것을 솔선수범해서 행동으로 옮겨야 한다는 뜻
쓸 줄 알고 (用)	아랫사람에게 일을 제대로 시키고 적재적소에 효과적으로 사람을 쓰는 것
가르치고 (訓)	아랫사람을 가르쳐서 차기 리더로 키울 수 있는 것
평가할 줄 안다(評)	한 일을 정확하게 평가하고 보상할 수 있는 능력이 있어야 한다는 뜻

삼성의 인재전략 – '지행 33훈 II'에 포함된 인재 관련 내용

▲인재(S급)는 인건비를 아끼지 말고 사장이 삼고초려해서 뽑아라

▲천재급 인재와 우수한 여성 인력은 장학금을 주고 선점하라

▲이공계 우수 여학생은 장학금을 주고 졸업하면 곧장 채용하라

▲같은 직급이라도 3배 이상 연봉을 차등화하는 것이 1류 기업이다

▲동기끼리 급여가 3배 차이가 나고 후배가 5배 많이 받는 환경을 만들어야 눈에서 불이 번쩍 나는 분위기가 유지되고 살아있는 브랜드가 나온다

▲임직원 교육 시 질문에 대해서는 결론부터 말하는 법에 대해 샘플을 만들어 교육하라

▲인재육성을 위해 사관학교식 사장, 부사장 양성 코스를 운영하고 과장, 대리 교육은 각사가 하더라도 내용은 그룹에서 일괄적으로 관리하라

▲구조조정은 매년 하위 1~3%를 정리하되 도덕적으로 문제 있는 인원을 중심으로 교체하면 위기가 닥쳤을 때 20~30%를 내보내야 하는 일이 없다

삼성의 인재전략 – 인사원칙 3가지

▲능력주의	▲신상필벌	▲적재적소

인사평가-교육-승진 연계 시스템

삼성의 승진은 개인의 업적 평가 결과에 따라 이뤄진다. 예를 들어 상무부터 임원인데, 부장부터 조직을 맡게 된다. 거기서 임원이 될 만한 후보군 10~20% 핵심 부장급을 뽑는다. 이들을 대상으로 양성 프로그램을 운영한다. 그 성과를 보고 다시 인사에 반영하는 인사-교육 연계 시스템을 가지고 있다.

임원의 승진도 마찬가지다. 핵심 임원들 중에서 그들의 성과와 평가, 양성 실적 등을 보게 된다. 상무로 승진하게 되면 핵심 임원들 중에 또 10~20%를 뽑아서 사업부장, 시니어 부장으로 승진 후보군을 뽑는다. 이들을 또 평가하고 피드백하고 코칭해서 인사-양성, 인사-승진 이런 과정을 거치게 된다.

임원은 매년 성과 평가와 직무역량(competency) 평가를 하게 된다. 이를 통해 핵심 경영자 후보군 10~20%를 뽑는다. CEO나 비즈니스 리더에 대해서는 리더십 역량뿐 아니라 인품도 보게 된다. 인간미 · 도덕성 · 청렴함 등이다. 재무적 성과에 대해서는 단기 및 중장기 평가를 하고, 인사 파트뿐 아니라 재무 파트와 감사 파트에서도 의견을 내게 된다.

겸직도 많이 시킨다. 여러 자리를 경험하게 하거나 겸직(dual head)을 통해 다양한 경험을 쌓아야 후계 양성(succession planning)을 할 수 있다. 특히 고위 경영자는 전무급 이상은 언제든지 등용할 수 있는 후보군을 갖고 있다.

인재는 나타나지 않고 길러진다

이제는 경영진이 자연스럽게 나타나고, 경쟁을 통해 우수한 인물을 뽑기만 하면 되는 게 아니다. 리더는 준비되고 양성돼야 한다. GE에는 '세션 C'가 있는데, 우리는 '스타(Samsung Talent Assessment&Review, STAR) 세션'이라는 것이 있다.

또 GE처럼 교실에서 경영현안을 가르치는 것도 많이 활용한다. 이른바 '크로스 로드' 모델인데, 삼성 리더십 프로그램(Samsung Leadership Program, SLP)이다. 'SLP 최고경영자 과정'은 차세대 경영자 양성 과정이다. 매년 전무·부사장급 약 15명을 1년간 매 분기마다 1주일씩 총 4주일간 교육한다. 서로 다른 분야에서 온 사람들이 모인다. 1인당 양성 비용으로 1억 원 가량 들어간다.

'SLP 고위 경영자 과정'은 비즈니스 리더를 키우는 것인데, 2004년 시작했다. 연 2회씩 상무들을 4주간 오프라인 세션에서 60명 가량 교육하는 것이다. 주제는 글로벌 마인드, 스마트 경영 등이다.

마지막으로 임원이 되기 직전에 임원 양성과정을 한다. 2002년부터 시작했다. 연 2회 약 250명을 4개월간 가르친다. 온라인 3개월과 오프라인 과정이 결합돼서 여러 역할을 경험하게 한다.

삼성의 인재경영을 간략히 소개했다. 삼성도 지속적으로 리더십 프로그램을 진화시켜 가고 있다. 이를 위해 많은 투자를 하는 중이다. 리더를 잘 키우는 것이 경영 성과와 직결돼 있기 때문이다.

| 토론자 |
황영기(법무법인 세종 고문), 강성욱(GE코리아 사장), 정권택(삼성경제연구소 인사조직실장)

▶ **황영기 고문(좌장):** 콘페리는 세계적인 헤드헌팅 회사다. 또 GE는 인재를 잘 키우기로 유명하다. GE의 크로톤빌 연수원은 인재양성 분야의 성지와 같은 곳이다. 삼성은 인재를 잘 뽑고 보상도 잘 하는 곳이다. 콘페리는 임원을 시장에서 뽑아주는 회사다. GE와 삼성은 자체적으로 양성하는 데 강점이 있다. 초일류 기업에서 임원이 되기 위해서는 어떠한 자질을 가져야 하고, 톱 매니지먼트(최고 경영진)에 대해서는 어떤 자질을 원하는가에 대해 들어봤다. 콘페리 강연에서는 능력이 있어야 하고, 성숙해야 하며, 민첩한 사람이 리더로 추천을 받고 기업을 이끌게 된다는 점을 들었다. 또 전통적인 리더로는 저성장 시대를 극복하기 힘들고, 스마트한 성장을 이끌 사람이 필요하다는 메시지를 받았다.

▶ **청중 1:** 어떻게 하면 GE나 삼성 같은 기업에 들어가고 그 안에서 성장할 수 있나?

▶ **강성욱 사장:** 이력서에 자기가 나쁜 사람이라고 쓰는 사람은 없다. 또 학교 학점이나 시험 성적은 자신이 문제를 푸는 능력을 적은 종이에 불과하다. 이런 것은 여러분의 IQ는 보여주지만 EQ는 보여줄 수 없다. EQ와 함께 변화를 주도하고, 적응하고, 복잡한 매트릭스에서 능력을 발휘할 수 있는 맥락과 관련된 능력(Contextual Quotient, CQ)을 보여주라. GE에서 필요로 하는 인재는 IQ형 인재가 아니다. EQ와 CQ는 개선할 수 있는 능력이기도 하다. 기회가 되면 이런 능력을 향상하는 프로그램에 참여해 보기를 권한다.

▶ 청중 2: 임원에 대해 글로벌 본사에서 보는 시각과 한국 임원에 대한 시각, 복리후생 수준에 차이가 있을 것 같다.

▶ 강성욱 사장: 한국 임원이든 글로벌 임원이든 평가 기준은 동일하다. 다만 언어 장벽으로 인해 자기 능력에 대한 충분한 설명을 못할 수 있는데 이것이 고려될 수는 있으나 근본 가치에는 차이가 없다. 처우도 마찬가지다. 우리 내부에서는 '밴드'라는 개념이 있는데, 같은 부사장이라도 A밴드냐 B밴드냐에 따라 처우가 다를 수는 있다. 같은 밴드에 대한 처우는 글로벌하게 비슷하다.

▶ 청중 3: 삼성에는 여성 사장이 없다. '성(性)'의 벽을 넘기 위한 전략이 있나?

▶ 정권택 전무: 한국 기업에는 여성 경영진이 많지 않다. 삼성도 임원 전체에서 3~4% 정도만이 여성이다. 1993년 '신경영'을 주장할 때 여성에 30% 쿼터를 할당했다. 이 때문에 지금 과장급까지는 30% 여성으로 채워져 있다. 하지만 부장 수준에선 여성 비중이 5%뿐이다. 외부 인사 영입 등으로 2020년까지 10%까지 높이겠다는 목표는 가지고 있다. 글로벌 기업으로서 보기에는 상당히 적다. 그러나 한국 기업에게는 도전적인 목표이기도 하다. 현재 여성 사장이 1명 있는데 앞으로 여성 임원의 등용을 더 많이 볼 수 있을 것이다.

04 조직 경쟁력 강화를 위한 소셜미디어 활용

페이스북은 오늘날 매달 11억 5,000명이 이용하는 대표적인 소셜네트워크서비스(SNS)다. 매일 사용하는 회원만 8억 명에 달한다. 한국에서는 매달 990만 명이 쓰고 있다.

마단 나갈딘 페이스북 아·태HR총괄 부사장은 인재포럼 '조직 경쟁력 강화를 위한 소셜미디어 활용' 세션에서 "페이스북이나 구글, 트위터 등 소셜미디어를 사내에서 이용하면 구성원의 목적의식과 자율성이 극적으로 개선되는 것을 볼 수 있다"며 "직원들이 거부감을 느끼지 않도록 소규모로 시범 도입을 해보라"고 조언했다.

나갈딘 부사장은 세션에서 페이스북 본사에 있는 특별한 자판기를 소개했다. 음료수가 아니라 키보드 마우스 화면보호필름 등 다양한 정보기술(IT) 주변기기가 들어 있는 'IT 자판기'다. 페이스북 직원들은 이 자판기에 ID카드만 갖다 대면 기기를 가져갈 수 있다.

그는 "다른 회사에서는 복잡한 결재 과정을 거쳐야 하는 물품 구입을 직원들의 자율성에 맡긴 것"이라며 "수평적이고 효율적인 페이스북 문화를 잘 보여주는 기기"라고 설명했다. 그는 "페이스북은 직원들이 어떤 일에 대해서든 의견을 내주는 것을 매우 자연스럽게 받아들인다"며 "자신의 강점과 약점을 자연스레 밝히고 필요한 것을 당당하게 요구하는 모습이 마치 유치원을 방불케 할 정도"라고 소개했다.

　페이스북처럼 사내 소통이 활성화된 문화를 만들고 싶은 기업은 소셜미디어를 활용해 보라는 것이 나갈딘 부사장의 조언이다. 그는 "오늘날 기업들이 SNS에 올라오는 고객의 의견에는 관심을 가지면서 직원들이 회사에 대해 가진 감정을 무시하는 것은 모순"이라고 강조했다. 그는 "처음에는 어색하겠지만 점차 관심사부터 업무에 이르기까지 다양하고 풍성한 의견이 소셜미디어에 올라오게 될 것"이라고 설명했다.

　최근 소셜미디어 이용을 규제하는 기업들에 대해 나갈딘 부사장은 "소셜미디어를 통해 주변 사람들과 다양한 화제를 공유하려는 욕구는 억누르기 어렵다"며 "혁신적 기업문화는 직원 각각이 자신을 표현하는 데서부터 시작한다"고 말했다.

페이스북을 통해 살펴보는 열린 기업 문화

마딴 나갈딘(페이스북 아·태HR총괄 부사장)

페이스북에서의 경험을 토대로 '열린 세계', '연결되어 있는 세계'를 만드는 것에 대해 말하고 싶다. 페이스북에서 영입 제안을 받은 것은 2010년 10월이다. 당시 호주에서 자동차 여행을 하고 있었는데, 페이스북 측에서 싱가포르의 아·태 총괄직을 맡아 달라고 제안해 왔다. 아마존이라는 훌륭한 회사에 다니고 있었기 때문에 고민이 됐다. 꼭 옮겨야 한다고 조언한 사람도 있었고, 가지 않아도 된다고 말한 사람도 있었다. 하지만 젊은이들 사이에서 페이스북은 일종의 혁명과도 같았다. 회사에 대해 좀 더 조사해봐야겠다고 생각했다.

자세히 알아본 결과, 페이스북이 상당히 놀라운 곳이라는 사실을 알게 됐다. 이 회사는 세계를 더 열린 곳, 연결된 곳으로 만들고 있을 뿐 아니라 업무에 있어서도 완전히 차별화된 접근법을 갖고 있었다. 약 20년간 인사 분야에서 일해 왔는데, 페이스북처럼 일상 업무를 수행하는 곳은 어느 곳도 없었다. 완전히 수평적이고, 완전히 개방돼 있었다. 한마디로 직원을 위한 회사였다. 근로자에게는 천국 같은 곳이었다. 결국 페이스북으로 옮겨 스물다섯 살밖에 안 된 대표와 일하기로 마음먹었다.

페이스북은 거의 모든 팀이 다 소규모다. 대부분 5~7명으로 꾸려져 있다. 관리자들이 실제 관리에 대해 생각하는 비중은 20~30%에

마단 나갈딘 "페이스북은 가치 있는 방식으로 세상에 기여하기 위해 일한다."

불과하다. 70~80%는 '직원들의 삶'에 관심을 쏟는다. 직원들이 무엇을 원하는지 알려고 하는 것이다. 우리는 1년에 두 번 실시하는 정기 평가에서 관리자가 직원들의 '마음'을 알고 있는지에 대해 평가한다.

　이곳에서는 학습도 다른 모습으로 이뤄진다. 통상 기업에 입사하면 교육·훈련을 받게 되는데, 페이스북에서는 이 같은 과정이 거의 없다. 대신 직원들이 서로 가르쳐준다. 시스템에 문제가 생겼을 때이 문제를 해결하기 위해 대기하고 있는 '담당 엔지니어'에게 해결해 달라고 요청하는 것이 아니라, '동료'에게 묻는 것이다. 흔히 경험 많은 사람, 경영진이나 상사로부터 배우는 것을 자연스럽게 생각한다. 하지만 페이스북에서는 '모든 사람'에게 배운다. 그 바탕에는 직원들 간 신뢰가 깔려 있다. 서로가 서로의 동료이고, 가족과 같다는 것을 소중하게 생각한다. 여러 명이 함께 모여 무언가를 만들어내기 때문에 학습 효과가 크게 치솟을 수 있는 것이다.

내부적인 동기 부여를 강조하는 것도 특징이다. 페이스북에서 중요하게 생각하는 것 중 하나가 직접적인 피드백을 주는 문화다. 많은 직원들, 특히 큰 회사에서 일하다가 이직한 직원들은 이 때문에 크게 놀라곤 한다. 우리는 피드백에 대해 열린 마음을 갖고 있다. 업무를 개선해야 한다는 지적도 편하게 나누고, 사례나 척도도 자유롭게 교환한다. 다른 기업에서는 상사가 무엇을 중요하게 생각할까 어림짐작하는데 이곳에서는 상사의 눈치를 보지 않고 하고 싶은 말을 바로 해서 피드백을 준다. 요컨대 문제가 있을 때 주저하지 않고 공유한다는 것이다. "정치적으로 어떻게 돌려 말할까" 하고 계산하는 것, "내가 나이가 많은데 어떻게 행동해야 할까" 하고 망설이는 것이 아니라 본연의 모습 그대로 행동하는 것이다. 행동을 하기 전에 무엇이 옳다거나 좋다고 판단하는 것이 아니다. 이 문화가 정말 큰 효과를 발휘하고 있다. 자신이 원하는 모습으로 살 수 있는 자유를 가질 수 있는 것이다.

개방성도 높다. 마크 저커버그는 금요일마다 회의를 연다. 많은 기술 회사들이 하고 있는 방식으로, 이 회의에서는 다양한 질문을 던질 수 있다. 특정 분야의 경영진 평가가 좋지 않다면 이에 대한 정보가 회사에서 공유될 수밖에 없는 구조다.

자율성은 언제나 존중된다. 'IT 자판기'도 있다. 자판기에 배지를 갖다 대기만 하면 키보드 마우스 화면보호기 등 다양한 IT 주변기기가 바로 떨어진다. 노트북이나 PC를 바꿀 때도 20여 명이나 되는 사람을 거쳐 결재 받을 필요가 없다. 페이스북은 IT 회사고, 이곳에서 IT 장비는 중요하다는 사실을 모두가 알고 있기 때문에 "작년에 기기를 지급했는데 왜 또 필요한가"라고 묻는 사람이 없다.

'해커 문화'도 눈여겨봐야 할 부분이다. 직원들이 혼자서 문제를 해결하게 내버려두지 않고, 마치 해커처럼 여러 명이 함께 일하게 하는 문화를 갖고 있다.

실패는 늘 용인된다. 실패하면 "잘했다"고 칭찬해준다. 그래야 실패로부터 배울 수 있다. 실패를 허용하지 않으면 페이스북 자체가 존재하기 어려웠을 것이다. 페이스북은 미국에서도 보기 드물게 실패에 대해 긍정적이고, 실패를 터놓고 이야기하는 문화를 갖고 있다.

대부분의 기업에 근무하는 직원은 '회사가 말하고, 내가 듣는' 방식에 익숙해져 있다. 페이스북은 정반대다. 직원이 말을 하고 회사가 듣는다. 육아 휴가가 필요하다거나, 플랫폼이 필요하다는 요청을 자유롭게 할 수 있다. CEO인 마크 저커버그에게도 쉽게 요청할 수 있다. 누구나 스스로에 대한 이야기를 모두에게 들려줄 수 있는 문화가 발달했다.

업무에 대한 평가 기준으로 삼는 것은 '영향력'이다. 목표가 무엇이고, 이를 얼마나 달성했는가도 중요하다. 하지만 우리는 무엇을 만들고 혁신했으며 이로 인한 파급력이 어떠한지를 평가한다. 직장에서 이에 대한 얘기도 꾸준히 나눈다. 경영진으로부터 "당신은 어떤 영향을 세상에 끼치고 있습니까?"라는 질문을 흔히 듣게 되는 것이다.

직장에서의 '발전'도 수직적인 진급을 일컫는 것이 아니다. 통상 일반 기업에서 기술직은 엔지니어에서 시작해 상급 엔지니어를 거쳐 부장, 부사장으로 진급하게 된다. 하지만 페이스북에서는 새로운 경험을 하고 스킬을 쌓아나가는 것을 발전이라고 본다. 언제 관리자가 되는가는 중요하지 않다. 스스로 자신의 발전 기회를 찾는 것이다. 예컨대 "한국과 일본에서 많은 경험을 했으니 이 지역에서 HR담당으로 6개월 일하고 싶다"고 말하면 된다. 누구나 몬테소리 유치원에 다니면 할 만한 얘기를 한다. 스스로가 가진 강점과 약점을 분석하면서 강점은 극대화하고 취약점은 보완하는 과정을 거친다. 물론 쉽지는 않다. 약 50%에 달하는 직원이 자신의 취약점을 전부 드러내는 걸 원치 않는다.

많은 회사에서 월급을 받기 위해 일하는 것이 당연하지만 페이스북은 가치 있는 방식으로 세상에 기여하기 위해 일한다. 페이스북에서 일하는 이유는 바로 세계에 기여하기 위해서라는 점이 중요하다. 금융업계든 항공업계든 어느 분야든 간에 목적과 자율성, 업무 숙련이 세 가지를 보장해주면 급여에 관계없이 이직률은 낮을 수밖에 없다. 미래학자 다니엘 핑크가 쓴 책에도 이 세 가지가 강조되고 있다.

큰 회사에서 문제가 되는 것 중 하나는 '나는 아무것도 아닌 것 같다(I feel anonymous)'는 느낌을 받는 것이다. 직원 수가 2~3만 명에 달하면 그런 기분이 들 수밖에 없다. 페이스북은 서로 이해받고 배려받으며, 자신의 느낌을 공유하고 일상을 나눌 수 있게 되어 있다. 입사한 뒤 3개월 동안은 이런 모든 것을 다 얘기할 수 있다는 사실만으로도 가슴이 벅차오른다고 한다. 회사가 몇 시간 동안 일하다가 퇴근하는 공간이 아니라, 어느 프로젝트를 하고 있든 모든 사람에게 대답을 들을 수 있다는 느낌을 받는다는 것이다.

이 느낌을 개선하기 위해 근무지에서 소셜 미디어를 활용하는 것은 큰 의미가 있다. 친구, 가족과 소셜 미디어를 쓰며 받는 느낌을 직장 동료와 함께 공유할 수 있는 것이다.

HR 분야에서 일하는 사람들에게 페이스북, 트위터 등 다양한 SNS를 시범적으로 사용해보라고 추천한다. 사람들이 연결되려는 것, 공유하려는 것은 사라지지 않을 특성이다. HR 담당자라면 소셜 미디어를 혁신적으로 활용하는 방법을 찾아보는 게 좋을 것이다.

기업은 오늘날 SNS를 업무에 이미 사용하고 있다. 대한항공만 해도 승객들이 경험을 SNS에 올리는 것이 자연스럽다. 그런데 직원들이 회사에 대해 하는 이야기에는 관심을 갖지 않는다. 불균형이 일어날 수 있다는 얘기다. SNS로 고려해야 하는 것은 고객뿐 아니라 주주들과 직원들까지 모두 포함해야 한다.

소셜 미디어가 유행이라 생각하든 않든 우리는 자신의 표현과 연결성의 폭발을 경험하고 있다. 직장을 개방된 곳으로 만들고, 토론과 논쟁이 벌어지는 혁신적인 곳으로 만들고 싶다면 SNS를 도입해야 한다.

 마단 나갈딘

반도체 장비제조업체인 KLA 텐코어에서 2005년부터 2007년까지 HR 임원으로 일했다. 2007년 아마존으로 직장을 옮겨 2011년까지 HR 임원을 역임한 뒤, 2011년부터 페이스북 아·태HR총괄 부사장직을 맡고 있다.

▶ 청중 1: 엄격한 직장 문화를 가진 한국에서 페이스북의 수평적 기업문화를 실현하려면?

▶ 나갈딘 부사장: 아주 흥미로운 질문이다. 과감한 기업문화를 가진 기업도 일본, 인도, 동남아 등 아시아 지역에서 어려움을 겪는 모습을 많이 봤다. 해당 기업이 과연 더 연결된 직장이 되고자 하는가, 직장 근로자들이 일하는 방식을 근본적으로 바꾸려 하는가에 대한 질문을 던질 필요가 있다. 답이 '아니오'라면 소셜미디어를 도입할 필요가 없다. 직장 내 작업 방식부터 바꾸는 것이 중요한 변화 방식이 될 수 있다.

한국같이 위계질서가 엄격한 곳에서도 변화가 목격되고 있다. 기업이 단순하게 소셜미디어를 도입할 수 있는 방법은 페이스북 그룹을 시범적으로 만드는 것이다. 전사적으로 하는 것이 아니라, 30~40명 정도로 시작해서 페이스북이 얼마나 유용하게 사용될 수 있는지 보는 것이다. 물론 구글플러스도 써볼 수 있다. 그래서 어떤 장단점이 있는지 다른 부서로 전파할 수 있다. 소규모 그룹에서 시작해 더 큰 그룹으로 확대해서 좋은 결과를 얻는 회사가 많다. 무료 시스템을 사용하면 좋다. 구글이든 페이스북이든 일단 사용해보고, 괜찮으면 확대할 수 있다. 위협적이지 않은 분위기에서 사람들이 표현을 하기 시작하면 어떤 영향과 효과가 나타나는지 볼 수 있을 것이다.

▶ 청중 2: 직장에서 페이스북을 과도하게 이용하면 생산성이 떨어지지 않을까?

▶ 나갈딘 부사장: 많은 사람들에게 듣는 질문 중 하나다. 하지만 오늘날 휴대폰 없는 사람들이 얼마나 될까? 아마 PC에서 SNS를 사용하지 못하더라도 페이스북이든 구글이든 자신이 지니고 있는 개인기기를 통해 접속할 것이다. 차단은 오히려 다른 방법을 모색하게 하는 계기가 될 수 있다. 많은 사람들이 여가 시간에만 SNS를 사용하는 것이 아니라 화장실이나 책상 앞에서 사용하는 것을 볼 수 있다. 이런 현상은 없어지지 않는다. 막는다고 예전으로 돌아가지 않는다. 사람들은 누구나 표현하고 싶어 하고 공유하고 싶어 한다. 아침부터 저녁까지 교류하기 원한다. 이메일처럼 기술 자체는 확산돼 있으니 기업에서는 SNS를 어떻게 활용할 것인지 고민해야 할 것이다.

▶ 청중 3: 사내 페이스북 공유의 범위에 대해 묻고 싶다.

▶ 나갈딘 부사장: 페이스북은 개방된 조직 문화를 가지고 있지만 각각의 소규모 그룹도 만들어져 운영되고 있다. 신청하면 금방 들어갈 수 있는 그룹이 많지만 승인을 거쳐야 하는 그룹도 있다. 공유하고 싶은 범위를 정해서 이용하는 사람이 많다.

▶ 청중 4: 페이스북에서 운영되고 있는 전통적 인사 제도는 어떤 것이 있는가?

▶ 나갈딘 부사장: 성과를 측정할 때 레벨로 평가하는데, 페이스북에는 다양한 레벨이 있고 발달하면서 올라가게 된다. 레벨에 따라 다양한 경험을 할 수 있게 된다. 수당이나 혜택도 다른 기업과 비슷한 수준으로 제공한다. 페이스북이 수평적 인사 제도를 도입한다고 해서 과거의 인사 관행을 다 버리는 게 아니다. 공유하되 보복의 두려움 없이, 서로 존중하며 표현하는 분위기를 만든다는 것이다. 사무실에서 자신의 기분부터 자리 배치 등 사소한 문제, 큰 문제까지 개방적으로 얘기한다는 것이다.

| 제3부 |

창조적
인재 만들기

01 창조형 인재 어떻게 키우나

에후드 바라크 전 이스라엘 총리는 〈글로벌 인재포럼 2013〉 기조연설에서 "성공적인 창업 기업이 10개만 나오면 창업 붐은 절로 일어날 것"이라며 "창업을 존중하는 사회 분위기가 우선 만들어져야 정부의 정책도 효과를 낼 수 있을 것"이라고 말했다. 창조경제를 만들기 위해선 '선(先) 문화, 후(後) 정책' 정립이 중요하다는 얘기다.

그가 총리로 재임하던 시절(1999~2001년) 이스라엘은 경기침체에서 벗어나 연평균 6%에 육박하는 성장률을 보였다. 정부(40%)와 민간(60%) 공동출자로 1993년 출범한 요즈마펀드를 통한 신생기업(스타트업) 투자가 성과를 내기 시작한 것이다. 그는 이스라엘의 창조경제 성공경험을 바탕으로 '창조적 인재 어떻게 키우나'를 주제로 연설을 했다.

바라크 전 총리는 이스라엘의 성공비결은 사회적으로 창업을 존중하는 사회분위기라고 단언했다. 그는 "창업에 실패했을 때 다시 일어설 수 있도록 응원하는 문화는 또 다른 조건"이라며 "한국에서도 페이스북 같은 성공스토리가 몇 개만 나오면 창업을 하려는 젊은이들의 도전이 이어질 것"이라고 내다봤다.

창조적 인재를 키우기 위해서는 정책적 지원보다도 열린사회 분위기를 만드는 게 우선과제라고 강조했다. 그는 "젊은이들이 도전과 실패를 두려워하지 않고 토론을 통해 자유롭게 의견을 개진할 수 있는 문화적 토양을 만드는 게 중요하다"고 언급하며, "이런 창조형 인재들이 창업을 주도하고 더 나아가 창조경제를 이끈다"고 강조했다.

창업문화를 촉발하는 계기는 이스라엘 군대의 교육훈련이라는 게 바라크 전 총리의 설명이다. 이스라엘의 17세 이상 남녀 학생은 2~3년간 군 복무를 하면서 직업훈련과 연계된 과학·기술 분야 실무 과제를 수행한다. 이를 통해 문제해결 능력, 주도적 사고, 독립심 등 기업가정신을 기르게 된다. 이 중 상위 40~50명의 고교생은 탈피오트(Talpiot)라는 엘리트 기술양성 프로그램에서 6년간 다양한 기술연구를 하게 된다. 바라크 전 총리는 "세계에서 유례를 찾아보기 힘든 독특한 엘리트 교육이 군에서 이뤄졌고 이들은 전역 후 벤처기업가 등으로 변신해 이스라엘 경제에 활력을 주고 있다"고 강조했다.

이런 점에서 바라크 전 총리는 한국의 군대도 인재양성의 장으로 변해야 한다고 조언했다. 그는 "한국 군대는 거주지와 떨어진 곳에서 현실생활과 동떨어진 훈련을 하는 것으로 안다"며 "젊은 시절 2년은 긴 시간이다. 군대가 인재를 양성하는 장소가 될 수 있도록 변화해야 할 것"이라고 지적했다.

바라크 전 총리는 "한국은 전쟁을 겪었지만 경제 기적을 일으켰으며, 교육열도 높다"며 "이는 한국이 최고를 추구하는 문화를 갖고 있기 때문일 것"이라고 진단했다. 이어 "이스라엘이 한국에서 배울 점은 삼성, 포스코, 현대, LG 같은 세계적인 대기업을 키운 것"이라며 "대기업이 좋은 기술을 가지고 세계 시장에서 경쟁할수록 중소기업에 더 많은 발전 기회가 생긴다"고 설명했다.

바라크 전 총리는 "젊은 인재들이 얼마든지 도전할 수 있는 열린 사회 분위기가 형성된다면 한국형 창업생태계는 충분히 기대해볼 수 있다"고 전망했다.

 | 강연 |

정책보다 문화가 더 중요하다

에후드 바라크(이스라엘 전 총리)

이스라엘은 대한민국에서 비행기로 10시간을 가야 있는 먼 나라다. 영토는 대한민국의 4분의 1, 인구는 6분의 1에 불과한 작은 국가다. 하지만 공통점이 있다. 둘 다 수천 년의 역사를 가지고 있으며 국민들의 자긍심이 높다. 게다가 쉽지 않은 이웃 국가를 두고 있다. 경험적으로 '스스로 일어서야 한다'는 걸 알고 있는 민족이다. 한국의 새 정부가 '창조경제'를 주요 국정 목표로 삼으면서 두 나라는 또 한 가지의 유사성을 갖게 됐다. 왜냐하면 이스라엘은 한국보다 앞서 창업

에후드 바라크 "젊은이들이 자유롭게 이의를 제기할 수 있는 문화를 만들어줘야 한다."

국가(Start-up Nation)로서 어느 정도 성공을 거뒀기 때문이다.

세계는 바야흐로 전문화 시대로 변화하고 있다. 창조경제는 개개인의 전문성에 의존한다. 과거 천연자원 중심의 산업시대에서 교육의 힘, 창조력, 인재를 키우는 힘에 의존하는 경제로 바뀌고 있는 것이다. 이런 특성은 이스라엘이나 한국처럼 규모가 작고 자원이 부족한 국가에서는 더욱 명료하게 나타난다. 인재를 최대한 활용해서 국가를 성장시키고 사회 안녕을 추구해야만 하는 것이다.

오늘 기조연설에서는 이스라엘이 어떻게 인재를 개발했는지에 대해 소개하겠다. 하지만 이에 앞서 이스라엘이란 나라가 사람 말고는 얼마나 아무것도 없는 나라인지 설명하고 싶다.

척박한 환경에서 세계 최고 기술 키워내

이스라엘은 제2차 세계대전이 끝난 직후인 1948년 건국했다. 출범과 함께 5개 이웃 나라로부터 공격이 시작됐다. 이스라엘은 대치 중인 이란과 불과 2,000km 떨어져 있다. 매일 전쟁의 위협이 도사리고 있는 것이다. 중동 지역은 서유럽과 비교할 수 없을 정도로 약자가 생존하기에 척박한 지역이다. 그야말로 스스로 생존할 능력이 없는 자에겐 자비가 없는 곳이다.

이런 척박한 환경에서도 이스라엘의 지난 65년 역사는 성공적이라고 자평한다. 60만 명에서 시작한 인구는 770만 명을 넘겼으며 국민총생산(GDP)은 60배나 늘었다. 그 사이 이스라엘은 기술 수출 중심의 경제를 구축했다. 국가적으로 젊은 인재를 발굴하는 데 힘쓴 덕분에 창업이 줄을 이었고 국민 1인당 특허 수는 세계 어느 나라보다 많다. 국민 1인당 박사 학위 소지자 수도 세계 최고 수준이다. 미국의 장외 주식시장인 나스닥에서는 캐나다에 이어 이스라엘 기업이 가장 많은 기여를 하고 있다.

이런 성공은 역설적으로 이스라엘이 너무 척박한 환경에 놓여있었기 때문에 가능했다고 생각한다. 천연자원이 부족한데다 불친절한 이웃을 둔 작은 나라로서 스스로를 보호해야 한다는 절박성 때문에 혁신이 나타날 수 있었다.

군대 규모가 이스라엘의 10배가 넘는 이웃 국가들과 경쟁하려면 정규군으로는 국경수호도 어렵다. 이 때문에 이스라엘은 지난 20년간 국방 도전 과제를 통해 최첨단 전투기를 개발했으며 우주공학과 정보공학을 발전시켜 정보수집 능력을 확보하게 됐다. 최첨단 레이

더를 탑재해 구름을 투시해 이미지를 확보할 수 있는 정보수집용 위성을 발사했다. 수 만개의 미사일이 레바논 적을 겨냥해 있고, 가자지구에도 1만 개의 미사일을 갖추는 게 우리의 목표다. 또한 아이언돔(iron dome)이라는 로켓 요격용 미사일 방어체계도 갖췄다. 1초에 20개씩 로켓이 날아와도 단거리 미사일을 발사해 85%를 요격할 수 있다. 크루즈 미사일과 중거리 미사일을 이용해 항공기도 요격할 수 있다. 이스라엘의 국방 기술 산업은 국익에 직결된다는 이유로 민간에 매각하지 않는다. 이 덕분에 최첨단의 기술을 발전시킬 수 있는 토대를 만들었다.

농업 부문의 성과 역시 상당하다. 이스라엘은 영토의 절반이 사막이고 호수는 두 개 뿐이며 요르단 강은 한강에 비해 너무 작다. 하지만 관개수로, 해수의 담수화 등의 분야에서 세계적인 기술을 확보한 덕분에 한국의 40배에 달하는 물을 확보하고 있다.

이밖에도 이스라엘은 우주과학, 의료기술, 생명공학, 줄기세포 등 다양한 과학기술이 발달했다. IBM, 인텔, 페이스북, 구글까지 세계 최고 기업들이 연구개발(R&D) 센터를 이스라엘에 개설했다. 몇 년밖에 되지 않은 신생 이스라엘 기업들이 글로벌 기업에 수억 달러에 인수되는 사례가 이어지고 있다. 그럼에도 이스라엘이 한국으로부터 배워야 하는 부분이 있다면 삼성전자, LG전자처럼 세계적으로 경쟁력을 갖춘 대기업을 키워냈다는 점이다.

이런 기술 발전을 이루기 위해서는 우선 예산 투입이 중요하다. 정부는 국방 산업 관련 회사들이 다른 해외 기업보다 R&D에 많이 투자할 수 있도록 독려해야 한다. 1980년대 이스라엘 정부는 매칭펀드를 통해 미국 기업들이 국내 소규모 신생기업에 투자하도록 중개하는 역할을 했다. 또한 기술 인큐베이션 정책도 진행해, 특히 정보수집용 우주공학 기술 발전에 힘썼다.

인재양성의 장(場), 군대

여기에 군의 인재양성 프로그램인 탈피오트는 과학기술 인재를 육성하는 데 핵심적인 역할을 했다. 이스라엘의 17세 이상 남녀 학생은 2~3년간 군 복무를 하면서 직업훈련과 연계된 과학·기술 분야 실무 과제를 수행한다. 이를 통해 문제해결 능력, 주도적 사고, 독립심 등 기업가정신을 기르게 된다. 이 중 상위 40명의 고교생은 '탈피오트'라는 엘리트 기술양성 프로그램에서 6년간 다양한 기술연구를 하게 된다. 뛰어난 인재를 선발해 기술인재로 키우는 인큐베이터 시스템을 도입한 것이다.

이를 위해 정부는 우선 3,000명의 수학 및 물리학 교사를 선정해 개별 면담을 통해서 1만 명의 학생을 선발하도록 했다. 이후 GMAT이나 SAT과 같은 시험을 통해 상위 40명의 학생을 뽑아 군에 채용했다. 이들은 군복무를 하면서 과학기술 분야 교수로부터 우수한 지도를 받으며 최첨단 기술 연구소에서 근무했다. 그렇게 9년 정도 교육을 받고 나면 이들은 세계적으로 뛰어난 인재로 성장하게 된다.

탈피오트 프로젝트는 벌써 40기 과정을 진행하고 있다. 40명씩 학생을 선발해 1,600명의 기술인재를 키운 셈이다. 처음에는 이런 프로젝트에 거부반응이 있었지만 이게 성공을 하면서 거부감이 줄어들었다.

우수성을 양성하는 것에 대해 인정해주는 인식을 쌓는 게 중요하다. 작은 물방울이 모여 강을 이루는 것처럼 경우에 따라서는 격리돼 있는 것처럼 보여도 우수한 인재를 양성해야 한다. 대기업은 규모가 커지다 보니 역동성을 필요로 하는 사업을 진행할 때 경직된 사고를 보이는 경우가 있다. 상황에 따라서는 독립적이고 고립된 기관을 만들어 매우 자유로운 시도를 해 결실을 내도록 하는 게 중요하다. 인재들이 자신들의 역량을 충분히 발휘할 수 있도록 해주면 작은 프로젝트에서 결실을 내기 시작할 것이고 이렇게 성과를 내면 자신감을 갖고 더 나은 시도를 하게 된다.

재정지원은 요즈마(Yozma)펀드로

요즈마펀드는 스타트업 투자를 목적으로 이스라엘 정부가 1993년 설립한 모태펀드다. 정부가 40%, 민간이 60% 출자해 총 1억 달러 규모로 시작했다. 1997년 민영화 이후 요즈마그룹으로 재편되면서 자산 40억 달러 규모로 성장했다. 요즈마펀드는 인구 770만여 명인 이스라엘에 4,800여 개 스타트업이 탄생하는 데 기여했다는 평가를 받고 있다.

1990년대 초반 내가 사령관으로 근무할 때 정부에서 아이디어를 냈다. 당시 옛 소련 붕괴로 100만 명의 유대인이 이스라엘에 유입되면서 과학기술 분야 인재풀이 마련됐다. 여기에 20년간 기술교육을 통해 많은 인재를 발굴했지만 창업까지 연결되기는 어려운 상황이었다. 이들의 창업을 돕기 위해 1억 달러 규모의 펀드를 조성한 게 그 시작이었다.

하지만 이전의 경험에서 이스라엘의 아이디어와 미국의 자본을 바로 중매하는 것은 쉽지 않다는 것을 깨달았다. 창업에 성공해도 미국 자본이 기업을 삼키기 일쑤였다. 그래서 이번엔 1억 달러짜리 펀드를 10개로 쪼갰고, 중매 대신 '신생기업-미국 벤처캐피탈(VC)-투자은행'의 삼각형 구도를 만들었다.

여러 개의 신생기업 가운데 최고 10곳을 선발해 지원한 것이다. 미국 VC에는 미국 기업의 4분의 1 가격으로 투자를 유도했다. 여기에 정부의 매칭펀드 조건으로 투자은행이 자금의 40%를 유치하도록 했다. 신생기업이 성공하면 정부로부터 로열티를 얻게 되고 실패하더라도 정부가 위험을 어느 정도 보장해준다는 차원에서 정부가 개입한 것이다. VC에는 신생기업이 성공하면 투자금의 두 배 정도 수익을 거둘 수 있도록 콜옵션을 제공했다. 요즈마펀드 정책이 5년 정도 지났을 때 10개 중 8개가 콜옵션을 행사했을 정도로 프로젝트는 성공했다.

사실 신생기업에 재정지원을 하는 문제는 비교적 간단하다. 세계 15위 수출대국인 한국이라면 쉽게 투자할 수 있다고 생각한다. 삼성전자, LG전자와 같은 대기업들도 얼마든지 신생기업에 투자할 것이다. 오히려 재정 지원에 집중하기 보다는 젊은이들이 기업가정신을 발휘할 수 있도록 환경을 만드는 데 집중하는 게 중요하다.

정책보다 시급한 것은 문화

이스라엘이 기술인재를 키우고 창업국가로 성공할 수 있었던 것은 상당부분 문화에 기인한다. 이스라엘에서는 위계질서가 중요하지 않다. 모든 것에 대해 상호 토론하는 문화가 특징이다. 이스라엘 최초 여성 수반이었던 골다 메이어 전 총리가 "이스라엘에는 총리가 700만 명이다"며 "이스라엘 사람 두 명만 모이면 3개의 의견이 나온다"고 말했던 것은 유명한 얘기다. 유대교 해석에 대한 저서인 탈무드도 결국 토론과 논쟁으로 이뤄진 내용이다. 그리고 현재까지도 탈무드에 대한 토론과 논쟁은 진행 중이다.

재미있는 사실은 기술 발전에서도 이 같은 평등한 문화가 중요하다는 것이다. 실패를 했다고 하더라도 새로운 시도를 하다 실패한 것에 대해서는 관대하다. 사고의 자율성도 강조하는 부분이다. 회사 조직마다 위계질서는 존재하겠지만 일단 회의실 안에서는 말단 직원이라도 자신의 의견을 개진할 수 있다. 물론 어떤 업무를 수행할 때는 위계질서가 중요하기도 하지만 생각을 나눌 때는 그렇지 않다. 새로운 시도와 실패는 언제든지 인정해준다.

젊은이들이 자유롭게 이의를 제기할 수 있는 문화를 만들어줘야 한다. 지도자들도 마찬가지로 이의를 받아들이는 데 거부감을 보이면 안 된다. 더 나은 시도를 하려다 실패한 것은 아무런 시도를 하지 않은 것보다 보상이 더 크다. 일반적으로 실패를 피하고 안전한 성공을 추구하려고 하는데 우리는 반대의 접근법으로 다가가려고 노력한다.

한국 문화에 맞는 창조경제 찾아야

스타트업 초기기업을 육성하는 데 특별한 공식이 있는 것은 아니다. 때문에 이스라엘의 예를 공식으로 이해하고 그대로 적용하는 것은 적절하지 않다. 오히려 그 나라의 정신과 문화가 가지고 있는 우수성을 어떻게 하면 끌어올릴 수 있는가에 대한 노하우를 축적하는 게 더욱 중요하다.

바깥에서 이스라엘에 대해 갖고 있는 두 가지 오해가 있다. 하나는 이스라엘에는 신생기업과 벤처캐피탈이 많다는 것과 이스라엘에서는 언제라도 총을 맞을 수 있다는 것이다.

이스라엘의 나머지 절반은 최고 수준이 아니다. 하이테크 기술은 2만~2만 5,000명 정도의 엘리트들이 추구하는 부분이다. 기타 다양한 서비스 부문에서는 일반 근로자들이 근무를 하고 있다. 최고 인재들은 전체 국민의 소수다. 이들은 자신의 삶을 위해서 뿐만이 아니라 과학발전에 기여하고자 하는 고민을 많이 한다. 이런 고민이 과학발전과 진보에 큰 기여를 하고 있다. 물론 실패의 확률도 높다. 신생기업은 실패도 하지만 사회의 엘리트에 속한다는 소속감과 자부심을 가지고 많은 노력을 하고 있다.

한국인들은 자기관리를 잘하는 걸로 알고 있다. 그리스 속담에 '내가 어떤 항구에 도착할지 모르면 바람이 아무리 좋아도 목적지에 닿지 못한다' 는 말이 있다. 훌륭한 교육 인프라를 갖추고 있는 것도 중요하지만 무엇보다 학생들의 학습의욕과 성취욕구가 중요한데 한국은 이런 점에서 우위에 있다. 이스라엘보다 훨씬 잘 할 수 있을 것이라고 생각한다. 동시에 유교문화권인 한국은 위계질서를 중요시하는 게 강점이기도 한데 이스라엘의 경험을 바탕으로 다시 생각해봐야 할 것이다. 나이가 많다고 더 나은 결과를 내는 것은 아니다.

사실 이스라엘에서는 한국에서 교훈을 얻으라고 말한다. 이스라엘에서는 삼성전자, LG전자가 이처럼 글로벌 기업으로 성장하지 못했을 것이다. 항상 다른 것으로부터 배우되 자국에 적용할 때에는 고유의 문화와 역사를 고려해야 한다. 점점 복잡해지는 세계구도에서 한국과 이스라엘은 상호협력하며 성공할 가능성이 많을 것이라고 생각한다.

 에후드 바라크

에후드 바라크 이스라엘 전 총리는 반세기를 공직에 헌신한 군인 출신 정치인이다. 36년 동안 군에서 복무하며 참모총장까지 올랐다. 1996년 노동당 당수에 선출된 뒤 베냐민 네타냐후 당시 총리를 꺾고 이스라엘 10대 총리(1999~2001년)를 지냈다. 1959년 군에 입대한 그는 역대 가장 많은 훈장을 탄 군인 가운데 한 명으로 꼽힌다. 이스라엘의 최정예 대(對)테러 부대인 사예레트 마트칼의 지휘관으로 활약했다. 1972년 뮌헨올림픽 테러사건에 대한 보복으로 다음해 가발과 하이힐 차림으로 레바논 베이루트에 잠입해 팔레스타인해방기구(PLO) 소속 대원 3명을 암살한 사건은 유명하다. 총리 재임 당시 팔레스타인과 평화회담을 추진했으나 국민에게 그다지 환영받지 못했다. 2000년 팔레스타인과 이스라엘 간 유혈분쟁으로 여론이 악화되자 다음해 총리에서 물러났다. 2007년 정계 복귀를 선언하고 노동당 당수에 다시 선출됐으며, 2013년 초까지 국방장관을 지내며 국정 운영의 한 축을 책임졌다.

| 토론자 |
사공일(세계경제연구원 이사장), 에후드 바라크(이스라엘 전 총리)

▶ **사공일 이사장:** 정신과 문화를 강조한 것이 감명 깊었다. 정신과 문화야 말로 한국이 젊은 기업가들을 배양하고 신생기업들을 장려하는 데 결정적인 영향을 줄 것이라고 생각한다. 국가의 재정지원이나 기술력도 중요하지만 사회적으로 신생기업을 응원하고 기업친화적인 분위기를 만들 필요가 있다고 생각한다.

최근 한 조사에 따르면 부모의 50% 이상이 자녀가 창업을 하는 것을 반대한다고 나타났다. 대부분 부모들이 창업을 했다가 실패하면 다시 시작할 수 없을 것이라 생각하기 때문이다. 실패를 용납하지 못하는 우리 사회 분위기가 기업가정신 배양에 큰 장벽이 되고 있다. 이것을 어떻게 단기적으로 바꿀 수 있을지 모르겠으나 앞으로 큰 도전 과제다.

바라크 전 총리께서 토론문화의 중요성도 강조했는데 한국은 토론문화도 부족하다고 생각한다. 옳고 그름에 대해 합리적인 토론이 잘 이뤄지지 못하는 경우를 많이 볼 수 있다. 토론문화를 정립해야 한다는 총리 말씀에 전적으로 동의한다.

▶ **바라크 전 총리:** 이스라엘 부모님도 자녀들이 창업하는 데 두려움이 있었다. 하지만 사회적으로 창업을 독려하고 성공사례가 나오면서 점차 바뀌었다. 실패를 하며 얻은 지식이 개인의 삶에 도움이 된다. 어제 서울 시내 한 절에 갔는데 자녀들의 대학입시 시험 성공을 비는 수많은 어머니들을 봤다. 한국인들을 보면 성공에 대한 갈구가 크다. 한국처럼 깨끗한 도시 거리를 볼 수 없다. 나름 장단점이 있겠지만 장점을 최대한 키우는 쪽으로 교육을 강조하게 되면 성공적인 창업기업들이

생겨날 것이다. 창업기업 10개만 생겨도 성공스토리가 빠르게 전파된다. 그렇게 창업 붐이 시작되는 것이다.

▶ 사공일 이사장: 이스라엘 군대의 업적은 훌륭하다. 창업인재를 키우는 데도 군의 역할이 컸다. 이스라엘은 남녀 모두 군에 가는데 한국 남성들도 국방의 의무가 있다. 이스라엘에서 군의 역할은 무엇인가?

▶ 바라크 전 총리: 군은 정해진 틀이 있고 경직된 조직이기 마련이다. 하지만 이스라엘 군대는 창의적인 정신을 강조한다. 군인은 일반적 직업과는 다르다. 기자라면 아침에 일어나 내일을 위한 기사를 쓰고 교수는 강의를 하고 외과의사는 수술을 하고 변호사는 고객을 변호한다. 매일 자신의 핵심 업무를 수행하는 데 최선을 다하는 것이다. 하지만 군에서는 나라는 존재의 수행 업무가 아예 없는 경우도 있다. 단지 시뮬레이션을 한다.

한국전쟁은 일어난 지 수십 년이 지났다. 이스라엘은 10년 주기로 전쟁을 치르고 있으며 중간 중간 많은 작전과 업무를 수행한다. 평화를 이루고 있는 국가와 실전 중인 나라의 차이가 있다.

이스라엘 모든 군인들은 적에게 총구를 겨냥하고 있으며 전투기 조종사들은 몇 분 만에 출격할 수 있는 준비를 갖추고 있다. 정보요원은 테러리스트 및 적군을 매일 직면하고 있다. 우리는 첨단 전투기를 통해 우리가 죽지 않고 상대를 죽일 수 있도록 훈련을 한다. 군은 우주항공 산업 최고의 기술력을 가지고 연구를 진행 중이다. 해결하기 어려운 과제에 봉착해도 날을 세우고 연구에 매진하고 있다. 물론 이런 경계태세를 항상 유지해야 하는 것은 아니지만 지속적으로 도전을 받고 있다면 필요하다. 중소기업을 이용해서도 창업을 시도할 수 있다. 대기업 내에 별도의 부서를 운영하는 것도 방법이 될 것이다.

▶ 사공일 이사장: 다른 나라의 모델들을 본받는 게 쉽지는 않다. 그대로 모방하는 것은 적절하지 않을 것이다. 정부와 공공기관은 신생기업을 지원해야 할 텐데 정부

입장에서 가장 중요한 것은 수익성이 아니다. 정부가 출자한 공공기업이 손실을 내기 시작한다면 아마도 공청회가 열리거나 국회에서 문제를 삼을 수 있다. 그렇기 때문에 젊은이들이 맘껏 도전하고 기업가정신을 발휘할 수 있도록 문화적, 제도적 환경을 조성하는 게 중요하다. 창조경제를 만들기 위해 기술적, 재정적 지원도 중요하지만 그 전에 정신과 문화를 강조한 것에 전적으로 동의한다.

▶ 바라크 전 총리: 국가 지도자들이 젊은이에게 주는 영감도 중요한 역할을 한다. 나라를 이끄는 사람은 신생기업이 성공할 수 있도록 젊은이들을 어떻게 교육시키고 투자를 해줄지 고민해야 한다. 부모가 자녀를 교육시킬 때 결실을 보기까지 상당한 투자를 하지 않는가? 그때 부모가 돈이 얼마나 들었는지 계산하며 투자하지 않는다. 신생기업에 대해 분기별로 실적을 보고하도록 하는 식의 접근법은 좋지 않다. 신생기업 20개 중 19개는 실패한다. 실패를 용납하지 않는 사회 분위기라면 아무도 시도하지 않을 것이다. 기대와 다른 결과가 전개되더라도 이를 관대하게 수용하는 문화가 필요하다. 결국 그 문화를 만드는 것은 여러분에게 달린 것이다.

02 꿈과 끼를 살리는 학교

한국 교육의 가장 중요한 이슈 중 하나는 늘 학교 개혁이었다. 박근혜 정부는 학교를 개혁해 꿈과 끼를 살리는 학교로 만드는 데 우선순위를 두고 있다. 외국의 교육 전문가 중에서는 "한국 학생을 보면 마치 날개가 꺾인 아이 같다"고 말하는 사람이 적지 않다. 희망을 키우며 자유롭게 날아올라야 하는 시기에 의사, 공무원 등 똑같은 모델만을 꿈꾼다는 것이다. 더구나 이런 꿈이 학생 본인의 생각이 아니라 부모의 강요 때문에 생긴 것이라는 점, 그리고 이 때문에 많은 학생들이 괴로워한다는 점에 더욱 놀라기도 한다. 모든 아이는 재능을 갖고 태어난다. 누구나 자신의 재능과 잠재력을 발휘하길 꿈꾼다. 한국의 학생들은 오직 대입과 수능만을 위해 공부하고 있진 않은가?

〈글로벌 인재포럼 2013〉의 '꿈과 끼를 살리는 학교' 세션에 참가한 브라이언 뉴베리 샌버너디노 캘리포니아주립대 과학수학기술교육학과 교수는 학생들이 행복하고 건전한 사람이 될 수 있도록 꿈과 희망을 주는 교육을 강조했다. 시장에 넘쳐나는 정보 가운데 필요한 것을 뽑아 의미 있는 정보로 해석하고 삶에 적용하도록 이끌어야 한다고 주문했다.

황규호 이화여대 교육학과 교수는 최근 정부 교육정책의 새 화두로 떠오른 '자유학기제'에 대한 입장을 밝혔다. 그는 자유학기제가 성공적으로 뿌리내리려면 학교와 교사, 학생들에게 교과의 자유, 활동의 자유, 사고의 자유, 경쟁으로부터의 자유, 규제로부터의 자유 등이 보장돼야 한다고 주장했다. 자유학기제를 도입하려면 시간과 공간이 더 많이 필요하고 교사들의 자기계발도 함께 이뤄져야 하는 만큼 다양한 관점에서 신중한 접근이 이뤄져야 한다고 강조했다.

 | 강연 | ❶

미래의 아이들이 갖춰야 할 능력

브라이언 뉴베리(샌버너디노 캘리포니아주립대 과학수학기술교육학과 교수)

저의 배경은 다소 독특하다. 교수 치곤 다양한 사람을 대상으로 교육했다. 아리조나 인디언 보호구역부터 교도소에 이르기까지 다양한 곳에서 교사를 했다. 꿈과 끼, 노력이 합쳐지면 중학생이든 교도소 죄수든 좋은 결실이 나온다. 이 같은 구성요소가 조합이 잘 안되면 결과가 좋지 않다.

브라이언 뉴베리 "새로운 질문을 내는 창의적 마인드가 중요하다."

처음 5학년 교사를 할 때 제 자신에게 동기부여를 하며 했던 말이 있다. 암기는 의무의 함수, 지식은 열정의 산물이란 것이다. 열정을 조금 풀어서 설명하면, 진정한 지식은 열의와 관심에서 나온다. 학생들에게 암기를 시킬 수 있고 시험에 낼 수도 있다. 학생들은 의무에 따라서 암기한다. 그러나 학생들이 관심을 갖고 열정을 가진 무언가를 찾아내면 학생이 이룰 수 있는 것은 엄청나다. 열정과 에너지, 동기가 엄청나기 때문에 해야 할 것보다 그 이상을 하게 된다. 지식을 자기 것으로 만들고 세상을 위한 지식도 만든다.

세상은 빨리 변한다. 서구에서 가장 많은 변화가 이뤄지는 분야로는 보건의료, 과학기술 서비스이고 이 분야의 일자리도 늘고 있다. 이 변화로 학생의 관심을 끄는 국가가 성공할 것이다. 과학, 기술, 공학, 수학 등에 교육 종사자와 정부 공무원들이 많이 관심을 쏟는 이유다. 그런데 이 분야에서 미국 학생들의 성적이 별로다. 국제 경시 대회에서도 잘 못한다. 학생들이 학년을 올라갈수록 상대적으로 점수가 떨어진다. 1학년이 8학년에 비해서 더 잘하고 8학년이 오히려 1학년보다 별로다. 이 문제는 관심의 결여 때문이다. 어린 학생들은 학교에 올 때 수학, 기술, 공학 등에 관심을 많이 가진 상태인데 오래 배울수록 관심도가 떨어지는 문제가 있다. 챙겨봐야 할 문제다. 변하는 않은 것 중에서 내가 통제할 수 있는 것은 내 자신이다. 여러 목표와 수단을 갖고 일한다면 우선 자신의 통제력과 관리력을 향상시켜 줘야 한다.

저는 오늘 스팀(STEAM)에 대해 소개할 것이다. 스팀(STEM, 과학·기술·공학·수학의 합성어)에 예술을 포함시키는 것이다. 수학, 과학 등에 예술도 접목시켜야 한다. 예술은 인지적 능력과 접목되지만 그 효과를 측정하기 어렵다. 제 부인은 유기화학자라서 저는 화학자를 많이 안다. 아이들이 항공산업 지역에서 보이스카웃을 하다 보니 공학자도 많이 안다. 이 중에서 음악가가 많다. 참 신기한 일이다. 아인슈타인은 피아노를 치고 바이올린을 켰다고 한다. 1960년대 도널드 그레이저라는 물리학자도 바이올린을 켰다. 바라크 총리가 말하길 "러시아에서 온 유대인이 피아니스트인지 아닌지 알 수 있을 때는 어깨에 바이올린 안 메고 있을 때"라고 했다. 러시아 유대인을 받아들이면서 과학 기술이 폭발적으로 발전했다.

과학과 예술의 연결고리가 있다는 것을 알 수 있다. 스팀 교육엔 각 국가의 경제수준과 문화적인 정체성이 중요하다. 문화적 배경, 지식, 언어, 역사가 다 중요하다. 그런 것을 잘 표현하는 것이 예술이다. 제가 한국에는 첫 방문인데 한국에 처음 와서 관심가지는 것 또한 예술이다. 예술은 그 국가의 근본적인 것을 경험하게 해준다. 예술은 인간으로서의 관점을 표현하는 것이다. 언어를 몰라도 기본적인 정신이라든지 예술미를 비언어적으로 이해할 수 있다.

교육에 대해 이야기할 때, 시험에 대해 이야기할 때, 학생들은 끙끙대면서 본다. 교육에서는 시험을 통해 얻은 정보로서 아이들에 대한 의사결정을 내린다. 제대로 가르쳤는지, 교육 정책 방향은 어떤지, 국가 미래는 어떤지 판단한다. 어느 정도 맞는 방법을 알 수 있는 것이다.

스템 교육과 스팀 교육은 대학 입시 교육만이 아니다. 미국 학생 절반은 대학에 가지 않지만 국가 미래에 중요하고 이들도 경제에 참여한다. 학교는 대학입시를 준비하는 곳만이 되어선 안된다. 미국은 이 학생들이 해야 하는 일에 대비해 충분한 준비를 못 시켜주고 있다. 국가 차원에서 학생들이 과학, 수학, 공학 등에 좋은 성과를 낼 수 있도록 교육을 잘 수행하는 것이 중요하다. 그렇지 못하면 미국의 국력도 약화된다.

그렇지만 다른 평가 잣대도 필요한 것이다. 초등학생에게 시험 보는 방법만이 아니라, 이들이 행복하고 건전한 사람이 될 수 있도록 만들어줘야 한다. 꿈과 희망을 가질 수 있도록 만들어야 한다. 꿈은 과학, 수학 엔지니어를 만드는 교육만이 아니다. 기술적인 사회에서 의미를 찾으면서 살 수 있는 사람을 만들기 위한 것이다. 삶의 의미를 찾는 게 중요하다. 내가 학생들에게 많이 소개하는 책은 《파이브 마인즈 포더 퓨처》라는 책이다. 사회적 표준을 넘어서서 많은 것을 시도하라는 의미가 가득 담겨 있다. 저자는 잘 정리된 질서 있는 사고를 강조한다. 집중하고 파고들 수 있는 마인드를 말하는 것이다. 과학, 수학, 엔지니어링을 위해선 한 가지 학제를 파고들 줄 아는 걸 강조한다. 그렇게 함으로써 자신의 세계를 잘 이해할 수 있게 된다. 문제 해결을 질서 있게 해주고, 노동시장에서 성공적으로 커리어를 만들 수 있게 한다. 뭔가를 만들려는 마인드도 중요하다. 여러 정보를 합성할 줄 알아야 하고, 관계를 이해해 재탄생시킬 수 있어야 한다.

시장에 정보는 널려 있다. 소비자들이 필요한 것만 뽑고 내가 이해할 수 있는 유의미한 정보로 해석해야 하며 삶에 적용해야 한다. 합산하는 마인드를 학생들에게 배양시켜줘야 한다. 타고난 것도 있지만, 키워주고 배양시켜줘야 할 것도 있다. 각각의 방식으로 서로를 이해할 줄 아는 방식도 필요하다. 새로운 질문을 내는 창의적 마인드가 중요하다. 모르는 것을 찾아내는 창의성을 발휘해야 한다는 것이다.

미학적인 경험이 중요하다. 학교는 미학적이지 못한 곳이다. 외워야지 하고 생각한다. 성공적인 교육은 그 이상이다. 유럽에선 학생의 잠재력을 키우는 데 초점을 맞춘다. 개인이 새로운 기회에 자신을 열고, 개방된 사고로 다가서서 많은 것을 받아들일 수 있게 만드는 것이다. 언어나 국가가 다른 것을 이해하고 존중하는 사고도 중요하다. 나와 다른 것을 존중하는 것, 다른 문화권에선 세계를 어떻게 보는가를 알고, 맞고 틀리고를 판단하는 것이 아니라, 문화와 사람들의 차이를 알 수 있게 해야 한다.

윤리적 사고도 중요하다. 아무도 보지 않아도 옳은 일을 하게 만드는 것이 윤리적인 사고다. 그래야 투명하고 정직하게 일을 할 수 있을 것이고, 다른 사람을 도울 수 있다. 이 사회에서 필요로 하는 시민을 만드는 것이다. 온라인에서 익명성에 기대어 나쁜 짓을 할 수도 있지만 솔직할 줄 알아야 한다는 것이다.

인디언 구역에서 일할 때 인상적이었던 말이 있다. "아이는 미래를 위해 쏘는 화살과 같다." 어디까지 갈지 모른다. 화살대를 잘 깎고 방향을 잘 맞추면 과녁을 맞출 수 있다는 말이다. 교육자와 학부모는 학생들이 꿈과 희망을 이해하고 찾을 수 있도록 도와줘야 한다. 학생들은 자신의 꿈을 잘 모르기도 한다. 교육자들이 깨달을 수 있도록, 다양한 가능성을 탐험할 수 있도록 도와줘야 한다. 아이들이 미래를 위해 준비하는 것을 많이 도와야 한다. 자신이 원하는 꿈을 달성하기 위한 습관들과 삶의 규율을 가르쳐야 한다.

사진을 한 장 보여드리겠다. 증권거래를 하면서 실시간으로 정보를 처리하는 직업이다. 좋은 정보와 안 좋은 정보를 파악할 수 있도록 만들어야 한다. 자기 자신의 목표에 부합하는 정보만 빼서 사용하는 것을 가르쳐줘야 한다. 또 적시에 가르쳐주는 것도 중요하다. 포토샵이나 웹페이지를 만드는 것이 교육이 아니라, 3~4년 후 새로 등장하는 기술이 있을 수 있다. 단순히 테크놀로지를 가르쳐주는 게 아니라 스스로 기술을 배우는 방법을 알려주는 게 더 중요하다. 기술의 경중을 파악하고, 그때그때 필요한 것인지 판단해서, 중요한 것을 얻어내도록 가르쳐주는 게 교육자의 일이다. 기술은 기초부터 다 알아야 사용할 수 있는 건 아니다. 새 기술을 매우 빨리 배워야 하고, 얕

게만 배워도 써먹을 수 있다. 안 쓰고 넘어가기도 하지만, 자주 써야 할 수도 있다. 이 모든 판단을 하는 게 적시학습이다. 학생들이 미래엔 얼만큼 배워야 하는지, 기술을 얼마나 써먹어야 하는지 판단하는 시대에 살고 있다.

현장학습이 중요하다. 학생들에게 직접 현장 교육을 시켜 보면, 훨씬 심도 있게 이해하고 파악하며 좋아한다. 경험하면서 배우는 게 중요하다. 멘토링, 견습 시스템 등을 잘 활용해야 한다. 미국은 부모님의 발자취를 찾아가는 사람이 많다. 저 또한 아버지가 하지 말라고 했는데 교사가 됐다. 아버지를 보고 배웠으니까. 아버지가 채점하는 것을 돕고 하다 보니 교사라는 직업에 대해 잘 알게 된 것이다. 저는 우연히 선생님이 됐다. 누군가 와서 학생 컴퓨터 캠프를 돕지 않겠냐면서 일주일에 300달러씩 준다고 해서 가르쳐봤는데 내가 잘 가르친다는 것을 알게 됐다. 직접 해봄으로써 겨우 알게 된 것이다. 학생들에게도 실제 현장을 겪을 수 있도록, 자신도 깨닫지 못했던 꿈과 비전을 깨달을 수 있도록 도와줘야 한다. 중·고등학교든 대학이든 수학, 과학, 기술, 엔지니어링 교육도 중요하지만 세계와 상호작용하게 도와주는 교육이 중요하다.

🍎 **브라이언 뉴베리**

2003년 캔사스대에서 교육기술 및 커뮤니케이션 분야 박사학위를 취득했다. 이후 교사, 컴퓨터 강사, 기술조정관 등으로 활동하면서 교육과정에 과학기술을 접목시키려 노력해왔다. 캘리포니아주립대 샌버나디노캠퍼스 교수로 교육기술학을 가르치면서 온라인교육 교수법 및 학습법 연구에 주력하고 있다.

|강연| ❷

자유학기 제도의 성공을 위해

황규호(이화여대 교육학과 교수, 한국교육과정학회 회장)

한국 교육과학 정책의 예로서 꿈과 끼를 살려주는 제도인 자유학기 제도에 대해 말하겠다. 오바마가 최근 한국 교육에 대해 언급했다고 한다. "한국 아이들은 수학, 과학에 미국 아이들보다 앞서 있다. 한국 에선 찢어지게 가난해도 최고의 교육을 받고 있다." 이 말은 사실인 가? 미국에선 학업 성취도가 낮은 게 문제다. 피사의 2009년 평가를 보면 미국 과학은 평균 수준이고 독해와 수학은 평균 이하였다. 한국 은 핀란드, 중국, 싱가포르와 더불어 높은 점수를 기록했다.

어떤 아이도 뒤쳐짐은 없다. 최고를 향해 달려간다. 오바마의 수월 성 교육에서 철저한 평가와 근거 있는 개혁 정책 등이 중요하다. 학 교 개혁 프로그램이다. 여러 방법을 통해 이 노력이 진행되고 있고 선택의 폭을 넓히고 있다. 사립학교에 보조금을 주는 등 실패한 학교 를 개혁하는 것이다.

'커먼 코어 스탠더드' 라는 게 있다. 명확한 핵심 기준을 통해 학생 의 커리큘럼을 명시하는 것이다. 배움을 실제 세계로 연결시키고, 지 식을 세계 경쟁에서 사용할 수 있도록 하는 것이다. 이는 신자유주의 적 접근이다. 한국 교육은 명문대로 가기 위한 치열한 경쟁, 어려운 교과 과정, 과도한 학업 같은 문제가 있다. 교과 과정과 교수법이 단 일하고, 단순 암기가 너무 많으며, 사교육비도 많이 든다. 사회성과

황규호 "우리가 교육개혁을 생각할 때 좋은 교육이 무엇인지 생각해봐야 한다."

도덕성 등에 대한 발달도 부족하다. 이 같은 부분은 우리 사회가 우려하는 한국 교육의 문제점이다.

한국 교육에 대한 외부의 시각은 "공부가 비효율적이고, 같은 점수를 얻기 위해 많은 시간을 들인다. 시험점수는 높지만, 실제 미국 대학에 한국 학생이 진학하는 것을 보면 공부하기 위한 능력이 부족하다"는 평가다. 이런 평가가 불편하긴 하다. 한국 교육의 아젠다는 무엇일까? 경쟁을 완화해야 한다는 일각의 의견이 있다. 하지만 이것은 세계 어디에서도 가능하지 않다. 선택할 수 있는 문제가 아니다. 이미 경쟁이 존재하기 때문이다. 사교육 부담을 줄이고 공교육 회복을 위한 소비자 중심의 교육을 해야 한다는 얘기는 1995년쯤 나왔다. 다양성, 개방 교육을 추구해야 한다는 이야기도 있다. 최근엔 행복 교육이 화두다. 개인의 잠재력을 생각한 행복 교육, 꿈과 재능을 생각하는 행복 교육이다.

개인의 꿈과 재능을 위한 교육을 하려면 어떻게 해야 할까? 세 가지 가능성을 생각해봤다. 우선 학생들의 선택과목을 늘리자는 것이다. 예를 들면 필수 과목은 어떤 것이 되어야 할지, 국사 교육에 대한 논의도 이 같은 것이다. 두 번째는 진로에 따라 진로별 교과를 만드는 것이다. 하지만 개인의 잠재성을 너무 일찍 결정하는 것이 아닌지 등에 대한 문제가 있다. 세 번째는 다양성을 생각한 교과 차별화다. 이는 어떤 요건을 토대로 차별하는지에 따라 달라질 수 있다. 세 가지 모두 유용하지만 적절하진 않다. 더 중요한 요소는 개인의 교육 가치, 즉 개인의 경험이 개별 학생들의 교육적 성장에 기여하는지가 고려되어야 한다. 제도와 모델을 만드는 것보다 교사들이 학생을 돌보고 존중하는 게 더 중요하다.

자유학기 제도는 최근 교육개혁 정책이 되겠다. 꿈과 재능을 위한 교육에서 새 화두가 되고 있다. 박근혜 대통령의 후보 시절 공약이다. 자유학기를 중학교에 도입해 한 학기동안 학생들이 미래 진로를 알아볼 수 있도록 프로그램을 만들자는 것이다. 이 학기 동안에는 시험을 안 보고 진로를 탐색하고 창의력을 키울 수 있는 시기인 것이다.

자유학기 제도의 세 가지 특징이 있다. 첫째는 정책 목표와 프로그램이 개방적이고 유연하다는 점이다. 유연하고 개방적으로 만들자는 것 자체가 애매모호해서 단점이 될 수도 있지만 장점도 분명히 있다. 지금 상태에서 목표와 프로그램을 보다 정교하게 만들 수 있기 때문이다. 둘째는 진로 교육을 강화하고, 다양한 진로를 탐색해보고, 직접 경험할 수 있게 하는 제도로 거론되고 있다. 중학교 1~2학년생에게는 너무 이른 것 같기도 하지만 자유학기 제도는 전반적인 학교 혁신 프로그램으로 받아들여지고 있다. 셋째는 자유학기 제도를 현재 교육에 통합하려는 노력이 이뤄지고 있다. 기존 교육에 덧붙이는 방법이다.

자유학기와 관련해 다섯 가지를 제안하고 싶다. 첫째로 교과의 혁신이다. 학생이 원하는 프로그램을 선택할 수 있는 자유를 준다는 의미다. 단일 교과과정으로부터의 자유다. 둘째는 활동의 자유다. 방과후 학교 밖에서도 활동이 있을 수 있는데, 노는 것과 공부를 이분하는 것에서 자유로워지자는 것이다. 공부의 범위를 너무 협소하게 생각하지 말아야 한다. 셋째는 사고의 자유다. 정답을 내는 것에서 자유로워지는 것이다. 창의적인 교수법, 평가법의 혁신을 통해 공부에 재미를 느껴야 한다. 넷째는 꿈꾸는 자유다. 선형적, 수직적 경쟁으로부터의 자유다. 부모님과 사회로부터 온 꿈에서 자유로워지고 스스로 꿈을 설정하는 자유다. 다섯째는 자유로운 학교 공동체를 위한 규제로부터의 자유다.

자유학기 제도는 어려운 점이 있다. 학업성취도 하락이 우려되고, 시간과 공간이 더 많이 필요하고, 교사들의 자기계발도 함께 이뤄져야 한다. 우리가 교육개혁을 생각할 때 좋은 교육이 무엇인지 생각해봐야 한다. 좋은 교육의 개념은 다양하다. 교육개혁의 방향은 너무나 시각이 다양해 설정하기 어렵다. 갈등의 원천과 관계, 옳고 그름이 있는지 없는지, 제로섬은 아닌지 잘 생각해야 한다.

결론은 교육을 학교로 돌려보내야 한다는 점이다. 시장가치가 학교 교육에 너무 많이 포함돼 있다. 정치와 이념이 너무 많이 들어 있다. 분명히 새로운 아이디어가 있는데, 전체적 관행들을 다 바꾸려 하고 있다. 어떻게 해야 할까? 좋은 교육은 여러 측면이 있고, 경제가 전부가 아니란 점도 알아야 한다. 정치와 이념도 교육의 목적이 아니다. 옛것과 새로운 것을 이분법적으로 생각하지 말아야 한다. 좋은 학교 내에 있는 지혜를 존중해야 한다. 무엇보다 대화를 함께 나누고, 교사들이 생각할 수 있는 시간과 공간을 설명해야 한다.

| 토론 | ❶
진로를 찾을 수 있도록 역량을 키워주는 게 교육의 역할
김봉환(숙명여대 교육학과 교수, 한국진로교육학회 회장)

진로교육 패러다임이 변했다고 생각한다. 과거에는 학생 특성과 직업의 궁합이 잘 맞게 매칭하는 게 주력이었다면 이제 매칭의 시대는 끝났다. 발전 속도가 너무 빠르고, 불확실성이 가득하며, 기술이 급변하고 있다.

뉴베리 교수도 우연히 교사가 됐다고 하는데, 스탠보드 홈볼츠 교수의 분석에 따르면 직업을 갖고 있는 사람치고 자기 적성에 맞게 그 직업을 가진 사람이 전 세계 인구의 20%도 안 된다고 한다. 오히려 살면서 맞닥뜨리는 우연한 기회와 만남이 직업에 영향을 준다는 것이다. 이런 사실이 있다는 것을 학생들에게 가르쳐 주고, 그런 과정에서 자기 진로를 개척하는 방법을 고민하게 만들어야 한다. 매칭이 아니라 자기주도적으로, 창의적으로 진로를 찾을 수 있는 역량을 키워주는 게 교육의 역할이다.

이런 관점에서 자유학기제는 좋은 기회를 제공하는 것 같다. 황 교수가 말한 암기식 공부와 시험의 중압에서 비켜서서, 짧은 인생이지만 회상도 해보고 앞날을 고민해보고 취미도 가져보고 명작도 보고 체험하면서 내공을 쌓아가는 것이 가능하기 때문이다. 대학 4학년인데, 졸업 6개월을 남겨두고 취업이 막막하다고 말하는 학생들이 있다. 이제 와서 "내가 뭘 하고 싶은지 모르겠어요"라고 말하는 학생도 있다. 적어도 중학교 2~3학년 때 고민해보는 과정이 필요한 듯싶다.

꿈과 끼를 한 학기만에 찾을 수는 없을 것이다. 그것이 중요하다는 것 정도만 깨달으면 된다. 그 나이 때에 맞는 방법을 하나하나 깨닫는 방법이 되는 것이다. 그렇게 타오른 불씨가 초등학교, 고등학교, 대학까지 타오르는 계기가 자유학기제라고 생각한다.

| 토론 | ❷
교육의 철학을 본질적으로 바꿔야
정기오(한국교원대 교육정책전문대학원 교수)

20세기까지가 근대화, 산업화 시대였다고 보면 21세기는 지식경제의 시대라고 얘기한다. 실제 내용은 서비스경제다. 서비스경제는 철저하게 서비스 제공자와 고객 간의 상호작용에 기초한 경제다. 모든 선진국은 서비스경제, 지식경제에 진입해 있다. 고용 대부분이 서비스다. 아트라고 이야기할 땐 좁은 의미의 '예술 아티스트'라기보다는 '아트 앤 휴머니티'의 문제다.

미국 교육과 한국 교육은 무슨 차이가 있을까? 한국 교육은 문제가 외부에서 주어지고 거기에 답을 하는 데 초점이 맞춰져 있었다. 학생들에게 요구하는 것도 문제에 답하는 것이었다. 문제를 제기하는 방법을 가르치는 게 한국 교육이 시작해야 할 길이다. 완전히 새로운 시작을 해야 할 것이다. 예술이 교육적으로 기대가 되는 이유는 아티스트들의 질문과 과학자들이 제기하는 질문이 본질적으로 같기 때문이다. 인지과학과 뇌과학에서 밝혀진 것이다. 서양에선 이미 질문하는 전통이 확립됐지만, 한국에선 이런 전통이 결여됐다. 뭔가 새로운 시작을, 어디서 시작해야 하는지에 대해 정책 담당자들이 잘 고려해야 한다.

교육의 철학을 본질적으로 바꿔야 한다. 국가 발전과 자기 영달을 위한 교육에서 삶을 풍부하게 만들고 삶을 깨우치는 교육으로 바꿔야 한다. 국민들이 잘 먹고 잘 사는 것 보다 국민들의 삶을 풍부하게 할 수 있는 교육으로 바꿔야 한다.

03 능력중심사회를 만든다

박근혜 정부는 '학벌이 아닌 능력중심사회 구현'을 주요 국정과제 가운데 하나로 제시했다. 이를 위해 '국가직무능력표준(NCS)' 체제 구축을 적극 추진하고 있다. NCS는 지식, 기술, 태도 등 직업능력을 과학적으로 도출해 표준화한 것이다. 예컨대 호텔 직원이라면 룸 세일즈 마케팅(지식), 룸 서빙 기술(기술), 손님 접대 매너(태도) 등 현장에서 필요한 직무 능력을 체계화해 교육과정으로 만드는 것이다. 아울러 '국가자격체계(NQF)'는 NCS를 기반으로 산업현장에서 필요한 능력을 평가하는 자격증 시험이다.

'능력중심사회를 만든다-NCS와 NQF'란 세션에서 좌장을 맡은 송영중 한국산업인력공단 이사장은 "1960~1970년대 한국의 놀랄 만한 경제성장은 능력중심사회였기 때문에 가능했다"며 "하지만 시간이 지나면서 학교 교육과 현장이 괴리되는 등 해결해야 할 문제점이 생겨났다"고 지적했다.

첫 번째 발표자로 나선 심슨 푼 홍콩 고등과학기술교육대 부총장은 홍콩자격체계(HKQF)를 집중적으로 설명했다. 푼 부총장은 "직업능력과 교육과정을 통해 받는 학위를 일원화해 어떤 사람이 가진 학위 수준만 보고도 어떤 일을 할 수 있을지 파악할 수 있도록 하는 것이 HKQF의 목적"이라고 강조했다. 홍콩 고등과학기술교육대를 나왔든 홍콩 폴리텍대를 나왔든 특정 전공의 학위가 있으면 비슷한 능력을 갖고 있다고 평가할 수 있다는 얘기다. 푼 부총장은 "HKQF에 따른 교육과정을 통해 숙련기술을 쌓으면 공작기계조작 기술박사 학위도 받을 수 있다"고 설명했다.

두 번째 발표자인 멜리사 맥키완 호주 산업부 부국장은 호주의 '견습생 제도'를 소개했다. 견습생들은 기업에서 3~4년 동안 전문기술을 배우면서 돈을 벌 수 있다. 1주일에 나흘은 회사에서 일을 배우고 하루는 대학에서 이론 교육을 받는다. 맥키완 부국장은 "기업은 현장에서 필요한 기술을 갖춘 직원을 키워낼 수 있어 활용도가 높다"고 소개했다.

일부에선 국가수준 직무능력표준이 고용과 직무의 유연성과 다양성을 해친다고 지적하기도 한다. 여러 직무와 능력을 국가가 제시하는 한 가지 시스템 안에 묶다보면 나올 수 있는 부작용이 있다는 것이다. 이에 대해 슬라바 페벡 그림 유럽직업훈련센터 선임연구위원은 "정부는 물론 회사, 취업희망자 등 이해당사자들이 모두 참여하는 과정을 통해 부작용을 최소화할 수 있다"고 설명했다.

| 강연 | ①

홍콩의 직업교육과 표준역량체계 구축

심슨 푼(홍콩 고등과학기술대 부총장)

홍콩의 직업 교육 훈련은 굉장히 오랜 역사를 지니고 있다. 1937년 처음으로 정부 주도 연구기관이 설립됐다. 80년 이상의 직업 교육 경험을 보유하고 있는 것이다. 1982년엔 당시 홍콩을 점령하고 있는 영국 정부가 전문 직업교육단체를 구성해야 한다는 판단에 직업교육위원회(VTC)를 세웠다. 현재 VTC는 연간 25만 명 이상의 학생들을 대상으로 직업과 교육훈련을 제공하고 있다. 이 중 25%는 전일제, 나머지는 반일제 학생들이다. 에스컬레이터 수리에서부터 최첨단 공학까지 교육한다.

홍콩의 직업교육체계는 영국과 비슷한 점이 많다. 영국의 시스템에서 많은 부분 차용했기 때문이다. 직업교육체계 도입 이전엔 학위도 전공도 너무 많고, 교육프로그램도 많아서 고용주 입장에서 지원자가 무엇을 배웠는지 파악하기 어려웠다. 고용주가 어떤 학위를 가진 사람을 고용했을 때, 어떤 역할을 할 수 있을지 구체적으로 알 수 있어야 한다는 인식이 생긴 이유다. 홍콩정부는 유럽과 호주, 뉴질랜드의 선진화된 직업교육체계를 살펴본 후, 홍콩만의 역량체계인 HKQF를 만들게 됐다. HKQF 인증을 받게 되면 역량 등록서에 올라가게 된다.

HKQF는 전체 7단계로 이뤄져 있다. 학사가 4단계, 석사가 6단계, 박사가 7단계다. 특징은 학위와 직업교육을 일원화했다는 것이다.

심슨 푼 "역량체계를 지역별로 통합시키는 게 필요하다."

현재 직업교육을 받고 있는 사람들도 나중에 석사와 박사를 딸 수 있도록 한 것이다. 중국과 차별화돼 있는 부분이다. 중국의 경우 직업훈련과 일반 학위가 분리돼 있다. 홍콩의 경우 모든 직업훈련 프로그램마다 학점과 연계돼 있어, 필요한 학점을 모두 취득할 경우 학위를 받을 수 있다.

사실 인증제도라는 것이 말처럼 쉬운 건 아니다. 예컨대 5단계 프로그램을 정할 때는, 왜 이 프로그램이 5단계 수준인지를 설명할 수 있어야 한다. 굉장히 복잡하다. 5단계를 수료한 학생들을 보고 고용주들이 "레벨 5라서 역량이 있을 것이다"라고 확신하게 만들기 위해선 신뢰도가 중요하다. 사람마다 역량이 다르기에 정확히 똑같은 수준으로 맞출 순 없다. 경주용 자동차가 아무리 뛰어나도 운전자의 실력이 떨어지면 차의 속도가 느린 것과 마찬가지다. 하지만 기대역량치에 실제역량을 맞춰주려 최대한 노력하고 있다. 내부적인 품질관리 시스템을 엄격히 해야만 가능한 일이다.

현재 HKQF엔 5,800명의 직원이 있다. 강사도 있고 행정직도 있다. 200개 정도의 다양한 프로그램을 운영하고 있다. 여러 인증제도와 우리의 직업교육체계를 통합하고 있다. 더욱이 홍콩은 국제도시다. 홍콩에서 인증을 받으면 다른 나라에 가서도 비슷한 능력을 인정받을 수 있도록 하는 체계를 고민하고 있다. 유럽엔 이 제도가 ETF란 이름으로 통합돼 있다. 이렇게 역량체계를 지역별로 통합시키는 게 필요하다.

 심슨 푼

홍콩 직업교육과 국가역량체계 부문 전문가다. 호주의 모내시대를 졸업했다. 홍콩대 경영학부 교수를 역임했고, 홍콩 직업교육의회(VTC)에서 담당 부장을 맡아 홍콩의 직업 교육을 이끌었다. 직업교육저널의 에디터, 세계은행(WB)의 컨설턴트로 일했다. 호주 스완번대에서 '최고의 젊은 연구가상'을 타기도 했다.

 | 강연 | ❷
호주 견습제도의 성공 비결
멜리사 맥키완(호주 산업부 부국장)

젊은 사람들은 그들의 열망이 대학 교육을 통해 이뤄질 수 있다고 생각한다. 하지만 안타깝게도 현실은 그렇지 않다. 전체 사회를 봤을 때도 이토록 많은 사람들이 대학에 가는 건 바람직하지 않다. 어떤 일자리는 학문적으로 많은 지식을 갖고 있는 사람보다 기술적으로 숙련된 사람이 필요하기 때문이다.

호주의 직업훈련시스템을 소개하겠다. 우린 전국적으로 합의된 일반적 품질기준에 맞춘 기술과 자격을 제공하고 있다. 중요한 것은 국가 공인이란 것이다. 예컨대 철저한 인증을 통한 자격증을 배관공과 배선공들에게 제공하면 고용주들은 이들이 어떤 수준의 자격을 갖고 있는지 쉽게 알 수 있다. 각 기관이 직접 평가하지 않아도 국가가 일반적인 평가 기준을 제공하는 것이다. 이 같은 시스템은 직업 간의 이동도 용이하게 한다. 일터마다 경력이 인정되면서다.

직업훈련시스템은 여러 단계로 구성돼 있다. 모든 단계에서 훈련시스템의 품질이 보장되고, 많은 산업이 적극적으로 시스템에 참여하고 있다. 고용주뿐만 아니라 노동조합도 시스템에 포함돼 있다. 호주의 1차 자격체계는 1975년에 처음 생겼다. 추후 개정을 통해 2005년 10단계 제도가 정착됐다. 이중 6단계는 직업훈련과 연관되어 있다. 호주의 직업훈련시스템엔 3,200개의 자격증과 4,800개의 등록훈련기관, 73개의 트레이닝 패키지가 있다. 다양한 연령대와 성별의 학생들이 교육을 받고 있다. 전체 직업교육시스템 학생의 36%가 25~44세. 10~29세는 25%를 차지한다. 전일제 학생은 17%, 반일제 학생은 83%다.

중요한 것은 직업훈련시스템이 고등교육시스템과 연계돼야 한다는 사실이다. 예를 들어 어떤 사람이 보육 쪽의 일을 해왔다고 하자.

멜리사 맥키완 "직업훈련제도는 개인과 기업 모두에게 좋은 결과를 가져온다."

보육 경험이 쌓이면 보조교사로 일할 수 있는 기회도 주어지고, 나중엔 유아교육 학사 학위까지 받을 수 있는 연계가 필요하다. 이렇게 젊은이들의 열망을 채워줄 수 있는 시스템을 만들어야 한다.

복수의 경로를 제공해 사람들이 배움을 이어나갈 수 있다. 어떤 이들은 교육기관에서 교육을 받고, 어떤 이들은 현장학습을 할 수도 있다. 호주 노동계의 중요한 제도가 견습제도와 훈련제도다. 주요 산업 부문에서 전체 직원의 20%가량이 견습생들이다. 추후 견습생이 정규직으로 채용되는 경우도 많다. 레스토랑 견습생이 식당경영 수업을 받고 식당을 오픈할 수 있다. 견습생 제도는 전통적인 기술은 물론 엔지니어링, 건강, 교육, 상거래 부문 모두에 적용할 수 있다.

호주의 견습 훈련 제도를 살펴보면 20~25%는 공공분야의 직업훈련교육이다. 보통 견습은 3~4년 정도 진행되는데 기간은 분야별로 다를 수 있다. 기간이 아주 짧은 단기 견습제도도 있다. 호주의 견습제도는 현장훈련을 강조한다. 학교를 다니고 학습을 하면서 현장에서도 배울 수 있도록 하는 것이다. 여기서 고용주와 훈련기관과의 관계가 중요하다. 고용주가 없으면 견습생이 존재할 수 없다. 고용주는 OJT 교육을 제공하고, 견습생은 여러 기술을 배울 수 있다. 견습생의 보수는 전문 직원보단 적지만 일정 수준은 유지하고 있다. 소기업의 경우 견습생을 3~4년씩 채용하기에는 부담이 크기 때문에 일정 부분 정부의 지원이 이뤄진다.

왜 사람들은 견습생 제도에 참여하는 걸까? 견습생의 경우 공부를 하면서 소득을 올릴 수 있다는 장점이 있다. 견습 기간이 끝나면 국가적으로 인정되는 자격증을 얻고, 대학 학위와 비슷한 학위도 얻을 수 있다. 또 정부에서 견습생과 고용주에게 재정적 지원을 하고 있다.

한 가지 예를 살펴보자. 2011년 전력 회사 견습생이었던 조슈아 씨를 소개하고 싶다. 그는 전선을 갖고 작업하는 배선공이다. 4년 견습을 했다. 그는 견습을 자신의 인생에서 최고로 잘한 결정이라고 말한다. 견습 기간을 통해 인생의 방향을 찾고, 소득과 전문인력 증명서까지 얻었기 때문이다. 조슈아 씨는 견습제도에 참여하기 전엔 그다지 눈에 띄지 않는 경력만을 갖고 있었는데, 견습제도를 통해 소득은 물론 고용주의 신뢰를 얻게 됐다.

또 다른 예는 맥카렐 씨다. 그는 건설회사에서 견습생을 고용하고 있는 고용주다. 건설산업은 건설 쪽으로 커리어를 쌓으려는 사람을 계속해 찾고 있다. 기업의 미래 리더를 찾는 것이다. 맥카렐 씨는 견습생이 기업의 보물이라고 말한다. 그들을 잘 훈련시킬 수만 있다면 기업은 꼭 발전한다는 것이다.

호주의 견습제도가 전 세계의 주목을 받는 것은 결과가 매우 좋기 때문이다. 훈련생과 견습생들은 수료 후 받은 임금이 대학 졸업생 평균임금보다 높다. 고용주들도 다양하다. 대기업들만 견습생을 활용하는 게 아니라 작은 기업들도 견습생을 쓴다. 미용실을 비롯한 1~2인 기업도 견습생을 고용하고, 이를 투자로 생각한다.

호주는 견습제도뿐만 아니라 산업 안에서의 인력 재교육을 위한 지원도 제공하고 있다. 경제 구조가 바뀌면서 사회가 필요로 하는 직업들 또한 변하고 있다. 자격증 하나를 갖고 있다고 해서 평생 먹고 살수는 없는 세상이다. 정부는 국가펀드를 통해 기존 직원들의 훈련 자금을 평균 60%까지 제공하고 있다. 소기업의 경우 67%까지 지원한다.

이렇듯 직업훈련제도는 개인과 기업 모두에게 좋은 결과를 가져온다. 가장 중요한 것은 품질 보장이다. 시스템만 있다고 되는 게 아니라 실제적인 서비스가 제대로 이뤄져야 한다는 얘기다. 산업의 적극적인 참여가 효과적인 결과를 낳는다. 뛰어난 역량을 갖춘 인재들을 육성하고 있는데, 현장에서 이를 쓰지 못한다면 이건 국가적 손실이다.

 멜리사 맥키완

1998년 호주 공영방송국 커뮤니케이션부에서 일을 시작해, 1999년 호주 문화정보부에서 프로그램 관리를 맡았다. 2006년부터는 호주 직업교육체계의 포트폴리오를 작성, 평가해왔다. 현재는 호주 산업부에서 일종의 장기인턴제도인 '견습제도'를 관리하며 호주 산업인력관리를 맡고 있다.

학력이 아닌 능력으로 평가해야

조정윤(한국직업능력개발원 선임연구위원)

한국은 홍콩과 호주처럼 국가역량체계를 빨리 도입하려 노력하고 있다. 사실 어떻게 보면 홍콩은 후발주자다. 호주가 1세대라고 하면 홍콩은 2세대다. 아직 도입이 안 된 한국의 경우 3세대쯤 될 것이다. 한국은 다른 나라의 사례를 배울 때 호주와 홍콩의 경험을 둘 다 살펴야 할 것이다.

그런데 홍콩은 2008년 도입 전까지 2002년부터 도입하겠다는 논의가 시작된 것으로 안다. 그런데 도입까지 5년이 넘게 걸렸다. 굉장히 오랜 준비기간을 걸친 것이다. 어떠한 장애물이 있었는지 궁금하다. 또한 각 프로그램의 일정한 수준 유지와 기준을 정하는 것에 힘든 점이 많을 텐데 그 또한 국가가 전적으로 책임져야 한다고 생각한다. 기술적인 자격과 학문적인 자격의 가치가 같을 수는 있지만 내용이 동일할 수는 없다. 이를 감안하고 적용하는 게 기본적인 원칙이다. 가치가 동등할 수 있다는 전제 하에 통합 단계를 짜는 것이다.

호주의 견습제도에 참여한 이들이 대학졸업생들보다 연봉을 더 받는다는 것은 상당히 고무적인 얘기다. 한국에선 완전히 거꾸로다. 고등학교 졸업생의 봉급 수준은 대학 졸업생의 3분의 2 수준밖에 되지 않는다. 능력중심사회로 가자고 하는 말은 학력이 아닌 능력에 의해 임금과 채용이 결정되어야 한다는 말이다. 직무능력평가제를 도입해서 채용과 승진에도 연공서열과 학력보다는 능력을 보겠다고 해야 한다.

| 토론 | ❷

모든 이해관계자가 참여하는 게 중요

슬라바 페벡 그림(유럽직업훈련센터 선임연구위원)

중요한 것은 변화하는 노동시장에 어떻게 개인의 수요를 맞출 수 있느냐다. 유럽은 각 국가들이 만들고 있는 역량체계가 있다. 대부분의 유럽 국가가 긴 역사를 갖고 있다. 독일, 프랑스, 영국이 대표적이다. 다만 새롭게 합류한 회원국들도 있다. 어떻게 자격 제도들을 노동시장에 맞춰 통합할 수 있을까?

다른 말로 노동시장의 현재 상황과 요건들을 직업훈련시스템에 도입해야 한다는 얘기다. 특히 유럽은 각 국가마다 다양한 시스템이 있다. 국가마다 전통도 다르고, 역량이란 단어에 대한 정의도 다르다. 같은 시스템 안에 녹이겠다는 의지를 갖고 통합된 역량체계를 만들어냈다.

유럽의 역량체계는 평생교육을 보장해주고 인증 시스템을 통해 여러 경로를 통해 획득한 기술과 지식을 일관적으로 인증해준다. 유럽에서 역량체계가 마련된 가장 큰 이유는 투명성을 높여 각기 다른 경력의 교육과 훈련을 받은 사람들의 수준을 평가하게 해주는 것이다. 결국 고등교육과 직업훈련 간의 통로를 열어준다는 얘기다. 각종 역량들이 어떠한 공통점과 차이점을 가졌는지, 같은 레벨에서 묶을 수 있는지가 우리의 고민이다.

역량체계에 모든 이해관계자가 참여하는 게 중요하다. 정부는 물론 회사, 직원들이 모두 참여할 수 있다. 이해당사자 간의 파트너십을 통해 자격제도에 대한 신뢰가 커질 수 있다.

03 세상을 리드하는 법을 배운다

미국 웨스트포인트 육군사관학교는 미 경제전문지 포브스의 대학 평가에서 매년 아이비리그의 명문대학을 제치고 상위랭킹을 차지하고 있다. 2009년 1위로 우뚝 올라섰다가 올해는 그보다 다소 떨어진 7위를 차지했지만, 여전히 미 동부의 사립 명문대보다 순위가 높다. 매년 입학 지원자 중 12%만이 입학할 정도로 경쟁률도 높다.

  비결이 뭘까? 학비가 없고, 기숙사도 무료로 제공된다는 경제적 이점도 있다. 하지만 웨스트포인트 사관생도들은 혜택만큼이나 엄격한 규율을 지키면서 교육을 받는다. 다른 대학생들이 밤에 술 마시고, 아침 수업을 빼먹고, 운동을 거를 때 웨스트포인트 생도들은 줄 맞춰 식사를 하고, 매일 2~3시간씩 운동한다. 기숙사에서 술은 엄격히 금지된다. 통합교육이 강해 영문학을 전공하는 학생들도 미적분학을 들어야 하며, 화학을 전공하는 학생들도 철학을 수강해야 한다.

사관생도들은 엄격한 규율 속에서 4년간 생활하면서 지식과 체력, 인격을 갖춘 인재로 성장한다. 특히 군에서 뿐 아니라 사회에서 리더 역할을 할 수 있는 인재들로 양성하는 게 웨스트포인트의 교육 목표다.

티머시 트레이노어 웨스트포인트 학장은 〈글로벌 인재포럼 2013〉 세션을 통해 '명문' 웨스트포인트의 인재육성 방법과 교육 이념을 소개했다. 1시간 30분간 진행된 강연에서 트레이노어 학장은 '실패'의 중요성을 끊임없이 강조했다. 명문대학답게 매년 우수한 고교생들이 입학을 하는데, 이들이 실패를 맛볼 수 있도록 교육 커리큘럼을 힘들게 짠다. 그렇게 실패를 경험한 생도들은 이를 극복하고, 이를 통해 한 단계 성장하도록 한다는 것이 인재육성의 첫 번째 단계다.

사관생도들은 4년간의 교육 과정에서 학자(scholar)이자 전사(warrior)로 양성된다. '아테네의 지성'과 '스파르타의 육체적 강인함'을 모두 갖춘 인재로 양성하는 것이 웨스트포인트의 목표다. 이를 위해 강도 높은 교육을 받은 생도들은 졸업할 때가 되면 학교 밖 현실세계에서 또는 전장(戰場)에서 일어나는 다양한 문제에 비판적으로 생각하고 창의적인 해결책을 내놓을 수 있을 정도로 성장하게 된다고 트레이노어 학장은 설명했다.

'지덕체'를 겸비한 인재육성

티머시 트레이노어(미국 웨스트포인트 학장)

웨스트포인트 미국 육군사관학교는 캐나다에서 뉴욕시까지 이어지는 허드슨 강의 서쪽 지역에 자리 잡고 있다. 1778년 미국과 영국 간 전쟁 때 조지 워싱턴 장군이 어떻게 뉴욕을 장악할지 고민하던 중 웨스트포인트에 요새를 지었고, 이것이 육사가 세워지는 단초가 됐다. 이후 1802년 육사를 설립하는 법이 제정됐고, 그때부터 웨스트포인트가 지금까지 200년 넘게 이어져 오고 있다.

웨스트포인트 동문들은 졸업 후 사회에서도 비즈니스 리더로서 활약 중이다. 에릭 신세키 미 보훈부 장관, 밥 맥도널드 전 P&G 최고경영자, 닐 암스트롱에 이어 인류사상 두 번째로 달에 발을 디뎠던 우주인 버즈 알드린 등이 모두 웨스트포인트에서 수학했다.

웨스트포인트는 200년 전통을 자랑하는 육군 장교 양성기관이자 아이비리그 못지않은 명문대학이기도 하다. 미 경제전문지 포브스의 대학 평가에선 매년 아이비리그의 명문대학들을 제치고 상위 랭킹을 차지하고 있다. 올해 순위는 7위. 매년 지원자 중 12%만이 입학할 수 있을 정도로 들어오기가 매우 어렵다.

웨스트포인트의 교육 목표는 사관생도들을 학자(scholar)이자 전사(warrior)로서 육성하는 것이다. '아테네의 지성'과 '스파르타의 육체적 강인함'을 모두 갖춘 인재로 양성하는 것이 목표다. 학자이자 전

티머시 트레이노어 "실패를 맛볼 수 있도록 웨스트포인트의 교육 커리큘럼은 매우 어렵고 힘들게 짜여져 있다."

사인 인재가 나올 수 있느냐는 의문이 있을 수 있는데, 가능하다. 옛말에도 학자와 전사를 구분하는 나라에선 전투는 겁쟁이들이 하고, 연구는 어리석은 자들이 한다고 했다. 웨스트포인트를 이해하려면 이런 교육 목표의 '이중성'을 이해해야 한다.

웨스트포인트는 사관생도들을 '인격의 리더'로 성장할 수 있도록 교육시킨다. 사관생도들이 졸업 후 사회에 나가서도 명예를 갖고 조국에 헌신하는 마음으로 일할 수 있도록 하는 것이다. 명예와 조국애를 갖고 있는 졸업생들은 졸업 후 의무 복무 기간인 5년 외에도 20~30년간 더 군에서 활동하기를 희망한다. 그만큼 조국에 대해 봉사하려는 열정을 갖고 있는 것이다.

웨스트포인트의 교육 방식의 초점은 '실패의 경험과 이를 극복하는 능력 배양'에 맞춰져 있다. 20대 청년들은 '사람은 누구나 실패를 경험한다'는 사실을 잊거나 이해하지 않으려 한다. 하지만 자꾸 넘어지고, 거듭된 실패 속에서 새로운 것을 배워야 사회가 원하는 인재로 성장할 수 있다.

웨스트포인트에는 매년 미국 내 최고 수준의 고교생들이 입학한다. 인생에서 큰 실패를 겪어보지 못한 학생들이다. 이들이 실패를 맛볼 수 있도록 웨스트포인트의 교육 커리큘럼은 매우 어렵고 힘들게 짜여져 있다. 개인의 성장은 실패로 이뤄진다. 실패에 어떻게 반응하고, 이를 극복하느냐에 따라 성공이 가능한 것이다. 물론 교수들은 생도들이 실패만 하게 하는 것이 아니라 이를 극복하고, 잠재력을 키울 수 있도록 지원하고 있다. 멘토 제도나 클럽 활동도 이를 뒷받침하고 있다.

생도 교육은 세 가지 측면으로 나뉘어 이뤄진다. 지적 개발, 군사적 개발, 신체 개발이다. 각각 순차적인 교육 단계가 있다. 지적 개발은 다른 대학과 마찬가지로 저학년 땐 교양 과목 위주로, 3~4학년 땐 전공 위주의 수업을 듣는다. 전공은 인문학부터 사회학, 과학, 수학까지 다양하다.

요즘엔 최소한 한 가지 이상의 외국어로 기본적인 의사소통이 가능하도록 교육한다. 모든 생도들은 외국어 하나를 택해 최소한 2학기 이상 관련 수업을 듣도록 의무화했다. 인문학 전공자의 경우 최소 3~4학기로 기간이 늘어난다. 전공하는 외국어와 관련한 지역사와 지리도 필수 이수 과목에 포함된다.

군사적 발달 과정을 보면 모든 생도들은 1~2학년 때 '팔로우어'

로서 훈련을 받는다. 좋은 리더가 되려면 좋은 팔로우어로서 훈련을
받아야 한다. 조직 안팎에서 신뢰를 구축하는 능력도 교육한다. 조직
을 이끌기 위해서는 구성원들이 서로 믿고 의지할 수 있도록 해야 한
다. 조직 구성원이 서로 신뢰해야만 성공을 일궈낼 수 있다. 이런 경
험을 쌓다가 4학년이 되면 장교직을 맡아 소부대의 리더 역할을 수
행한다.

신체 발달을 위해 생도들은 매일 체력 단련과 운동을 하게 된다.
모든 생도들이 운동선수 수준의 운동을 하고, 매년 체력검사를 통과
해야 한다.

세 가지 교육적 측면에 반드시 추가해야 할 것은 인격 교육이다.
인격의 개발은 모든 교육 과정에 포함돼 있다. '인격의 리더'가 되는
것이 웨스트포인트 교육의 최종 목표다.

이렇게 '지덕체'를 겸비한 인재로 거듭나기 위해 웨스트포인트의
생도들은 엄격한 규율 속에서 체계적인 생활을 하며 교육을 받는다.
다른 대학생들은 밤에 술 마시고 아침 이른 수업을 빼먹곤 하지만,
웨스트포인트 생도들은 줄 맞춰 밥을 먹고 매일 2~3시간씩 운동한
다. 술도 엄격히 금지된다.

4학년이 되면 사관학교 밖의 현실 세계에서 일어나는 문제를 해결
할 수 있는 방법을 찾아서 제출해야 한다. 논문 형태일 수도 있고, 기
기를 설계해서 낼 수도 있다. 중요한 점은 그들에게 주어진 문제가
미리 정해지지 않으며, 상당 부분은 외부 민간 조직과 연관된다는 것
이다. 생도들 가운데 상당수는 이를 위해 방학기간 단기 인턴으로 민
간 분야 경험을 쌓는다. 미래에 조직을 이끌면서 부딪치게 될 문제들

을 비판적으로 생각하고, 창의적인 해결책을 갖추도록 하는 데 도움
이 된다.

 티머시 트레이노어

1983년 웨스트포인트를 졸업하고 2001년 노스캐롤라이나주립대 산업공학 박사학위
를 받았다. 2002년 북대서양조약기구(NATO) 보스니아–헤르체고비나 평화유지군
(SFOR) 작전참모 등 야전에서 경험을 쌓다가 2003년 웨스트포인트 교수로 임용됐
다. 2006년 시스템공학과 학과장을 거쳐 2010년부터 웨스트포인트 학장으로 재임
중이다.

▶ 청중 1: 웨스트포인트엔 생도들이 꼭 지켜야 할 명예규율이라는 게 있다는데, 이 것이 무엇인가? 그리고 이런 규율은 왜 만들었나?

▶ 트레이노어 학장: 명예규율은 매우 짧다. '거짓말하지 않고, 도둑질하지 않으며 사 기를 치지 않는다. 그리고 이런 일을 하는 사람을 보면 묵인하지 않는다'이다. 생 도들은 이 규율을 반드시 지켜야 한다. 하지만 생도들이 이 규율을 지키는지 안 지키는지는 학교나 교수가 하는 것이 아니다. 생도들이 스스로 한다. 생도 스스로 명예롭게 살자는 의식을 갖게 하는 게 이 규율을 만든 취지다. 한 생도가 규율을 위반하면 생도들 스스로가 조사하고 재판을 한다. 규율을 위반했는지 여부를 판 단하고, 교장에게 어느 정도의 처벌이 필요한지 권고한다. 이 과정에서 생도들은 명예롭게 사는 것이 무엇인지 경험하게 된다.

▶ 청중 2: 명예규율을 어기면 어떤 처벌을 받나?

▶ 트레이노어 학장: 바로 퇴학을 당하는 것은 아니다. 특히 1~2학년은 규율을 위반 해도 6개월~1년 동안 멘토에게 추가 교육을 받게 돼 있다. 저학년들은 실수를 할 수 있으니까. 하지만 상급생들은 바로 퇴학 조치를 받을 수도 있다.

▶ 청중 3: 생도들은 얼마나 바쁜가. 잠은 잘 자는 편인가?

▶ 트레이노어 학장: 많이 자면 4~5시간 자는 것 같다. 웨스트포인트에서의 생활은 매

우 바쁘다. 새벽 5시에 하루를 시작해 수업은 오전 6시부터 오후 4시까지 이어진다. 그 이후엔 체력 단련 시간이 이어진다. 밤 12시가 되면 소등할 것을 권장하지만, 밤새 공부하는 생도들도 있다. 학업량이 많으면 학생들이 따라가기에 급급하고, 교육받은 내용을 되새겨 자신만의 것으로 축적하기 어렵긴 하다. 하지만 요구되는 학습량이 많기 때문에 생도들이 짧은 시간에 비판적인 사고능력을 키울 수 있기도 하다. 생도들이 사고력과 판단력을 배양할 수 있도록 교육과정을 계속 바꾸고 있다.

▶ 청중 4: 한국 육사에선 교내 성폭행과 관련된 논란이 있었다. 웨스트포인트도 그런 문제가 있나?

▶ 트레이노어 학장: 소수이지만 일어난다. 생도들이 미국 각지에서 서로 다른 배경을 갖고 있다 보니 이런 문제가 발생할 수 있다. 웨스트포인트는 생도 간 서로를 존중하는 교육을 강화하고 있다. 모든 사람을 존엄성 있게 대하자는 것이다. 존중과 관련된 교육 프로그램들이 다수 있다.

▶ 청중 5: 웨스트포인트에서는 남성과 여성이 받는 교육 프로그램이 다른가?

▶ 트레이노어 학장: 프로그램은 완전히 똑같다. 같이 생활하고 같은 교실에서 수업을 듣는다. 다만 체력 훈련 과정에서 여생도들은 복싱을 안 하고 격투기를 더 배우는 편이다. 신체 테스트도 동일하게 받는다. 웨스트포인트에서 생도 중 16%가 여성이고, 이 비율은 계속 증가하고 있다. 내년엔 25%까지 늘어날 것으로 본다. 군이 전환기에 있다는 것을 보여주는 것이다. 군에서도 더 많은 자리가 여성에게 열리고 있다.

▶ 청중 6: 졸업률은 얼마나 되나?

▶ 트레이노어 학장: 매년 4학년 학생 중 78~80%가 졸업을 한다. 생도들은 의무 복무기간이 끝나면 모두 원하는 직장을 구할 수 있다. 포브스의 대학 평가에서도 보듯, 웨스트포인트 생도들은 학자금 대출이란 게 전혀 없다.

미 육군을 이끄는 리더로서의 자질

Q 21세기에 접어들면서 전쟁 수행 방식이 급격히 변화하고 있습니다. 미 육사는 어떻게 대응하고 있나요?

A 미군은 어느 때보다 더 복잡하고 유동적인 환경에서 작전을 수행하게 됐다. 불확실한 환경에서 제한적인 정보만 갖고 빠르게 의사결정을 내려야 하는 상황이 잦아진다는 얘기다. 장교가 뛰어난 성과를 내기 위해서는 불확실하고 복잡한 환경 속에서 사람들과 조직을 이끌 수 있는 능력을 갖춰야 한다. 이런 상황에 발맞춰 점점 다양한 교육과정을 운영하고 있다. 가령 사전에 정해지지 않은 시나리오를 제시한 뒤 생도들이 스스로 상황을 파악하고 의사결정을 내리게 하는 방식의 과정을 늘리고 있다.

Q 미 육사가 가장 중점을 두는 교육 목표는 무엇입니까?

A 웨스트포인트는 생도들이 미 육군을 이끄는 리더로서의 자질을 기르도록 하고 있다. 지적, 군사적, 육체적, 윤리적인 부문에서 총체적인 능력을 갖출 수 있도록 교육한다. 웨스트포인트 학장이자 최고교육책임자(Chief Academic Officer)로서 핵심 목표는 생도들이 장교에게 적합한 지적 능력을 계발하도록 하는 것이다. 현 시점에서 예측하기 어려운 매우 유동적인 환경에 처하게 될 미래의 장교들은 비판적 사고력과 창의력뿐만 아니라 커뮤니케이션 능력, 윤리적 사고 능력, 인문학·사회과학·자연과학·공학 등 각 분야에 걸친 전문적인 지식을 모두 갖춰야 한다. 다양한 교과 과정을 제공해 종합적이고 탄탄한 지적 기반을 갖출 수 있도록 한다는 게 미 육사의 기본적인 방침이다.

Q 창의성 교육은 어떻게 하나요?

A 생도들이 장교로 임관한 뒤 겪게 되는 작전환경은 늘 불확실하고 복잡하다. 웨스트포인트의 교육은 여기에 대응할 수 있는 능력을 기르는 데 초점을 맞추고 있다. 예를 들어 미 육사 생도는 4학년이 되면 사관학교 밖의 현실 세계에서 일어나는 문제를 해결할 수 있는 방법을 찾아서 제출해야 한다. 논문 형태일 수도 있고, 기기를 설계해서 낼 수도 있다. 중요한 점은 그들에게 주어진 문제가 미리 정해지지 않으며, 상당 부분은 외부 민간 조직과 연관된다는 것이다. 생도들 가운데 상당수는 이를 위해 방학기간 단기 인턴으로 민간 분야 경험을 쌓는다. 미래에 조직을 이끌면서 부딪치게 될 문제들을 비판적으로 생각하고 창의적인 해결책을 내놓을 수 있는 능력을 갖추도록 하는 데 도움이 된다.

Q 일반 대학보다 규칙이 엄격하고 학업량이 많은 환경이 창의력을 키우는 데 저해가 되지는 않나요?

A 어느 정도는 동의한다. 학업량이 많으면 학생들이 따라가기에 급급하고, 교육받은 내용을 되새겨 자신만의 것으로 축적하기 어렵긴 하다. 하지만 요구되는 학습량이 많기 때문에 생도들이 짧은 시간에 비판적인 사고능력을 키울 수 있기도 하다. 생도들이 사고력과 판단력을 배양할 수 있도록 교육과정을 계속 바꾸고 있다.

Q 미군이 전 세계에서 활동하는 점을 감안하면 장교들의 글로벌 역량 배양도 중요해 보입니다.

A 최소한 한 가지 이상의 외국어로 기본적인 의사소통이 가능하도록 교육한다. 지역 전문가 양성 과정도 있다. 모든 생도들은 외국어 하나를 택해 최소한 2학기 이상 관련 수업을 듣도록 의무화했다. 인문학 전공자의 경우 최소 3~4학기로 기간이 늘어난다. 전공하는 외국어와 관련한 지역사와 지리도 필수 이수 과목에 포함된다.

Q 군 조직을 이끌기 위해 갖춰야 하는 또 다른 능력은 무엇일까요?

A 조직 안팎에서 신뢰를 구축하는 능력이다. 조직을 이끌기 위해서는 구성원들이 서로 믿고 의지할 수 있도록 해야 한다. 조직 구성원이 서로 신뢰해야만 성공을 일궈낼 수 있다. 군사적인 목표를 달성하고 안정적으로 상황을 관리하기 위해 현지 민간인들과 신뢰를 구축하는 능력도 중요하다.

Q 미 육사가 다른 선진국 사관학교보다 민간 영역에서 인정받는 이유는 무엇일까요?

A 입학하는 생도들이 자질이 뛰어난 데다, 교수진의 역량도 최고 수준이다. 교수들은 웨스트포인트 밖의 민간 분야에서 활발하게 활동하면서 인정받고 있다. 육사 출신이 대통령을 비롯해 대기업 최고경영자, 공공기관장을 역임해 성과를 내는 것도 미 육사가 인정받는 이유다.

Q 미 육사 출신이 다양한 영역에 진출하고 있는데, 훌륭한 장교는 민간 분야에서도 성공할 수 있다고 보십니까?

A 장교들은 젊었을 때부터 전투 같은 어려운 상황 속에서 대규모 조직을 운영하는 경험을 키운다. 민간 분야의 동년배들은 비슷한 경험을 하기 힘들다. 이런 리더십 경험은 민간 분야에서도 조직을 이끄는 데 유용하게 활용할 수 있다.

한국사회 웨스트포인트 동문

미국 육군사관학교 출신 동문들은 한국사회에도 광범위하게 퍼져 있다. 대표적인 모임인 한국웨스트포인트동문회(Westpoint Society of Korea, WPSK)는 2009년 창립됐으며 회원은 200여 명에 달한다. 대부분 주한미군 등으로 근무 중인 군인이다. 한국계는 20여 명으로 대부분 동포 2세다. 1년에 한 차례 정도 정기모임을 갖는다.

주한미군 중에는 커티스 스캐퍼로티 주한미군사령관이 최고위직이다. 웨스트포인트를 1978년 졸업한 스캐퍼로티 주한미군사령관은 2013년 9월 한국에 부임했다. 그는 1985년부터 4년간 웨스트포인트에서 전술장교와 훈련캠프 부감독 등을 맡아 이 학교에 각별한 애정을 갖고 있다.

WPSK는 브루스 버워 CH2M 미군 평택기지이전 사업단장이 회장을, 팻 게인스 보잉코리아 사장 겸 주한미국상공회의소(AMCHAM) 회장, 박명진 에이시&M컨설팅 사장 등이 부회장을 맡고 있다. 한국인으로는 이성용 베인앤컴퍼니 코리아 대표, 안승범 GE 글로벌조선해양부문 사장, 손창민 도이체방크 한국지점 자본시장본부장 등이 참석한다.

이성용 대표는 "GM, GE, P&G 등 많은 미국 대기업들이 웨스트포인트 출신을 선호하며, 그 중 다수가 임원급 이상 리더로 성장하는 등 능력을 보여주고 있다"며 "조직 관리와 운영 역량을 체계적으로 익힐 수 있다고 판단하고 있기 때문"이라고 설명했다.

다른 한국인 동문들도 웨스트포인트에서 학습한 경험이 기업 경영에 결정적 도움이 됐다고 밝혔다. 박명진 사장은 "웨스트포인트에서는 일반적인 대학교와 달리 생도 시절부터 끊임없이 반복적으로 리더십에 대해 익힌다"며 "모교 교훈인 책임(duty)·명예(honor)·국가(country) 등이 머리와 몸에 체화된 졸업생들은 민간에서도 성공할 수 있는 충분한 경쟁력을 갖추게 된다"고 말했다.

군 출신으로서는 특이하게 금융업에 몸담고 있는 손창민 본부장은 "어려울 때 앞장서 희생하면서 조직을 추스르고 구성원들의 결속력을 높일 수 있는 능력이 웨스트포인트 출신에게는 당연한 것"이라며 "상품과 시장구조가 복잡·다양해지고 있는 금융산업에서도 충분한 경쟁력을 인정받고 있다"고 강조했다.

🌐 05 미래의 키워드를 말하다

〈글로벌 인재포럼 2013〉 특별세션의 발표자로 나선 프랜시스 후쿠야마 미국 스탠퍼드대 석좌교수는 "세계 경제회복의 원동력은 중산층이고, 중산층 확산을 위해선 직업교육을 중시하는 독일 모델이 대안"이라며 중산층의 중요성을 강조했다.

후쿠야마 교수는 "앞으로 세계 정치와 경제를 이끌어갈 동력은 교육받은 중산층"이라며 "중동, 남미 등에서 일어난 수많은 시위와 민주화는 모두 이들의 힘으로 이룬 것"이라고 했다.

그는 "문제는 선진국의 중산층"이라며 "개발도상국에서는 중산층이 늘어나면서 민주주의를 강화하는 데 도움을 주고 있지만 선진국에선 중산층의 소득이 줄고 경제적 불평등이 확산되고 있다"고 우려했다. 선진국에서 시장경제 체제와 민주주의를 안정적으로 유지해주는 근간인 중산층이 붕괴되지 않도록 하는 방안을 마련하는 게 시급하다고 조언했다.

선진국에서 중산층 소득이 줄어드는 가장 큰 이유는 기계화, 자동화로 인해 중산층이 종사하던 일자리가 줄어들기 때문이라고 분석했다. 고령화로 헬스케어 부문 등에서 새로운 일자리가 늘고 있지만 지금과 같은 엘리트 중심의 교육으로는 여기에 적응할 수 없다는 게 후쿠야마 교수의 지적이다.

후쿠야마 교수는 "그동안은 좀 더 좋은 대학에 가기 위해 공부하고, 엄청난 등록금과 시간을 투자하는 것이 좋은 일자리를 약속한다고 생각했지만 이제는 다르다. 정답은 아니겠지만 독일 대학 모델은 매우 흥미롭다"며 독일 교육 제도를 소개했다.

독일 대학은 전 세계 대학평가에서 높은 점수를 받지 못하고 있다. 상위 50위 안에 독일 대학은 한 곳도 없다. 하지만 유럽 경제위기 속에서도 꾸준히 경제성장을 이어가는 독일식 성장모델은 주목받고 있다.

후쿠야마 교수는 "독일에서는 직업교육이 대학교육보다 중요시된다"며 "미국에서는 용접공, 기계공이라고 하면 4년제 대학을 못 갔다고 생각하지만 독일에선 이들을 '존중'하고 스스로 '긍지'를 가진다"고 말했다. 그는 "중산층의 소득뿐 아니라 긍지 차원에서 다른 시스템을 가지고 있다"며 "모든 국가에 적용 가능한 모델은 아니겠지만 미국 등 선진국은 지금과는 다른 방식을 찾기 위해 다양한 시도를 할 필요가 있다"고 덧붙였다.

불평등의 심화와 중산층의 미래
프랜시스 후쿠야마(미국 스탠퍼드대 석좌교수)

올해 인재포럼의 주제는 '벽을 넘어서'다. 우리가 경험한 현대사회 벽을 넘자는 것이다. 21세기에 들어서면서 사람들은 사회계층의 벽, 빈부격차 등은 넘어섰고 인종, 성차별 등이 예전 계층의 벽을 대체한다고 생각했다. 하지만 여전히 사회적, 경제적 계층은 여전히 선진국, 개도국 모두에서 중요한 문제로 남아 있다.

오늘 말할 주제는 중산층의 미래에 대한 것이다. 중산층은 개도국과 선진국에서 각기 다르게 영향을 미치며 긍정적인 측면과 우려되는 측면을 모두 가지고 있다.

먼저 좋은 얘기에서 시작하겠다. 글로벌 중산층의 부상에 대한 것이다. 지난 2년간을 보면 세계는 불안정했다. 2011년 1월부터 아랍의 봄이 시작됐다. 이런 움직임은 올해도 계속됐다. 올해 초 터키에서 있었던 시위를 기억할 것이다. 이런 현상의 공통점은 모두 새롭게 부상하는 젊은 중산층에 의해 생긴 것이라는 점이다.

1970년대 이후 세계 경제 생산량은 4배가 늘었다. 이에 따라 중산층으로 분류되는 사람이 크게 늘고 있다. 골드만삭스는 2030년 전 세계 중산층이 20억 명으로 늘어날 것이라고 예상한다. 유럽연합(EU)에서는 2010년 13억 명인 중산층이 2020년 32억 명, 2030년 50억 명으로 늘어날 것이라고 전망한다. 아시아개발은행은 아프리카

프랜시스 후쿠야마 교수 "민주주의는 중산층이 확고할수록 발전하게 된다."

사하라 이남의 중산층이 급증하면서 아프리카 중산층이 3억 명에 달한다고 보고 있다.

중산층은 정치적으로 중요하다. 보편적으로 봤을 때 이들은 혁명과 시위, 광범한 정치변화의 원동력이기 때문이다. 전 세계적인 민주주의의 확산은 중산층에 의한 사회적 혁명에 의해 이뤄졌다. 민주주의는 중산층이 확고할수록 발전하게 된다. 사회 안에 중산층이 폭넓게 존재하면 민주주의가 안정적이기 때문이다.

한국이 좋은 예다. 한국은 1980년대 말 사회적 시위의 결과로 민주화를 이뤘다. 당시 한국은 농업 중심에서 도시 중심 산업화로 변화하면서 전문직이 늘고 많은 대학생이 배출되는 등 교육수준이 높아졌다. 대학졸업자들이 1980년대 시위를 이끌었다. 한국엔 광범위한 중산층이 존재하기 때문에 다시 독재로 돌아갈 순 없을 것이다.

반면 사회적 계층이 존재해 일부가 부와 권력 가지고 자신들에게 피해를 준다고 생각하면 신뢰가 없어진다. 극소수의 부유층과 넓은 빈곤층이 존재하는 불평등한 사회에는 포퓰리즘 정책을 통해 반대세력을 통제하려는 시도가 생긴다.

　중산층은 어떻게 정의할 수 있을까? 많은 연구소들은 전 세계 중산층을 평가할 때 너무 낮은 수준을 적용하는 것 같다. 남미의 중산층을 보면 과거에는 빈곤층이었지만 원자재 가격이 높아지면서 중산층으로 분류됐다. 이들은 원자재 가격이 떨어지면 다시 빈곤해진다. 화이트 컬러, 블루 컬러 등 사회주의자들이 적용하는 기준이 오히려 나을 수 있다. 교육수준도 중요하다. 대학교육을 받은 사람들의 정치적 행태는 교육 수준이 낮은 사람과 다른 모습을 보인다.

　나의 스승인 사무엘 헌팅턴은 가장 위험한 사회계층은 중산계층이라고 했다. 경제적으로 중산층에 속하는데 사회진출의 경로가 막힌 사람들이 가장 정치적으로 위험하다는 것이다. 아랍의 봄에 참여한 사람들의 대부분은 대학교육을 받은 젊은 학생들이었다. 이들은 벤알리 전 튀니지 대통령, 무바라크 이집트 전 대통령 같은 사람들이 자신들이 사회적으로 부상할 수 있는 기회를 막고 있다고 생각했다.

　문제는 시위 등으로 표출된 분노를 어떻게 정치적 개혁으로 연결시킬 수 있을 것인가 여부다. 중산층들은 세계 권력의 문제를 알고는 있지만 그 문제를 해결할 수 있는 방법을 몰라 본질적인 해결은 하지 못하고 다음 단계로 나아갈 수 없다. 가장 우려되는 것은 이들이 지금의 에너지를 지속가능한 정치개혁으로 바꾸는 방법을 알지 못해서 이런 움직임이 해체되는 게 아닐까 하는 점이다.

중국으로 시선을 돌려보자. 중국의 13억 인구 중 4억 명 가량이 중산층으로 분류된다. 중국 정부는 중국은 서양보다 권위를 존중하고 민주주의를 해외산물이라고 보기 때문에 중국은 다르다고 생각한다. 하지만 중국 정치질서의 변화는 사회적인 것이지 문화적인 것이 아니다. 중산층의 행동은 어느 곳에서나 유사하다. 교육수준이 높고 자산이 많을수록 이것을 정부가 뺏을 여지가 있다면 이해관계를 가지고 있는 것이다. 중산층은 빈곤층보다 정부가 자기의 이익을 가져가는 것에 대해 우려한다. 중국도 마찬가지다.

중산층은 기술이나 소셜미디어 등을 활용해 더 많은 사회적 영향력이 생기면서 정부에 더 많은 책임성을 갖도록 압박하고 있다. 얼마 전 중국에서는 고속열차 사고가 났다. 이를 담당하는 정부부처는 열차의 잔재를 숨기는 등 사건을 은폐하려 했다. 하지만 많은 사람들이 휴대폰으로 사건 현장을 찍어서 웨이보라는 SNS에 올렸다. 결국 정부는 수사에 착수했고 담당 장관은 사형선고를 받았다.

중국의 중산층은 현 체제에서 가장 큰 이익을 얻은 사람들이기에 공산당을 지지하고 권위적인 현재 체제를 지지한다. 하지만 앞으로의 중국 모습을 생각해보자. 중국은 경제 성장률을 향후 10년간 7% 목표로 하고 있지만 중간소득 국가에서 고소득 국가가 되면서 성장률은 둔화될 것이다. 단순히 투자를 늘려서 성장을 이어갈 수 없다. 중국에서는 경제적 성장률이 둔화되는데 중산층의 기대는 커지는 것에서 문제가 생길 것이다.

외교 분야에 대해서도 말해보겠다. 동아시아에서 민족주의가 퍼져나가고 있다. 여러 장벽을 내리고 싶어 하는 상황에서 국가들이 새로운 벽을 세우는 것으로 더 위험한 상황을 촉발할 수 있어 우려스럽다.

중국의 중산층들은 국내정책과 외교정책을 바라보는 눈이 다르다. 국내정치 부문에서는 보다 자유로워지도록 개혁을 원하지만 동시에 부모세대 이상으로 민족적인 성향을 보인다.

그렇다고 중국 외교정책이 분쟁을 원하는 것은 아닌 것 같다. 오히려 역사적으로 대국이라는 점을 인정받고 존중받는 것을 원하는 것 같다. 서반구에서 미국이 지배적 강국으로서 자리매김하면서 자기 세력권 국가들에 대한 접근을 막았던 것처럼 중국도 하길 바란다. 문제는 이런 접근법이 다른 민족주의와 충돌을 가져온다는 것이다. 일본도 부흥을 꿈꾸고 있고 이웃국가들도 이를 무마하려고 하고 있다.

현재 동아시아 상황은 유럽과 비교하면 1870년대 같다. 독일의 통일이후 영국과 프랑스가 갑자기 강력해진 독일에 제대로 대응을 하지 못해 제1차 세계대전이 발발했고 유럽은 큰 타격을 받았다. 독일을 기존 국제체제 안에 잘 적응시켰다면 그런 재앙은 없었을 것이다. 동북아는 이런 충돌을 막아야 한다.

선진국 중산층의 상황은 낙관적이지 않다. 개발도상국에서는 중산층이 성장하면서 민주주의의 기반이 됐지만 이미 산업화된 선진국에서는 중산층의 소득이 줄면서 중산층이 줄어들어 경제적 불평등이 심화되는 현상이 확산되고 있다.

불평등은 기술의 변화로 인해 확산되고 있다. 정보와 커뮤니케이션 혁명으로 인해 지능형 기계와 장비가 저숙련 노동력을 대체하고 있다. 예를 들어 예전엔 책을 사기 위해 서점에 갔다. 서점에서 책을 판매하면 저자와 출판사, 물류창고, 소매점 등이 있고 이 과정에서 수많은 저숙련 일자리가 있었다. 지금은 e북을 다운 받아 킨들로 옮길 뿐이다. 이 사이의 저숙련 일자리들이 모두 사라졌다.

불평등이 전 세계로 확산되고 있다. 1970년대 미국에서는 소득 분포 상위 1%의 사람들이 GDP의 7~8%를 차지했지만 2008년에는 이 비중이 24%로 늘었다. 비교적 평등한 사회라고 여겨지는 스칸디나비아 반도 국가들에서도 비슷한 현상이 나타나고 있다.

어떻게 하면 이런 문제를 해결할 수 있을까? 먼저 교육 측면에서 해결책을 생각해보자. 많은 경제학자들이 수십 년 동안 전문 기술을 배워 경쟁에서 살아남으라고 했다. 하지만 이것은 잘못된 접근법이다. 한국, 미국과 같은 국가에서는 이런 엘리트 교육에 투자하는 데 집중했다. 이로 인해 소득격차와 불평등이 심화됐다. 미국은 학생들이 대학학비를 마련하지 못해 빌려 쓴 돈이 1조 2,000억 달러에 달한다. 금융위기를 야기한 주택시장 부채 규모와 비슷한 수준이다. 1960년대 스탠포드대학은 신청자의 50%가 입학할 수 있었다. 지금은 5%에 불과하다. 스탠포드 학생 수는 그대로인데 지원자가 10배로 늘어난 것이다. 결국 사회적으로는 공급이 늘지 않아 효율도 늘지 않는다. 오히려 교육자원 배분의 문제가 생길 수 있다.

중산층 감소, 소득 감소에 대응하기 위해서는 독일과 같이 직업교육, 각종 트레이닝, 지방대학 등 교육 시스템 중 아랫단에 신경을 써야 한다. 미국 등의 가장 큰 문제는 4년제 대학진학 경쟁 자체가 주립대 등에 집중돼 있다는 것이다.

두 번째로 정부와 관련된 벽을 허물어야 한다. 정부는 교육, 안보 등 공공재를 효율적으로 제공해 시민들을 만족시켜야 한다. 정당들은 세력을 확산하고 자신들의 지위를 얻는 것에만 급급하면서 시민들이 원하는 것은 들어주지 못하고 있다. 관료주의도 마찬가지로 책임 있는 모습을 보이지 않는다. 정부는 시민들이 직접 행정을 하지 못해도 정부와 연결할 수 있는 중간 고리를 마련해 책임질 수 있는 새로운 모델을 만들어야 한다.

국제관계에서의 해결책도 생각해볼 수 있다. 동아시아는 국수주의가 심화되고 다자체제는 취약한 상태다. 지난 4년간 가장 큰 현안은 영토분쟁이었다. 동아시아의 많은 국가들이 이것에 연루돼 있다. 이 문제를 해결하는 데는 양자회담보다는 다자관계를 통해 보편적인 규칙을 적용할 수 있도록 하는 것이 중요하다.

세계는 아주 좋은 방향으로 가고 있다. 중산층이 늘고 있고 더 많이 교육 받은 시민들이 등장하고 있다. 문제는 정부가 그 부상을 따라잡지 못하는 것이다. 민주주의 체제라고 시민들의 인정을 받는 것은 아니다. 보다 효율적으로 성과를 내야 한다. 중산층 소득 붕괴가 일어나면 정부는 적법성과 합법성을 인정받지 못할 것이다.

 프랜시스 후쿠야마

일본인 3세로 1952년 미국 시카고에서 태어났다. 코넬대(고전학), 예일대(비교문학), 하버드대(정치학 박사) 등에서 공부했다. 미국 국무부 정책실 차장, 워싱턴 랜드연구소 선임 연구위원, 조지메이슨대 교수, 존스홉킨스대 국제관계대학원 학장 등을 역임했다. 2010년 7월부터 스탠퍼드대 프리먼스포글리 국제학연구소에서 석좌교수로 일하고 있다. 주요저작으로는 《역사의 종언과 최후의 인간》(1992), 《트러스트》(1995), 《대붕괴 신질서》(1999), 《네오콘 이후: 갈림길에 선 미국》(2006), 《정치질서의 기원》(2011) 등이 있다.

| 토론자 |
김주현(현대경제연구원 원장), 프랜시스 후쿠야마(미국 스탠퍼드대 석좌교수)

▶ 김주현 원장: 중국 정부가 자유화, 민주화를 적절히 통제할 수 있을 것이라고
보나?

▶ 후쿠야마 교수: 시진핑 정부가 고민해야 하는 현안이라고 본다. 아마 공산당 내에
서 시스템을 개발하려고 할 것이다. 중국은 시스템을 개방하기 시작하면 비판과
반대세력이 커져 통제할 수 없는 상황이 될 것으로 보고 있지만 오히려 반대라고
본다. 시스템을 개방하고 합법적으로 움직여야 정권도 오래갈 수 있다. 열망은 통
제할수록 커지고 나중에는 폭발할 수 있다. 오히려 더 위험한 요소가 되는 것이
다. 중국의 안정을 위해선 통제보단 개방으로 가야 한다.

▶ 김주현 원장: 일본이 군사 분야를 강화하려는 움직임을 보여 많은 우려가 나오고
있다.

▶ 후쿠야마 교수: 말하기 조심스럽다. 일본의 헌법 개정에 찬성하는 우파세력은 전체
대중의 15% 정도다. 이들이 여당인 자민당 내의 큰 세력을 갖고 있고 총리를 지
지하고 있다. 이들은 독일과 달리 과거의 역사를 제대로 인정하지 못하고 있다.
아베총리가 경제구조를 개편하는 것과 동시에 헌법 개정을 추진하는 것은 우려되
는 상황이다. 지금 일본은 많은 우방국이 필요하다. 그런데 오히려 갈등이 생기면
서 기존의 친구들도 잃고 있고 중국이 이를 자신들의 레버리지로 삼고 있다.

▶ 김주현 원장: 2005년 6월 존스홉킨스대학에서 열린 세미나에서 정권의 정당성문제와 인권유린으로 북한이 붕괴될 수 있다고 말했었다. 지금도 그렇게 생각하나?

▶ 후쿠야마 교수: 1990년대 북한은 붕괴할 것이라고 자신 있게 말했었다. 이것만 봐도 내가 북한의 미래에 대해 모른다는 것은 확실하다. 2000년대 중반에 말한 것은 북한이 갑작스럽게 붕괴할 수 있기 때문에 이에 대한 대응이 필요하다고 한 것이다. 북한이 갑작스럽게 붕괴하고 나면 이해관계가 다른 당사자들이 어떤 행동을 할 것인지 알 수 없다. 38선 이북으로 유엔이 군대를 보내면 중국과 위험한 상황이 발생할 수도 있다.

▶ 김주현 원장: 독일 모델이 미래에 남을 모델이라고 보나?

▶ 후쿠야마 교수: 독일 대학들은 전 세계 순위는 좋지 않다. 하지만 직업교육이나 노동시장에선 분명 우위를 점한다. 미국에서 용접공이나 기능공은 4년제 대학에 가지 못해 직업교육을 받은 사람들이라고 여겨진다. 반면 독일에선 긍지를 가지고 일하고 사회에서도 인정받는다.

중산층 고용을 유지하는 것이
사회 안정을 위해 필수적

Q **중산층이 성장동력이 될 것으로 보는 이유는 무엇인가요?**

A 전 세계 중산층은 이미 정치에 큰 영향을 미치고 있다. 터키, 브라질, 인도, 인도네시아, 남아공 등에서는 이들이 민주화의 출현을 주도했다. 중산층은 서로 다른 지역에서 비슷하게 행동한다. 또 교육, 직업, 돈, 행동에 있어서 가난한 사람들과 구분된다. 이들은 개인주의적인 데다 기대치도 높아 정부가 줄 수 있는 것 이상을 원한다. 예를 들어 단순한 경제 성장보다는 더 나은 환경, 청렴한 정부 등을 요구한다. 이를 얻기 위해 저항과 정치적 반대를 지속하는 것이다. 이런 요구는 정치적으로 이들의 가치를 반영하는 새로운 정당이나 단체의 출현으로 이어질 수 있다.

Q **중국 중산층도 변화에 중요한 역할을 할까요?**

A 중국 중산층은 이미 변화에 큰 역할을 하고 있다. 그들은 정부가 더 책임감 있게 행동하도록 만들 수 있을 것이다. 몇 년 전 원저우 고속열차 사고 때 사건 은폐 시도를 막았고, 요즘엔 인터넷 등을 통해 부패 관료를 비판하고 있다. 중국 중산층이 단기간에 민주화를 이루고 싶어 하는지는 확신할 수 없다. 민주화가 이뤄지면 상당히 불안정한 상태가 될 것이기 때문이다. 하지만 그들은 확실히 더 열린사회를 원하고 있고, 그렇게 되도록 노력할 것이다.

Q **신흥국들의 경제가 침체되고 있는데 어떻게 보십니까?**

A 현 상황은 경기침체가 아니다. 경제 성장 속도가 느려졌을 뿐이다. 중국은 이제

중진국으로 들어섰고 선진국이 되는 과정에서 성장은 느려질 수밖에 없다. 구조적인 개혁이 없으면 인도, 브라질 등의 경제 성장 모델은 한계에 도달할 것이다.

Q 유로존의 해체를 예상했는데 지금은 어떤가요?

A 유로존은 여전히 위기를 가져온 근본적인 문제에 답하지 못하고 있다. 유로존 국가 간 재정 통합을 할 수 있는 충분한 합의가 이뤄지지 않고 있다. 독일처럼 재정적으로 더 많은 책임을 가진 국가들이 통화 확장·이전 등을 통해 그리스 같은 국가를 부양해야 하는지, 이 경우 각국의 재정적자에 대해 어느 정도까지 제약할 수 있는지 등에 관한 일치된 의견이 없다. 유로존은 지금 당장 깨지진 않겠지만 이 문제가 해결되지 않으면 위기는 계속될 것이다.

Q 신뢰를 쌓기 위해 정부가 할 수 있는 역할은 무엇일까요?

A 사회적 신뢰는 종교와 공유한 역사적 경험 등 정부가 쉽게 조종할 수 없는 문화적·사회적 요인에서 자라난다. 정부가 사회적 신뢰를 쌓기 위해서는 모든 시민을 동등하게 대하는 법률 등의 규칙을 세워야 한다. 법을 통해 다른 사람들이 믿을 수 있는 기초를 쌓아주는 것이다. 이런 신뢰는 사회적으로 계급이 없는 평등한 국가에서 더 빨리 형성될 수 있다.

Q 일본 아베 정권의 정책을 어떻게 평가하십니까?

A 아베 신조 총리는 지금이 아베노믹스를 통해 일본이 지난 20년간의 침체에서 벗어날 수 있는 중요한 기회라고 생각하고 경제의 구조적 개혁을 추진하고 있다. 통화 확장을 통해 디플레이션에서 탈출하려는 정책은 다른 나라에 부정적인 효과가 있더라도 필요하다. 경제를 회복하지 못한 일본과 친하게 지내고 싶은 나라는 없을 것이기 때문이다. 일본은 지금 국제관계에서 친구가 있어야 한다. 한국, 미국 같은 민주적 국가들과의 관계를 강화할 수 있는 외교정책을 수립해야 한다. 그런 점에서 아베가 헌법 개정을 진행하지 않기를 바란다.

Q 일본이 우경화 등으로 주변국과 껄끄럽게 된 사이에 중국의 역할이 강화되고 있는데 이에 대한 진단을 해주세요.

A 중국의 부상은 현 국제질서가 직면한 가장 중요한 도전이다. 역사적으로 중국처럼 빠르게 강대국으로 부상하는 것은 좋지 않은 결과를 가져왔다. 예를 들어 제1차 세계대전 이전 독일연방의 부상은 나쁜 결과를 가져왔다. 물론 중국의 부상이 다른 국가들을 흡수하는 등의 문제를 가져오지는 않을 것이다. 다만 중국은 현 국제질서 안에서 잘 협조할 수 있는 방법을 찾아야 한다.

Q 한국이 직면한 가장 큰 문제가 무엇이라고 보십니까?

A 노동인력을 훈련시키는 것이다. 한국 기업들은 세계 경제에서 지속적으로 고부가가치 산업으로 이동하면서 수준 높은 인적자원을 원하고 있다. 동시에 중산층 고용을 유지하는 것이 사회 안정을 위해 필수적이다. 이 때문에 기업들의 요구에 맞는 수준의 노동력을 키워내고 실업률을 낮게 유지하는 것이 무엇보다 중요하다.

글로벌 인재포럼 리포트 2013
융합형 인재의 조건

지은이 | 한국경제신문 특별취재팀
펴낸이 | 김경태
펴낸곳 | 한국경제신문 한경BP

제1판 1쇄 인쇄 | 2013년 12월 16일
제1판 1쇄 발행 | 2013년 12월 24일

주소 | 서울특별시 중구 중림동 441
기획출판팀 | 02-3604-553~6
영업마케팅팀 | 02-3604-595, 583 FAX | 02-3604-599
홈페이지 | http://bp.hankyung.com
전자우편 | bp@hankyung.com
T | @hankbp F | www.facebook.com/hankyungbp
등록 | 제 2-315(1967. 5. 15)

ISBN 978-89-475-2942-6 03320

값 16,000원